易經符號詮釋學

——當代華人格物的理論與實踐

張 易 生 著

文 史 哲 學 集 成

文史哲出版社印行

國家圖書館出版品預行編目資料

易經符號詮釋學：當代華人格物的理論與實踐
/ 張易生著. -- 初版. -- 臺北市：文史哲
出版社, 民 111.06
面； 公分. -- （文史哲學集成；743）
ISBN 978-986-314-608-7（平裝）

1.CST：易經 2.CST：研究考訂 3.CST：
符號學 4.CST：詮釋學

121.17   111008769

文史哲學集成   743

易經符號詮釋學
——當代華人格物的理論與實踐

著　　者：張　　　　易　　　　生
出 版 者：文　史　哲　出　版　社
　　　　　http://www.lapen.com.tw
　　　　　e-mail：lapen@ms74.hinet.net
登記證字號：行政院新聞局版臺業字五三三七號
發 行 人：彭　　　正　　　雄
發 行 所：文　史　哲　出　版　社
印 刷 者：文　史　哲　出　版　社
　　　　　臺北市羅斯福路一段七十二巷四號
　　　　　郵政劃撥帳號：一六一八○一七五
　　　　　電話886-2-23511028・傳真886-2-23965656

定價新臺幣四六○元

二○二二年（民一一一年）六月初版

ISBN 978-986-314-608-7   01743

黃　序

當代華人格物方法論的誕生
——〈王弼與胡塞爾：兩種現象詮釋學〉的反思

黃光國（國家講座教授）

　　這是一本令人驚艷、卻讓我感到訝異的奇書。作者張易生教授，原本專長西洋文學，由於長期致力於易經研究與教授，浸潤在易學的洪流中，無形中培養出了易眼觀天下的能力，寫出一篇篇以易經解碼中西文本、文論的論文！其後在經過十幾年格物的反驗證和現象詮釋學之哲學的研究後，終於寫出了他這輩子最想完成的著作，那就是這本《易經符號詮釋學：華人的格物理論與實踐》！提出了華人的思維方法！說真的，從學術的角度而言，華人一直以來最欠缺的不就是方法論嗎？更何況他的方法論，竟然是建立在易經的符號學上，那怎能不令人感到拍案驚奇呢？

張易生在易經符號詮釋學書中的主張

1. 西方有胡塞爾的現象學方法論；東方有華人格物方法論：透過易傳中的"寂然不動，感而遂通，以類萬物之情，以通神

明之德"。張易生破解了胡塞爾方法論上的難題，以象、數、理、氣為切入點，並結合象數易與義理易的思維，提出一套可供操作運算的華人獨有的格物方法論！

2. 張易生認為他的方法可以解決胡塞爾現象學方法論中所遇到的難題：

    a. 以符號的中介解決胡塞爾的懸宕步驟問題。

    b. 以先後天八卦解決胡塞爾的本質還原的問題。

    c. 以攝象入卦解決胡塞爾的本質直觀的問題。

    d. 以錯、綜、互、雜客觀思辯的格物模式，解決胡塞爾的超驗直觀，也就是回到如數學公理般客觀存在，超越個人經驗的看法，以呈顯萬物的自明性！

3. 張易生的符號詮釋學可以解決跨學科的問題：在實踐篇中，他從解碼尼采的超人哲學、羅蘭巴特的解構神話符號學、論語、他者美學、到酷兒文學理論、新歷史主義、錢泳的筆記小說，與安徒生童話等，展現他易經符號詮釋學全面性地跨越學科與跨文化的融通、含攝能力。

黃光國的質疑——從王弼與胡塞爾兩種現象詮釋學說起

京房易的《兌》宮八卦

從孔子及其門人注釋《易經》以來，《易經》的詮釋史分為「義理」和「象數」兩派，儒家重「義理」，陰陽家重「象數」。西漢時期的經學大師董仲舒（西元前 179-104）以陰陽五

行解釋儒家思想，將兩者治於一爐，促使「象數派」蓬勃發展，有些人遂對照「經書」撰寫「緯書」，成為漢人學術思想的一大特色。

漢代之後，此道不傳，陰陽家流入民間，「緯書」也大多佚失。如今張易生教授竟然用《易經》的「象數派」，各種「數術」解釋中西各種思想與理論，這種「中西會通」的方式，怎能不讓我訝異不已？

從 2019 年新冠疫情肆虐以來，我一直專心致力於回顧歷年研究心得，撰寫「中西會通四聖諦」書系。從這一系列著作的角度來看，我向張易生教授提出了兩點質疑：第一，在《易經符號詮釋學》中，張教授以京房易中，「兌」宮八卦的演變為例，解釋大學之道中的八德目來示現「華人格物的理論和實踐」。而我這一書系中的一本書《宋明理學的科學詮釋》卻是以五代末年道教奇人陳摶綜合河圖、洛書繪成的「龍圖易」，說明朱子理學中所蘊涵的「陰陽變化宇宙觀」。我跟張易生反覆討論，確認這兩種解釋系統不會互相衝突之後，又向他提出了一項問題：

超驗的判斷？

這本書第一章提到「易經符號詮釋學會通胡塞爾現象學」的議題，我認為他文章中透過易經中的 "寂然不動，感而遂通，以類萬物之情，以通神明之德" 去嫁接轉化，而進一步的創造性詮釋胡塞爾現象學的四個步驟，這可是非常重要的學術突破和創建，所以我鼓勵他一定要寫一篇學術論文，在一流的國際學術期刊上發表。讓世界看到華人文化如何透過現象學開出新的學術研究方法論！

此外，當張易生說胡塞爾詮釋學的第四步驟是「超驗直觀」時，我即認為「超驗的」一詞應當翻譯為「先驗的」，是 transcendental 一詞才對。這一字之差，看起來微不足道，其實有非常重要的學術意涵，必須仔細加以申論。

（按：有關 Transcendental 一詞的翻譯問題請參閱黃光國教授後續「中西會通四聖諦」系列書籍）

延伸探究　金針引渡

至於在易學相關的面向上，我還有幾個想就教於張教授的問題：

1. 在幾次交談中，張教授提到經學現代化的問題是當務之急，這似乎是經常被提到，卻又很少看到有人去實踐的問題，為什麼？難道這個難題的背後，潛藏著什麼特殊的條件或阻礙嗎？

2. 張教授特意選擇易經符號學作為進路，除了因為你是易經應用學專長的教授外，難道還有其他特殊原因嗎？這和我們當今社會科學哲學的研究是否也息息相關？

3. 張教授在本書提出「觀」也就是「以物觀物」的華人文化特殊現象，反襯西方文化以人為中心的思想的侷限性，無法逃脫主觀的認識論，更提出「易之四觀」作為華人認識論上的獨特方法。換言之，你認為西方人往往以人觀物，而華人在本根文化中則是以物觀物的，是嗎？

4. 張教授說易經是一部宇宙大電腦的整體系統，其中的六十四卦，便可視為六十四種理論原型，且可用來詮釋世間一切的現象、文本與理論。因此，透過易經類化學，可以掌握萬

物的原型以及「類聚通神」的原理。這種符號詮釋學甚而可以藉由個案的詮釋，進而達到創發理論的成果。有關這方面，你是否將來可以再接再勵，努力做出一些進一步的研發和貢獻？

5. 張教授在書中說，易經本質上是一種計算機的模式，可以達到智測的學問。這一點在象數易學中，可謂得到最多的開展。只可惜幾千年來的易學傳承太重視義理易，而忽視了象數易，使得大易哲學，其真正的大用，無法全面的展開。你還說可以利用易學的象、數方法的辯證法，檢驗中西方文論的謬誤所在，或更透過易經符號學與榮格神話預測學的視域融合，提出未來文化變遷的趨勢，完成全新的神話預測學理論，為神話研究領域開出新的方向。這個面向，似乎少聽人提及，這也跟胡塞爾所謂的先驗或超驗直觀有關嗎？

6. 張教授說你發明之易經的錯、綜、互、雜的思辯模式，可解決西方的正、反、合辯證思維的侷限性問題，更可用來探討宇宙間一切的現象、文本、或理論，以便達到全新的華人現象詮釋學的論述境界，這個說法看來相當迷人，那為何幾千年來的易學家都沒有發現呢？

7. 張教授在本書所提出的易經符號詮釋學和華人的格物方法，可用來有效地詮釋一切的現象、文本、或理論，甚而彰顯萬事萬物的自明性，進而更能啟發創作思維的可能。但對我們一般讀者，要從你全書短短的著作中似乎很難理解你所提點的面向，將來是不是應該出版系列叢書，從最簡單的方法次第教大家，法次的方法次第教大家，以便一步步去學習華人這種特殊索宇宙間萬事萬物的方法呢？

8. 張教授在我們的對話中，你認為王弼所提出的易經詮釋，是抱持得魚而忘筌的態度。而他這種"掃象"的作法，也就是不再從繁複的「象」的角度，而直接從「意」上下手做易經詮釋的方法，在你看來是一種華人本根道統的歧出！難道你不覺得他所開出的義理派思想，其貢獻恰好為宋明理學做好鋪路的工作嗎？再者，王弼在魏晉時代提倡「掃象」而重義理，如今你的「易經符號詮釋學」是否想恢復「象學」，進而提倡「象數法乃天地間的數理結構」（借用李嗣涔教授語）呢？

9. 如你書中所言，華人是透過象思維，而非透過語言來捕抓真理，那麼中西文化間在本質上就存在著「二元對立，天人分離」與「陰陽互補，天人合一」那麼大的不同，如今再加上思維方法上的不同。既然如此，那麼中西文化的整合和會通，又如何成為可能呢？

補上王弼的《易經》的詮釋方法以供參考

此外，我看了張易生的全書完稿的校對版後，特地沿用張易生在書中所創建的華人思維方法，也就是透過易經中的"寂然不動，感而遂通，以類萬物之情，以通神明之德"的獨特步驟和理論，去嫁接胡塞爾現象學的四步驟的模式，以便建立經典意義的詮釋。在此特地補上我個人對王弼在《易經》詮釋學的觀點詮釋，作為參考模式，希望能藉此突顯張易生與王弼方法論本質上的不同，以為此書增輝添光。

　　《周易・繫辭下》稱：「古者包犧氏之王天下也，仰則觀象於天，俯則觀法於地，觀鳥獸之文，與地之宜，近取諸身，遠取諸物，於是始作八卦，以通神明之德，以類萬物之情。」這段引言先談八卦的起源，「以通神明之德，以類萬物之情」，則是說明《易》思維的特色。《周易・繫辭上》第十篇說：「易无思也，无為也，寂然不動，感而遂通天下之故。」張易生（2022）認為：綜合上述說法可以形成《易經符號詮釋學》的四大步驟，寂然不動、感而遂通、以類萬物之情、以通神明之德；這和胡塞爾現象學方法論的四大步驟：懸宕、本質還原、本質直觀、先驗判斷，大致是互相對應的。這是他所獨創，而且確實是無與倫比重要的論點。

　　馮友蘭（1992）在他所著的《中國哲學史》中指出，傳統中國哲學所談的「方法論」大多是談修養方法，幾乎沒有西方的「方法論」。從本書的立場來看，則《易經符號詮釋學》其實就是傳統中國文化中最重要的方法論。這真乃前所未聞，絕對是張易生教授匠心獨運的理論！

　　因此，為了突顯張易生的思想與方法論與前人絕然不同之處。本文特引王弼注釋《老子》和《周易》的論點，補充闡明王弼方法論的特色如下：

1. 寂然不動

　　《周易》「復」卦的象辭是：「復，……其見天地之心乎？」王弼對該卦象辭的注釋：「復者，反本之謂也。天地以本為心者也。凡動息則靜，靜非對動者也；語息則默，默非對語者也。然則天地雖大，富有萬物，雷動風行，運化萬變，寂然至无是其本矣。故動息地中，乃天地之心見也。若其以有為心，

則異類未獲具存矣。」

這段話說得非常明白，在《周易》裡，「寂然不動」的意思就是「返回本心」。依照《易經》的陰陽變化宇宙觀，「天地雖大，萬有萬物，雷動風行，運化萬變」，然而，「天地以本為心」，只要返回本心，動息地中，寂然並無，則「天地之心見也」。相反的，如果「以有為心」，之有所達，則難免排除異已，「異類未獲其存矣」！

乍看之下這種「寂然不動」的「返回本心」與胡塞爾現象學方法論的第一步驟「懸宕」似乎十分相似，因為現象學詮釋法也要求詮釋者必須摒除一切的前見，排除所有的意識形態，從各種不同的面向，儘量客觀的描述他所觀察到的客體。然而，在西方文化「主／客對立」的大前提下，現象學詮釋法與王弼視域下的《易經》詮釋學仍然有其根本的不同。

2. 感而遂通

王弼在《周易略例》上說：「夫象者，出意者也；言者，明象者也。盡意莫若象，盡象莫若言。言生於象，故可尋言以觀象；象生於意，故可尋象以觀意。意以象盡，象以言著。故言者所以明象，得象而忘言；象者，所以存意，得意而忘象。」

王弼的這段名言，非常鮮活的描述了求卜者向占卜師求卜的過程。「夫象者，出意者也」這句話中的「象」，意指占卜所得的卦象。「言者，明象者也」，是說占卜師對卦象的詮釋。「言生於象」的「象」，既是「卦象」，也可以是雙方互動時所表現出來的各種「徵象」。在占卜的過程中，雙方都會「尋象以觀意」；因為占卜師的詮釋旨在「明象」，所以說「得象而忘言」；對卦象的詮釋旨在釐清求卜者的心意，所以說「得意而忘象」。唯有如此，雙方才能真正的「感而遂通」。

　　由此可見，王弼的《易經》詮釋的「感而遂通」必須以「卦象」和雙方互動的整體「徵象」作為基礎，這跟胡塞爾詮釋學第二步驟，以「語言」描述所作的「本質還原」又有根本差異。

3. 以類萬物之情

　　《周易》六十四卦其實就是把天地間的萬事萬物分成六十四類，並以各卦之象辭「來類萬物之情」。在他所著的《周易略例》中，王弼說：「夫象者何也？統論一卦之體，明其所由之主者也」。他進一步說明象辭之通義

> 「夫眾不能治眾，治眾者，至寡者也。夫動不能制動，制天下之動者，貞夫一者也。故眾之所以得咸存者，主必致一也；動之所以得咸運者，原必无二也。物无妄然，必由其理。統之有宗，會之有元，故繁而不亂，眾而不惑。……故自統而尋之，物雖眾，則知可以執一御也；由本以觀之，義雖博，則知可以一名舉也。」〈明象〉

　　從王弼詮釋學的角度而言，《周易》六十四卦的個卦六爻之中，必有一爻為其他各爻之主，象辭的作用就是「以一以治眾」、「以靜制動」。胡塞爾現象學的三步驟，以「本質直觀」的方法找出足以表徵該一對象之軸，在詮釋的程序方面雖當相當，但其實際的行動都卻截然不同，其間差異在於《易經》詮釋學的第四步驟。

4. 以通神明之德

　　胡塞爾是極端經驗主義者，他所謂的「本質直觀」，有賴於詮釋者所做的「先驗判斷」（transcendental judgement）。這和王弼的《易經》詮釋所謂的「以通神明之德，以類萬物之情」

顯然是不一樣的。王弼的注《老子》三十八章說：

> 「是以天地雖廣，以無為心。聖王雖大，以虛為主。……
> 故滅其私而無其身，則四海莫不瞻，遠近莫不至。殊其
> 己而有其心，則一體不能自全，肌骨不能相容。」

　　由此可見王弼對「寂然不動，感而遂通」的解釋，很可能受到《老子》的影響，認為唯有「滅其私人無其身」，才能「以通神明之德」，真正做到「四海莫不瞻，遠近莫不至」的「聖王」境界，他跟他者之間的關係，必然像「一體不能自全，肌骨不能相容」，彼此之間，當然很難「感而遂通」。

　　王弼本人是「義理派」的奠基人，但是《易經》的詮釋方法的主要使用者，卻是「象數派」。我們必須注意的是在中國歷史發展過程中，這兩派之間既聯合又緊張的對立的關係。更清楚地說，「象數派」的占卜師一方面告訴求卜者：「誠則靈」、「瀆者不告」；一方面希望自己對「卦象」的解釋能「通神明之德」，「至誠如神」。但「義理派」對占卜的基本態度卻是孔子所說的「不占而已矣」。

　　王弼是中國歷史上罕見的奇才。他一生著述豐富，見解超凡，尤其是他對《老子》、《周易》的注釋，對中華文化的發展造成了重大的影響。此外他對義理易方面的開展，可說有極大的貢獻和啟發。緣此，為了慶賀以象數易為開展的張易生的新書——華人格物方法論的誕生，以便達到他山借鏡，彼此相互附麗，甚至達到陰陽和德的效用，我特別以此文章〈王弼與胡塞爾：兩種現象詮釋學〉為題，作為本書之序，以誌此奇緣。

黃光國　2022.05.04

趙　序

跨界研究，創造詮釋
——以通神明之德，以類萬物之情

趙中偉教授（輔仁大學）

「我們在瞭解此根幹後，又還須順著根幹延伸到千枝萬葉上去，然後才能從此千枝競秀，萬葉爭榮上看出，樹木之生機鬱勃的生命力量，與精神的風姿((張君勱（1887-1969，82 歲）、唐君毅（1909-1978，69 歲）、牟宗三（1909-1995，86 歲）、徐復觀（1904-1982，78 歲）合撰，於 1958 年元旦連署發表〈為中國文化敬告世界人士宣言——我們對中國學術研究及中國文化與世界文化前途之共同認識〉)」。

這是作者張易生教授內心深處的期望與心願，他戮力不懈，自強不息的目標就在此。

此書即是以《易經》的符號學為綱，西方當代的現象學、詮釋學等學說為目，跨界研究，創造詮釋，為當代華人建構一套構思縝密，體系周延的「格物窮理」之學，是一本鞭辟入裡，精采絕倫之作。

為何以《易經》的符號學為綱？

主要有四點意義及價值：

其一就學術價值意義言，《易經》為五經之首，大道之原，是
　　我國經書的活水源頭。

其二是就儒家思想言，是儒學的根本，內聖外王，化成天下。
　　此就儒家思想價值言。

其三是就人生論言，自強不息，戮力不怠，培養雄渾的剛健力。
　　此就人生論價值言。

其四是就整體價值言，《易經》是一部「智海」，高明博厚，精
　　闢深邃，可大可久，亙古常新。

　　德·卡西勒（Ernst Cassirer，1874-1945，71 歲）的象徵哲
學，人作為象徵或符號的動物，其豐富多樣的本性就體現在他
們所創造的各種文化中，如認知神話、宗教、語言、藝術、歷
史和科學，人的世界就是由這些象徵或符號不斷建構出來的
（《語言與神話》）。

　　這充分說明，在人類生活中，符號導引了一切，包括認知
神話、宗教、語言、藝術、歷史和科學等。因之，卡西勒總結
說，「人是符號的動物（《卡西爾論人是符號的動物》）」。

　　符號是人類認識世界和把握世界的一種極為重要的形式，
在人類認識史上有著重要的地位。美國著名人類學家萊斯里·
懷特（Leslie A·White，1900-1975，75 歲）甚至說：「全部文
化（文明）依賴於符號，正是由於符號能力的產生和運用，才
使得文化得以產生和存在；正是由於符號的運用，才使得文化
有可能永垂不朽。沒有符號，就沒有文化，人也就僅僅是動物
而不能成其人類。」

　　符號包括圖象、語言及文字等。符號是表示事物特徵及事物相互關係的抽象標記，在本質上能夠再體現事物的形象，是人類思維進行表達交流的工具。具有簡單、明確、清晰及生動等特點。

　　《易經》本是卜筮之書，最早就是符號組成，包括圖象──六十四卦、三百八十四爻，以及文字──卦辭、爻辭。

　　經過創造及本體詮釋，產生了《易經》現今最早的詮釋《十翼》。如果沒有《十翼》，國學大師馬浮（1883-1967，84 歲）就說：「不有《十翼》，《易》其終為卜筮之書乎（《復性書院講錄・觀象巵言序說》）」。一語中的。

　　《十翼》之外，歷代的傳、注、疏、論等，即是《易經》創造及本體詮釋的最佳展現，亮麗輝映於各代。

　　由於如此，《易經》成為我國經典中的首席，更成為了偉大的經典。

　　詮釋學家潘德榮（1951-）《詮釋學導論》就明白指陳：「理解的本質是什麼？如果是指向『原意』的，那麼這個『原意』終將會因時間的流逝而磨損，最終化為無；如果理解是『生產』意義的，那麼一切語言、文字流傳物將會在這個『生產』過程中變得越來越豐富、充足。」

　　可見理解與解釋的詮釋，意義必須不斷的創新與升華，方能使內涵益發豐盛；否則，其意義將會消失殆盡。

　　創造詮釋即是將意義創新與變更。即是在理解與解釋的過程中，不囿於原有概念的本義，產生創發性的思維與意義，針對其論證概念的原有本義，予以意義的創新與變化，以達到詮釋的創新稱之。

　　就創造詮釋，知名的學者成中英（1935-）分析說：「『詮釋』是就已有的文化與語言的意義系統作出具有新義新境的說明與理解，它是意義的推陳出新，是以人為中心，結合新的時空環境與主觀感知發展出來的理解、認知與評價。它可以面對歷史、面對現在、面對未來，作出陳述與發言。表現詮釋者心靈的創造力，並啟發他人的想像力，體會新義，此即為理解。事實上，詮釋自身即可被看為宇宙不息創造的實現（《本體與詮釋・從真理與方法到本體與詮釋》）。」

　　詮釋的創造，在於不斷的推出新，建立新義。同時，創造詮釋，也是自身想像力的顯現，「並啟發他人的想像力，體會新義」。詮釋學是想像藝術，這就意味著理解是一種想像的藝術、自由的藝術。

　　詮釋學集大成的德・伽達默爾（Hans-Georg Gadamer 1900-2002，102 歲）特別強調「想像力」。解釋空間無限，理解開放和創造。「特別表現在伽達默爾在對『理解總是一種自我理解，自我認識』的強調（參見洪漢鼎《當代哲學詮釋學導論》）」。

　　詮釋的創造有無止境？

　　伽達默爾就明白的說：「對一個文本，或一部藝術作品裡，真正意義的汲舀是永無止境的，它實際上是一種無限的過程（參見氏著《真理與方法》，第 1 卷，頁 303）。」

　　細言之，這裡說得再明白不過，任何文本或精神的客觀化物，乃至一切富有意義的形式之意義，只能是生成性的、開放性的、不斷變化而永無止境的。

　　黃俊傑（1946-）特別說明「詮釋者」與「文本」的關係：

「解經者與經典作者及『文本』之間，永無止境的創造性的對話，賦予經典以萬古常新的生命，使經典穿越時間與空間的阻隔，與異代之解讀者如相與對話於一室，而千年如相會於一堂（《東亞儒學史的新視野・從儒家經典詮釋史觀點論解經的『歷史性』及其相關問題》）。」

詮釋者，必須與經典文本不停的對話，方能增進創發性的想像創意，產生創造性的詮釋；而且，此種創造性的詮釋，是永不停歇，永無止盡的。

《易經》的創造詮釋最明顯的例證，即是易學分為兩派六宗。為何會生出這麼多的派別，主要是各人的「前理解」不同。

「前理解」（Preunderstanding），即是由伽達默爾提出。此指解釋的理解活動之前存在的理解因素。它們構成解釋者與歷史存在之間的關係。「前理解」是理解的前提，理解不能從某種精神空白中產生，它在理解之前就被歷史給定了許多的已知東西，形成了先在的理解狀態，即是指各人的生活環境不同，是以形成了先在的理解狀態。例如我們的原生家庭不同，致各人的背景不同。因此，不要強迫要求他人與我們的想法一致；有不同的想法，才能產生多元的價值。這些前理解包括解釋者存在的歷史環境、語言、經驗、記憶、動機、知識等因素，形成了先在的理解狀態。這些因素即便與將來理解的東西發生抵觸，也可以作為一種認識前提在理解活動中得到修正。因此理解不是個人的、全新的、完全主觀的，它是一個歷史過程，是一個從前理解到理解，再到前理解的指向未來的循環過程。它總在歷史性的先在的「前理解」狀態基礎上，獲得新的理解。

美・帕瑪總結式的說：「所有的詮釋都受詮釋者的『前理

解』所引導（《詮釋學》）。」可見「前理解」的價值與特色，也充分說明為何《易經》分成郡麼多派，就是由於各人的觀點不同，即是「前理解」不同。

《易經》的經傳共 24207 字。其中「經」約 4 千多字，「傳」約 2 萬多字。

經由創造詮釋形成兩派六宗。

「《左傳》所記諸占，蓋猶太卜之遺法。漢儒言象數，去古未遠也：一變而為西漢・京（房）（前 77-前 37，40 歲）西漢・焦（贛）（?），入於禨祥（此指事鬼求神）；再變而為北宋・陳（摶）（872-989，117 歲）、北宋・邵（雍）（1012-1077，66 歲），務窮造化。《易》遂不切於民用。三國魏・王弼（226-249，23 歲）盡黜象術，說以老莊；一變而北宋・胡瑗（993-1059，66 歲）、北宋・程子（頤）（1033-1107，74 歲），始闡明儒理；再變而南宋・李光（1078-1159，81 歲）、南宋・楊萬里（1127-1206，79 歲），又參證史事。《易》遂日啟論端，此兩派六宗，已互相攻駁（《四庫全書總目・經部・易類》）」。最早最完整對易學的分派。

創造詮釋的盡頭是什麼？即是形上學最高的本體，宇宙的第一因。

我國哲學為何那麼重視本體的意義及價值？「古人沿者『天地之上為何物』的思維理路，探尋自然、社會現象背後的本體，並把這個本體視為超越形而下的形而上者（《中國哲學範疇發展史》（天道篇））」。

事實上，探尋萬象背後的真實本體及生命本質，一直是人類所追求最深沈的「夢」。而本體的追求與探索，是形上學或

存有論必須剖析的。

　　本體詮釋：即是將其概念內涵與意義，賦予第一因的意義。即是本體詮釋。在創造詮釋的過程中，為達到理解與解釋的最高頂點，就會朝向形上學第一因本體論發展，藉以探求意義的極至，故稱為本體詮釋。

　　伽達默爾說：「理解是本體論的。」

　　伽達默爾深入剖析說：「（伽達默爾主張）就是不再把理解僅僅當作人的認知方法，而且主要的不在於此；它直接就是此在（此指通過對『存在』的領會而展開的存在方式）的存在的方式，生命的意義並不抽象地存在於別的某個地方，它就在理解之中，是被理解到的意義。正因如此，理解就具有本體論的性質（潘德榮《詮釋學導論》）」。

　　充分說明，我們的認知，就是探求最高的存有；而且，此存有不在遠方，就在我們理解當中。因此，探求最高意義的本體，是我們本能的認知，是一定必須要做的。

　　伽達默爾繼續表示說：「語言的思辨的存在，具有普遍的本體論意義。」

　　進言之，「解釋所依據的不僅是技術性的規則，它最深層的基礎乃是本體論意義上的『世界觀點』」。

　　潘德榮總結的指出：「就某種意義上說，詮釋學就是『整理出一切本體論探索之所以可能的條件』。」此即是創造的意義，是朝向本體論方向詮釋發展的主要原因。

　　以《易經》來論，其本體詮釋的最有名的例證，即是「太極」。

　　張易生教授此書，是其精勤戮力，辛苦耕耘的成果。立志高遠，內容精采，是一本具有知識性、思辨性、高遠性、體系性的著作。

　　學派能夠長久流傳，必須具備四個條件：

　　第一、理論性　要有很強的理論基礎。學術之所以稱為學術，就是必須要有很強的理論基礎。理論性強，才能成為普遍性的學問，傳之久遠。

　　第二、現實性　將理論落實於管理體系，滲透到民俗生活中。即是具有實用性，將理論落實於管理體系，滲透到實際生活當中，能夠具體實踐，發揮效用，達到學用合一。

　　第三、超越性　理論除了重視現實的利益外，亦應超越現實，提升至形上思想層次，才有更廣、更高的宏觀的視野。畢竟研究學術，必須耐得住孤獨寂寞，超越現實，方能達到更高的成就。

　　第四、開放性　知識的汲取，絕對不能閉門造車，更不能坐井觀天，要走出戶外，迎向天地。即是在生活中汲取原漿，以及從別的文化吸取營養，方能成為大器。

　　一是在生活中汲取原漿。

　　二是從別的文化吸取營養。

　　此書已具備上述條件。另外，此書的特點為：

其一終生學習，終生戮力，煥發生命活力，綻放生命大美

　　張教授從事教學工作數十年，兢兢業業，教學不倦，一直有一個「夢」，「找到一個從自己華人文化的經典中，提煉出來，用來西方的哲學或思想對談，開出自文化思維的方法與途徑（〈自序〉）」。這本書就是最好的見證。不僅是其才華與能力的綻放，更是他煥發生命活力，成就生命大美的真實寫照！

其二具有憂患意識，操心也危，慮患也深，致有發憤之作

　　「作《易》者，其有憂患乎（〈繫辭下傳‧第7章〉）」？《易經》的產生，有言生於「憂患意識」。具有了「憂患意識」，是以「其操心也危，其慮患也深，故達（《孟子‧盡心上》）」。並因此才有發憤之作。張教授憂慮文化的傳承，期待「二十一世紀華人文化詮釋學時代的來臨（〈自序〉）」。有志者事竟成，我們相信此書之作，將有助於此目標的達成。

其三創造詮釋，意義深刻。格物窮理，致知明道

　　著名詩人葉維廉（1937-）指出：「text（本文、文辭、文依、作品）……永遠不是一個意義明確、自身具足、自現自明的封閉的單元，而是一個不斷變化的活動，其間滲透著彷彿彷似海市蜃樓般，帶著無盡『印跡』的別的 texts，別的文辭、作品的迴響（《歷史、傳譯與美學》）。」張教授在論述時，根據文本，詮釋創造，深中肯綮；並格物窮理，追根究底，致知明道，追求真理。這就是本書的價值之一。

其四跨界對話，科技整合，多元汲取，形成嶄新視域

　　學問研究不能侷促一隅，必須有宏觀的視野，微觀的精細。張教授的學問研究，是一種跨界對話，科技整合，致內容特別豐碩。他本身先考進理工科系大學，進而轉到西洋語文學系就讀，取得研究所碩士學位，又進入博士班深造，加上他多年的易經教學與格物演練。此外，他喜好哲學，鑽研現象學、詮釋學等，汲取多元知識，形成了個人嶄新亮麗的視域。因此，其見解也深，其論述也廣，其體系也密。希臘大學者蘇格拉底（Socrates，前470-前399，71歲）曾說：「世界上最快樂的事，莫過於為理想而奮鬥。」這就是生命的意義！

趙中偉序於輔大

2022 年 4 月 22 日

自 序

感恩天、地、君、親、師！

感恩天、地、人、鬼、神！

感恩觀音菩薩慈悲，諸天神聖顯化及歷代祖師的加持！

努力了二、三十年，終於可以找到一個從自己華人文化的經典中，提煉出來，用來和西方的哲學或思想對談，開出自己文化思維獨特的方法與途徑，雖然仍有諸多不足，「書不盡言，言不盡意」的感覺，畢竟有太多的面向，似乎在行文之中，無法一一把握與陳述。然而，正如易經終於「未濟」卦，其餘的諸多面向，自然有待以後的努力，透過一本一本的著作來逐一完成！

回想自己為何一腳踏進易經研究的這門學問？那應該是在大學時代，那時正逢「少年不識愁滋味，為賦新詞強說愁」的年紀，為排解內心的苦悶，尋找一條生命的出路，無意中，剛好讀到孔明的《諸葛神數》，赫然發現這世界上，竟然有一種學問，似乎可以解決人類一切的問題，只要向它提問任何問題，它便會跑出一首籤詩，來加以回答。這種發現，對我而言，可說是石破天驚！個人的生命，剎那間似乎找到了前所未有的安頓與啟悟。

從研究所畢業以後，我便開啟了一趟奇異的尋道、訪道、

求道、悟道、證道的過程。首先，啟蒙師徐芹庭教授開啟了我對易學之廣大倍悉，可用來解析宇宙間萬事萬物道理，以及解決一切世間問題的想象與可能的原型。他的易學著作豐富卓越，尤其是他的《易學源流》，直可媲美北大朱伯崑教授的《易學哲學史》。在易學研究的路上，徐芹庭教授不僅開啟了我易學探索的大門，一路的提攜之情，無可言喻。

此外，由於易學的範圍涵蓋廣闊，所謂山、醫、命、相、卜，前前後後，我總共拜了不下三、五十位老師，向當時那些著名的易學家學習命理學、風水學、奇門遁甲學、占卜學、姓名學、擇日學等，深深體認華人文化中的象數易學，原來是一門非常精深，而且講究實際應用，並可隨時查證、驗算、反驗算的高深智測學。

至於個人在學術上的學思歷程，可說是一路走來，顛顛跛跛。高中我讀的是甲組，所以考入大學的理工學院，而我對物理、微積分根本一竅不通，因為文學才是我的最愛，所以大二如願以償地轉進西洋語文學系，攻讀西洋文學，後來又順利的進入英文研究所，完成了碩士的學位，開始了在大學教書的生涯。其後，更轉進哲學領域，以易經的著作取得副教授的資格。

個人在學術思想的進路，也是一路走來，波波折折，原先英美文學理論的研究本來還蠻順利的，因為從傳統批評到心理學批評、神話批評，以及形式主義批評，似乎都還可以駕輕就熟，毫無問題。但是一碰到結構主義、解構主義、意識批評等文學理論，突然之間發現不知為何和文學之間有很大的鴻溝，自己一時之間實在無法理解。就這樣，文學的研究就被擱擱了下來，幾乎有放棄的想法。

　　所幸的是，由於個人沈溺於易經的研究與教學，換言之，當我的意識長期浸淫在華人的本根文化，也就是易學洪流之後，突然有一種特殊的發現，不知道為什麼，當我面對無論是西方或東方的文本或理論，頭腦中似乎就會冒出全新的、有別於任何一家看法的見地。我個人猜想，可能是因為易經是一部宇宙大電腦，當我們熟稔這部電腦的思維範疇與模式之後，它似乎會主動開啟一切與它相應的解答。

　　從這個全新的領悟開始，我便勇敢的挑戰了原來未竟的英美文學理論的研究與教學。隨後，便相繼地寫出了本書實踐篇的十篇論文，成功地打開了中西文化的對談模式，從易經符號學的角度，「解構」解構主義者──羅蘭巴特的神話學、尼采的超人美學、西方的他者美學、蘇珊‧珊塔格的疾病隱喻學、童話裡的小美人魚的變形研究以及從 SARS 談新歷史主義……等。

　　儘管一、二十年前，個人在中西文化對談的學術領域上就已經完成了部分的成績，但畢竟當代華人並沒有明顯地建構一套完整的文學理論，可資使用，一味地說自己文化的好處、優點，畢竟無法被西方的學界所認同。緣此，如何找到一條可以嫁接西方思想理論，以便建立自己的思維方法論，遂成為個人無法迴避的任務。

　　為了達到借用西方的哲學思想，來完成華人思維方法論的目的，個人在這十年來便窮精竭慮地，想去解決這個文化嫁接的問題，這便又開啟了我如善財童子五十三參般的學習過程。除了購置堆積如山的哲學書籍，反覆閱讀尋找靈感之外，更勤跑各大專院校的學術場，尤其是中研院的文哲所、台大、政

大、師大、輔大等單位與學校。其中，尤其是政大由林遠澤教授所領導的「華人文化主體性研究中心」所開出的有關現象學以及華人文化主體性的各個面向的探討，給予我最大的刺激與啟發。比如，香港學者關子尹來到華人文化主體性研究中心開啟一系列的講座，他個人透過梅洛龐蒂的知覺現象學來會通六書的形構理論，真是令我大開眼界，得到無限的啟發。他成功地捕捉了華人漢字象形的特質，以中西會通的方式，成功地建立華人漢字文化學的現象學詮釋方法論！這在我個人的易經符號詮釋學的建構中，提供了我「他山之石可以攻錯」的參考模式。

　　有關符號學的問題，這二、三十年來，大陸在這方面有很多的研究，其中最具有代表性的，莫過於蘇智教授的《〈周易〉的符號學研究》。在此著作中，《周易》作為一種符號學，已得到明確的闡釋。拙著《易經符號詮釋學：當代華人格物的理論與實踐》，則建立在此易經符號學本體論的基礎上，更進一步地將它開出，以便達到中西文化會通的目的，與西方當代現象學的哲學思維對話交鋒，一方面解決胡塞爾現象學所面臨的困境，再方面則開出大易哲學無所不包，無所不容的詮釋學向度，以便成就易經符號學的大用。

　　最後，有關格物方面的問題：其實華人的本根文化便建立在格物的精神。依照《周易‧繫辭下》：「古者包犧氏之王天下也，仰則觀象於天，俯則觀法於地，觀鳥獸之文，與地之宜，近取諸身，遠取諸物，於是始作八卦，以通神明之德，以類萬物之情。」從這段文字，我們便可知道華人的本根文化便源自於探究萬事萬物的科學精神。如果依照近代最具影響力的易學

大師南懷謹教授的看法，易經文化有可能屬於上個文明所留下來的電腦科技的程式，所以它才可以以易經六十四卦的模式思維涵蓋了宇宙間一切萬事萬物的道理。

至於，個人在構思易經符號詮釋學的過程中，思想上前後受到許多當代學者的啟發，遂能逐步篤定的向著理想前進！成中英教授的《易學本體論》，透過哲學的論述，建構了易學作為哲學的方法論的先機。黃光國教授的匯通中西的知識論和方法論，進而提出他的研究架構，其用心和進路，最令我佩服和效法！此外，林安梧教授儒、釋、道，三家的治療學亦為華人文化開出新局！杜保瑞教授的中國哲學詮釋架構-宇宙論、本體論、工夫論、境界論，為中國哲學的知識論研究開啟了獨特的進路。沈清松教授的外推理論開啟了文化交互主體性研究的現象學途徑，黃玉順教授的生活儒學從現象學的視域，打開了當代儒學研究的新契機。龔鵬程教授則透過文化的面向，開展他的生活儒學。特別的是，景鴻鑫教授在他的《西方哲學批判》一書中，提及了當代英美分析語言學家維根斯坦，他強調真理進入人類的腦中最原初的東西是「象」而不是「語言」。這加強了我對自己用符號學的進路，去建構華人格物方法理論的信念。王樹人教授的《回歸原創之思——"象思維"視野下的中國智慧》，更加直接的引發我聯結了易經的符號與格物理論，而提出了我個人以「攝象取卦」，進而帶入錯、綜、複、雜的實際操作與實踐，作為探索宇宙萬事萬物背後所隱藏的真理，甚而呈顯其自明性的獨特進路！倪梁康教授全面的介紹及應用現象學的思想與理論，洪漢鼎教授在現象詮釋學上的啟發，這些都給我很大的助益。

在我個人格物的過程中，影響我最大的是石計生教授，他在紫藤廬所進行的一系列公益講座，無私的分享他在哲學、文學、社會學、美學以及丹道等各方面的研究心得，個人得到極大的啟發。後來，個人創立貞明讀書會，進行跨學科的格物工夫，便是模仿石教授而來。除此之外，楊儒賓教授的《五行原論》強化我對華人文化具有界定萬物本質的信念。何乏筆與賴錫三教授等新道家學者，展開了精彩的現象學與道家思想的對話，為我示範了現象學與華人文化交涉的詮釋模式。賴賢宗教授，透過詮釋學的視域，完成了他的儒家、道家與天台佛教的詮釋學，讓我在詮釋學上大開眼界。顏昆陽教授窮精竭慮，在學術突圍上另發新論，建立華人文學的詮釋模式，激發我的想像力與無窮的可能性。還有，多年以來，陸續地參與余德慧與余安邦教授所舉辦的學術活動，從中接受到了現象學與西方各種哲學以及各種心理療癒思想的刺激，獲益良多。

此外，在易學方面，張廷榮教授一生無私奉獻，傳授易學，講授易學超過一百遍，他的文化精神激盪我個人的心魂，且對我又有提攜之恩。劉君祖老師，縱橫貫穿易經的神髓，不但活用易經的占卜，預測國際政治與時事，且又以占卜方式作學問的研究，於我受益良多。吳秋文老師，易理精湛入微，融通儒道，獨創《易道網路》，可謂創發無限矣！其餘當代啟發我思維的傑出學者甚眾，無以一一贅述。謹表衷心的感恩，沒有這些前行學者們的努力，個人的這本著作定然無法完成！

拙著《易經符號詮釋學：當代華人格物的理論與實踐》，首先解決了西方當代胡塞爾的「格物」難題，也就是他原本意圖以科學的方式，去探索宇宙間萬事萬物背後的意義，然而最

後卻無法貫徹科學客觀的途徑，終究彷彿必須透過「開悟式」的「超驗直觀」，而落入了他個人論述上的困境與問題！

其次，除了理論的建構之外，在本論文的實踐篇中，個人呈現了十一種不同的易經符號詮釋學的進路，彰顯了《易經符號詮釋學》的格物功能，它不但可以用來探索中西文化的文本，跨越文類的範疇，溝通中西的理論。最甚者，在易經符號詮釋學的格物實踐之後，甚至可以因而建立出一套套新的學說。也就是從文本、事件、現象或個案中，提煉出新理論的可能。比如書中所完成的易經癌症類化學和易經同性戀類化學，均是最好的例證。

湯恩比說：「二十一世紀是華人文化的時代」，期待二十一世紀華人文化詮釋學時代的來臨。空亡了二百年的華人文化，得以再造新契機，解決杭亭頓所說的，二十一世紀文化衝突的問題，帶給人類充滿希望與愛，迎接真、善、美、聖的新世紀的來臨！

本書的出版，乃是個人二、三十年努力的成果，由於個人才疏學淺，在全文的論述上，必然仍有許多疏漏，或不盡完美之處，期請各方專家、鴻儒不吝指正！

本書的完成，首先我要誠心的感謝文史哲出版社彭正雄社長的愛戴以及彭雅雲小姐的悉心編輯。其次，我還要鄭重的感謝黃光國教授與趙中偉教授，百忙中撥冗為我寫序。他們的高明提點，可說使得拙著全書的意向性，得到自明性的彰顯。再者，我要衷心感謝我的家人一路的扶持！很慚愧的是，由於自己的人生一路走來起起伏伏，非常感謝他們的包容與諒解，尤其是我二弟一直以來雪中送炭，溫馨支助，恩情永銘在心。感

謝過去一路與我共同奮鬥過的哲學、文學、心理學讀書會的成員們，也要感謝我易經班、佛法班的學員們與我之間的相互切磋琢磨。最要感謝的是與我共同創建貞明讀書會與覺明讀書會的黃千珍小姐，這幾年，透過讀書會的一、二百場對外演講，使我有機會可以反覆演練我的中西文化的對話，以及釐清易經符號學的觀念與實踐的問題，完成華人的格物理論。此外，也要感謝黃淑英小姐，她一、二十年孜孜不倦地研讀文學，為我們研究中心樹下了學習的典範，且又奉獻心力與我、千珍及宗儀一起錄製 Podcast，讓我的易經符號詮釋學進入到格物的新階段。最後，我要向鄑宗儀小姐致上最高的謝意，由於她嚴厲的督促，辛勞的整理、打字、編輯與校對，我的著作終於可以如期地問世，為復興華人文化盡一點微薄的心力！在二十一世紀華人時代來臨之際，期待華人文化能夠大放異彩，提供與時俱進的智慧，造福世界，利益全人類。

張易生　謹誌於台北
易生易學研究中心
2022.05.16

賀張易生教授新書出版

黃淑英（學員代表）

　　老師向來強調「跨界」的重要性，常提醒我們做學問要「一門深入，他門旁通」，鼓勵學員要能跨領域學習，要有跨界思維以及類化的能力，才能真正地旁通。老師不只言教，更是身體力行的典範。跟著老師學習多年，使我突破舊有的框架和侷限，從商管的單一面向橫跨到文學、史學、哲學、藝術、經學、心理學、宗教、社會學……等等，在準備易經課的報告或podcast 節目「易眼觀天下」的提問時，有更寬廣的主題及視角。經過每天的積累，可以感覺到自我不斷更新中，同時充滿無盡開展的喜悅。

　　老師的學問可謂上貫古今、會通東西，從他身上我們看到的是不斷「格物窮理」的精神。他常舉方東美先生的話：「要做根源性的學問，否則就會花果飄零」。在學習古人或前人的學問精華後，老師強調除了吸納與借鑒之外，要能應用到當代，作合乎時代的創造性詮釋以及解決當代問題，這樣的學問才是活的，而不是把自己的腦袋當成別人的運動場，做死學問而已。老師的耳提面命讓我們謹記在心，若自己沒有絲毫進步，也會赧顏不安。

　　老師以「復興華人文化」為終生職志，他常說：近百年來

華人受西學的影響，總覺得四書五經、仁義禮智、中道思想等等，都是過氣落伍的東西；一味地追捧西學，著實可惜。自從跟老師學習易經之後，我才認識到老祖宗的偉大，才知道原來自家門內就有瑰寶。老師不僅精通義理易，也精通象數易；他更提點說：義理易可以「內聖」，若要「外王」的話，必須精通象數易，亦即要懂得符號背後的意涵、懂數術，方能助人看清問題與解決問題。在跟隨多年的學習中，讓我見識到易經的博大精深，真如康熙皇帝所言：「易經乃天下第一利器」，也決心要跟隨老師繼續精進學習、共同為復興華人文化盡一份心力。

　　從老師這裡學到西方人是「宿命論」，一切都是天註定的；但是華人卻是知命、可以造命的，可以從天地人三才去作調整，扭轉原先命定的東西。也了解到，原來每個人都有「天命」；且所謂「克己復禮」的真正意涵是要傾宇宙生命之全力，去完成自我。這種揚發的精神及重重無盡的開展，讓我的生命有了重心及意義，真的非常感謝老師！

　　老師即將出版他的新著，在此祝福老師的新書長紅，未來還能繼續出版更多的研究心得，讓有志者及讀者們受益！不僅復興華人文化，還能宏揚至世界各地！

黃淑英 於易生易學研究中心
2022.05.25

易經符號詮釋學

── 當代華人格物的理論與實踐

目　次

黃　序：當代華人格物方法論的誕生 ………… 黃光國 ……… 1

趙　序：跨界研究，創造詮釋 ……………… 趙中偉 …… 11

自　序 ………………………………………………………… 21

賀張易生教授新書出版 ……………………… 黃淑英 ……… 29

前　言 ………………………………………………………… 35

　　一、易經的重要性 …………………………………… 36

　　二、易學會通西方當代文化研究的課題 …… 37

　　三、困難與挑戰 ………………………………………… 40

　　四、本書章節架構 …………………………………… 41

第一篇　理論篇 ……………………………………………… 45

第一章　易經符號詮釋學：

二十一世紀華人文化復興之契機 ……………………… 47

　　一、為何是易經符號詮釋學？ …………………… 47

　　二、什麼是易經符號詮釋學？ …………………… 55

　　三、如何作易經符號詮釋學？ …………………… 59

　　四、易經符號詮釋學的優越性 …………………… 69

第二章　華人象數思維：

　　當代西方現象學視域下的易經符號詮釋學⋯⋯⋯⋯⋯ 71

　　　前　言：有別於西方現象詮釋學的不同進路⋯⋯⋯ 71

　　　一、象與象思維 ⋯⋯⋯⋯⋯⋯⋯⋯⋯⋯⋯⋯⋯⋯ 73

　　　二、易學中的數及其思維模式的運用⋯⋯⋯⋯⋯⋯ 76

　　　三、數的思維 ⋯⋯⋯⋯⋯⋯⋯⋯⋯⋯⋯⋯⋯⋯⋯ 86

　　　四、「象思維」的重要性 ⋯⋯⋯⋯⋯⋯⋯⋯⋯⋯⋯ 90

第三章　破解胡塞爾現象學的盲點 ⋯⋯⋯⋯⋯⋯⋯⋯ 97

第四章　華人文化的思維方法：

　　易之四觀釐定胡塞爾現象學方法論 ⋯⋯⋯⋯⋯⋯⋯ 109

　　　一、類化思維 ⋯⋯⋯⋯⋯⋯⋯⋯⋯⋯⋯⋯⋯⋯⋯110

　　　二、關聯思維 ⋯⋯⋯⋯⋯⋯⋯⋯⋯⋯⋯⋯⋯⋯⋯111

　　　三、辯證思維 ⋯⋯⋯⋯⋯⋯⋯⋯⋯⋯⋯⋯⋯⋯⋯112

　　　四、同時性思維 ⋯⋯⋯⋯⋯⋯⋯⋯⋯⋯⋯⋯⋯⋯113

　　　五、旁通思維 ⋯⋯⋯⋯⋯⋯⋯⋯⋯⋯⋯⋯⋯⋯⋯114

　　　六、象思維 ⋯⋯⋯⋯⋯⋯⋯⋯⋯⋯⋯⋯⋯⋯⋯⋯115

　　　七、觀的思維 ⋯⋯⋯⋯⋯⋯⋯⋯⋯⋯⋯⋯⋯⋯⋯116

第五章　從現象學方法解讀賦比興理論：

　　以朱熹的理學詩為例 ⋯⋯⋯⋯⋯⋯⋯⋯⋯⋯⋯⋯⋯119

第六章　從現象學與易經符號詮釋學視域解讀

　　中西兩方的宇宙樹 ⋯⋯⋯⋯⋯⋯⋯⋯⋯⋯⋯⋯⋯⋯125

　　　一、北歐神話的宇宙樹 ⋯⋯⋯⋯⋯⋯⋯⋯⋯⋯⋯125

　　　二、東方的宇宙樹 ⋯⋯⋯⋯⋯⋯⋯⋯⋯⋯⋯⋯⋯127

　　　三、比較神話 ⋯⋯⋯⋯⋯⋯⋯⋯⋯⋯⋯⋯⋯⋯⋯129

第二篇　實踐篇

　　　從易經符號詮釋學解讀中西方文本與理論⋯⋯⋯ 131

前　言：華人格物的方法論 ……………………… 133
　　一、象 …………………………………………… 134
　　二、數 …………………………………………… 135
　　三、理 …………………………………………… 136
　　四、氣 …………………………………………… 136
壹、解讀尼采的超人美學 ………………………… 139
　　一、前　言 ……………………………………… 139
　　二、本　文 ……………………………………… 141
　　三、結　論 ……………………………………… 155
貳、解構羅蘭巴特的神話學 ……………………… 159
　　一、序　言 ……………………………………… 159
　　二、本　文 ……………………………………… 161
　　三、結　論 ……………………………………… 178
參、解讀蘇珊・桑塔格之《疾病的隱喻》 ……… 182
　　一、緣　起 ……………………………………… 182
　　二、本　文 ……………………………………… 183
　　三、結　論 ……………………………………… 198
肆、解讀同性戀：另一種酷兒文學理論 ………… 201
　　一、前　言 ……………………………………… 201
　　二、本　文 ……………………………………… 204
　　三、結　論 ……………………………………… 210
伍、解讀 SARS：另一種新歷史主義的嘗試 …… 212
　　一、源　起 ……………………………………… 212
　　二、本　文 ……………………………………… 214
　　三、結　論 ……………………………………… 221
陸、解讀他者的美學觀 …………………………… 225
　　一、序　言 ……………………………………… 225
　　二、本　文 ……………………………………… 227

　　　　三、結　論 …………………………………………… 239
柒、解讀安徒生童話與迪士尼小美人魚的變形比較研究 … 241
　　　　一、序　言 …………………………………………… 241
　　　　二、本　文 …………………………………………… 243
　　　　三、結　論 …………………………………………… 252
捌、解讀《論語‧學而》篇 ……………………………… 254
　　　　一、前　言 …………………………………………… 254
　　　　二、本　文 …………………………………………… 255
　　　　三、結　論 …………………………………………… 264
玖、解讀錢泳的筆記小說〈八月十五晡〉裡的火災原型 … 267
　　　　一、前　言 …………………………………………… 267
　　　　二、本　文 …………………………………………… 270
　　　　三、結　論 …………………………………………… 277
拾、解讀鄭清文小說《三腳馬》 ………………………… 280
　　　　一、前　言 …………………………………………… 280
　　　　二、本　文 …………………………………………… 281
　　　　三、結　論 …………………………………………… 296
拾壹、易經乾坤兩卦的內在邏輯與創造性詮釋 ………… 298
　　　　一、前　言 …………………………………………… 298
　　　　二、本　文 …………………………………………… 299
　　　　三、結　論 ……………………………………………311
總　結　「易經符號詮釋學」的七大突破與創建 ……… 313
張易生格物實踐的歷程 …………………………………… 317
　　附錄一：《易眼觀天下》Podcast 節目單集題目列表 … 317
　　附錄二：歷年講座題目列表 ………………………… 321
　　附錄三：張易生教授指導易經班 學員格物之範例 … 332
易生易學研究中心學員格物研習心得 …………………… 337
參考書目 …………………………………………………… 339

前　言

　　從哲學研究角度而言，華人哲學至今並沒有自己的方法論，此乃一大憾事。

　　百年來華人可說一直活在西方文化殖民的陰影中，直至薩伊德出版《東方主義》一書。這本巨著真如晴天劈靂般，震醒了華人學者的美夢，逼他們去正視其自我喪失了文化主體性的困境。然而，曾幾何時，這些好夢初醒的學者們卻又跌入了自以為是的幻境裡。他們妄想地以為透過西方後殖民理論去詮釋華人思想，便已然把握了自己文化的主體性。如此，他們顯然忽略了此種自我反省是不足夠的，因為雖然他們將他們關注的焦點，從西方的正典文本，轉向華人的文本，然而這卻並不表示如此他們便擁有了自己文化的主體性。究言之，我們一旦沒有能力利用自己華人式詮釋學來詮釋一切文本，其實便永遠脫離不了必須活在西方文化霸權宰制的陰影中。

　　在此，個人之所以選擇這種易經符號詮釋方法，乃本於個人的興趣和專長，因為打從研究所的時代，個人便長期地陶醉在易經思想的領域中。基於當時深感生存的痛苦，欠缺信心，而又極力掙扎著想竭盡全力地去尋找出解決生命困頓的途徑。終於，在經過多年山窮水盡的學問追尋後，找到了易經這門退可安身立命，進可安邦定國的偉大智慧學，做為我終身努力的

歸宿與目標。

在長年的研習易理之後，我豁然發現易經簡直就是一部宇宙的大電腦：宇宙間的一切現象，無論是人文、自然、科學或宗教，幾乎均可以透過易經的程式來加以解析和穿透。於是，我希望能透過易經符號學的方法論來建構華人詮釋學，而這便成為我十幾年來奮鬥的目標。

一、易經的重要性

（一）易經乃群經之母

古人認為易經不但排在群經之首，更是一切諸子百家學問的源頭，也是中華文化思想的祖根。今人研究學問最易犯的毛病，便在於游談無根，本末倒置，胡用亂套，欠缺學問緣起的考量，嚴重地犯了去脈絡化（decontextualization）的弊病。故回歸文化根源的醒思，不但是當代學者們最必要的途徑，也是變通趨時、因時制宜，達到中西會通，智慧圓融的最可能的方法了

（二）易經乃出將入相的學問

古人認為易經乃一切帝王將相必修的學分。所謂「不學易無以為帝王，不學易無以為將相」。換言之，易經內含華人最高明的領導統御、管理用人、策畫謀略、兵法戰術，可謂一切領導階層的人所必須熟習，並而躬身實踐的智慧及藝術。研究管理學的學者若能以之為師，必能開拓比西方之管理學更高明、

更具民族特性之學說矣！

（三）易經乃一切華人風俗、文化、語言的源頭

　　華人的一切生活習俗、節日慶典，甚至言語上所表達的一切觀念，可說全部均源自於易經。是以若想探索或了解華人一切文化、語言或風俗的真義，都得回到易經這部偉大的典籍，才真能明白其所暗藏的深層意涵。當今文化研究學者，若想建立一套文化研究的方法，而忽視易經的研究，則無論其如何努力，終究是緣木求魚！

（四）易經乃百姓日常生活依據

　　華人的《通書》中記載著百姓日常生活一切就學、考試、嫁娶、上樑、喬遷、剃髮、遠行、相親、探病等需留意的日常生活之宜忌，可謂全世界各大文化中，唯一巨細靡遺地指導百姓一切生活起居，而依照易經的吉凶原理，加以擬定規範的學問。可惜一般百姓在使用它的同時，很少感受到它的存在。故易經繫辭傳裡說：「百姓日用而不知！」是也。

二、易學會通西方當代文化研究的課題

（一）既存在又超越

　　西方當代文化研究，力圖超越自身方法論上的侷限，故不僅提出了中心／邊緣的反思，提出殖民、後殖民的論述，其中

心要旨不外乎一反過去霸權文化，一味砍殺其他文化的可能性，畫地自限地將自己的思維模式當作唯一的規範。所幸二十世紀末的西方學者們由於達到窮途末路，遂開創文化研究的新途徑，以便向其他民族文化——一切原先它所歧視、罔視或誤視的文化模式取經，以便挽救其自身西方文化的危機。平心而論，作為華人文化最根本精神架構的易學文化，可謂最能提供如此新方法論匱缺時代之最有利的學問了。因為易學從本質上而言，不僅能提供人們詮釋華人文化或東方文化，更可藉以穿透西方文化，甚至世界文化，提供人們既存在又超越的詮釋視角，會通全世界各國不同的文化，建構各種文化間對話的橋樑，完成其各別系統間，彼此連結的介面。

（二）打破二元對立

西方文化一直以來，為柏拉圖的二元論所統御；十九世紀馬克思以正、反、合的辯證理論，去把握真理的實相，直到晚近的文評家，如法國的克里斯提娃方有檢省二元對立的反思力，提出類似易經陰陽相斥而相生，彼此相剋而並存的理論；接受了超越二元對立之 A 與非 A 同時並存的矛盾命題，而超越了二十世紀人文心理學家佛洛姆所說「一切真理的邏輯思維」結構。這裡不僅可看到當代西方文論模擬華人文論的影子，亦明顯地看到易學文化其獨特地真理穿透性矣！

（三）兼具歷時性與共時性

當代西方文論，如新歷史學家們，及芝加哥學派們，在詮釋文本時不僅只注重其當代的意義，更反顧思維其歷史沿革上

的意義，如此讓歷史與現代結合，古典與創新融會，而締造出更意義豐盈，更面面俱到的新歷史視角，這正是易學的原始精神。易學一方面強調歷史的循環論，從歷史的循環軌跡中找尋共通模式，以便相對地提出最佳之應付策略，另一方面更重視所謂「同時性巧合」，從共時的角度中搜尋一切旁通的資訊與智慧，是以大易哲學思維的現代性便不言而喻了。

（四）具涵結構與解構雙重特性

當代之西方文論，如巴特、德希達等，文本的詮釋上一方面強調作品的結構性意義，另一方面卻又希望能在此結構系統外，再創反思的空間，甚至強調意符與意碼間的斷層，或文本的延宕意，如此正彌補了新批評的閉塞型系統的缺憾，而打造一個全面開放的詮釋系統。這正是易經符號詮釋學的精神，它恰巧具備簡易性與變易性，前者意圖為宇宙一切現象，找到其根本的結構意涵，但另一方面，卻又留意此結構的通變意義，如此遂能詮釋任何文本，找到其真正不變的實相意涵了。

（五）主客對立與合一

可謂當代西方研究最關切的議題。現象學中所強調的互為主體論述；如新女性主義學者所強調的自我性，在男女對待關係中，女人不再被異化成他我，而乃是本體存在的論述。其實均符合易經的綜卦原理；綜卦原理教人放棄自我的執著，跳脫主客對立的局限，而互換立場，將心比心，以達到主客合一的全然觀照。正如文學上達到「我見青山多嫵媚，料青山見我應如是」之主客合一的美學觀照與思維。

（六）兼具全球化與本土化

當代西方文論及文化研究，不僅重視文評視野的全球化與國際化觀點，更強調文化主體的特色，亦即更重視各國學者之本土化省思。華人學者幾十年來習慣於沿用西方思維之方法論，其原因在於未能從本土文化的經典中取材，建構自己的華人思維系統與方法論。緣此，易經之河圖、洛書、九宮、八卦、太極、兩儀、三才、四象等基本結構，甚至十天干、十二地支、六十四卦、六十甲子等學說，均提供我們無止盡的有關知識論、宇宙論，甚至本體論的思維系統，若能深研易學，活用易學的思考法，必能建構一套、甚至多套最完備，既全球又本土的華人理論系統，詮釋世界文化，提供西方學者截然不同的詮釋學典範矣！

三、困難與挑戰

質言之，要建立一個前所未有的華人詮釋學方法論，無疑地乃是一大學術的挑戰。回顧中國文學研究的傳承，在文學理論方面，曾有過劉勰的《文心雕龍》及鍾嶸的《詩品》。這兩部作品可說是中國文學批評理論中最具有代表性的經典，然而，他們卻也僅能視為中國文學理論稍具雛形的資源罷了。換句話說，要想建立真正的華人詮釋學方法，顯然需要極高度地將傳統文化的隱蔽內涵轉換為彰顯式論述的創造式詮釋能力。

再說華人文化與西方文化截然不同，華人文化的意符與意指之間，潛藏著隱密的關係，而西方的意符與意旨之間，則呈現著彰顯的關係。況且，華人並不擅常長篇大論的論述，因此若想完成華人詮釋學方法，顯然必須突破華人文化中在先天修辭學上的侷限，又要打造全面性的創造性轉化之詮釋書寫。

本書擬結合西方現象學與中國易經的詮釋學，而成為易經符號詮釋學。由於西方現象學的目的正想透過「懸宕」的步驟，也就是先藉由客觀的描述萬物的現象，再經由「本質還原」、「本質直觀」，最終達到「超驗直觀」，也就是彰顯萬物現象背後所隱藏的意義。這種現象學的理論，正可透過華人的易經符號學，也就是華人的格物方法，來加以嫁接轉化，以便創造性地完成華人獨特的詮釋學方法。

此外，本書擬透過易經符號詮釋學的視角，全面性地展開中西文化的對話，會通中西文化的理論，突顯華人文化詮釋學獨具的超越性—活用易經符號詮釋學及華人格物的方法，反襯西方現象詮釋學的不足，修正西方文論在使用上的精確性，甚而透過「類聚通神」的方式，經由個案的分析，延展到新理論的發想，繼而開創新說。以便真正達到逐步走向所謂經典現代化，或華人文化現代化的理想實踐之路。

四、本書章節架構

本書的結構分成前後二大單元，前面的單元主要是論述個人如何透過易經符號詮釋學來嫁接西方現象學的方法論。胡塞

爾是當代最重要的學者，也是西方現象學的祖師爺，他的「格物方法」是想透過客觀科學的方式去探索宇宙間萬事萬物的道理。然而，由於他的四個方法步驟，在實踐上遇到了困境，以致於無法在方法論上得到預期的結果。所以本書第一章重點在於突顯華人的格物方法，如何逐步地嫁接胡塞爾的現象學方法論，甚而逐步地解決了胡塞爾現象學方法論的內在問題。進而突顯華人格物方法論的普世性與優越性，其實踐之可能。

在理論篇的第二章中，主要是介紹易學方法論的思維模式，也就是河圖、洛書、周易六十四卦、京房八宮卦等，尤其是突顯易經這部宇宙大電腦最具科學性的「象數思維」，才是華人文化最大的利器。第三章，旨在透過「易經符號詮釋學」，也就是華人格物的方法，詳細申論為何它可以用來破解胡塞爾現象學的盲點。此外，在第四章中，則特別強調華人的「觀」作為華人「以物觀物」的獨特進路，藉此超乎西方主體中心論的盲點。再者更提出「類思維」，乃是華人與西方百科全書式作為範疇相反的思維進路，更是華人格物中「類聚通神」的特色。

理論篇的第五、六章，則是運用易經符號詮釋學與西方現象學的視域融合，來展開全新的詮釋學論述。

實踐篇的第一章，個人利用易經的坤卦，重新解讀尼采的超人美學，藉由易經符號學的中介，以及易學本身內在的義理，重新架構尼采真正超人的內在思想，破解西方人對尼采哲學的誤讀，釐清尼采與納粹思想之間的真正關係。此外，更藉此提出尼采思想的六大境界：功夫修養論、宇宙論、本體論、目的論、境界論及超越論，藉以開創新說。

第二章，個人透過易經符號詮釋學與羅蘭巴特的神話學的

視域融合，重新解構羅蘭巴特的著作〈摔角世界〉，並指出羅蘭巴特在此篇著作中，其解構神話學的十三種精確的論述，此外並更正了羅蘭巴特在此篇著作中的五種錯誤的論述，藉以彰顯華人的格物方法—易經符號詮釋學，易經符號詮釋學不僅可以與西方當代理論對話，甚至具有反驗證理論精確性的能力。

實踐篇第三章，個人藉由美國當代最偉大的文化評論家蘇珊‧桑塔格的《疾病的隱喻》一書中的論述，提出透過華人的格物方法論與易學符號詮釋學，可引申出疾病的類化學，書中個人更提出癌症的類化學，並引證實際案例以之證實。以此突顯，華人格物學具有創發新理論潛力的超越性。

第四章，個人先透過西方同性戀文學理論的探索，再以華人的格物模式，易經符號詮釋學的進路，重建同性戀的符號學理論。並透過實際案例加以證明，以便突顯華人格物學的穿透性及創造性。

第五章，個人透過西方新歷史主義的視角，重新解讀SARS，其現象背後所隱藏的文化意涵，乃指涉東學西漸下，內在所隱藏東西文化衝突能量的外在顯象。藉此突顯華人的格物方法，易經符號詮釋學的視域，所可以達到的「神話預示學」的妙用。甚而開出華人全新的「新歷史主義」的理論。

實踐篇的第六、七、八、九、十、十一章，則是個人活用易經符號詮釋學及華人格物的方法，運用在哲學、童話、論語、筆記小說、台灣文學以及易經學理的論述。藉以突顯易經符號詮釋學可以做到跨文類、跨文化、跨學科研究的大用！

第一篇　理論篇

第一章　易經符號詮釋學

二十一世紀華人文化復興之契機

一、為何是易經符號詮釋學？

（一）當代華人文化的危機

　　北宋理學家張載曾提出知識份子的生命理想便是：「為天地立心，為生民立命，為往聖繼絕學，為萬世開太平」。知識份子基於對家國之愛，以及秉持內在的良知，自然會對他自己所處的時代，所遭逢的危機提出他的看法與解決之道。比如近代，五四時代的知識份子面對西方的船堅炮利，以及亡國亡種的危機，無不痛心疾首，夙夜匪懈地努力，意圖為時代把脈，並提出可行的救亡圖存之道。

　　現代新儒家牟宗三先生，結合西方康德哲學，提出了「道德坎陷說」，來回應西方的民主與科學思想，以補足傳統中國哲學中所欠缺的內容。牟先生這種嫁接德國觀念論進入中國哲學的思維模式，雖然有欠允當，因為道德的主體畢竟與知識的主體有所不同。但在面對外來文化的全面襲擊本土文化的危機與

困境下，牟先生所做的努力，仍然可看出典型的知識份子為了捍衛自己的民族文化時，所展現的人格與高度。這種努力讓人回想到一千年前宋明理學家，那群知識份子為了對抗西方傳進的佛法，全面地入侵中原，恐有取代華人所本有的文化的危機，是以結合了西方佛法中的「如來藏」的佛性思想，而將之轉換為「自性思想」。以此，成功地對抗了西方文化來勢洶洶的危機。

　　至於如今，華人所面對的危機，乃是西方科技文明所帶來的現代性以及西方文化所強調的個人主義，所引發的負面影響。百年來，在西方個人主義思潮的影響下，華人的社會遭到前所未有的摧殘與崩裂。原先華人的宗族主義下的大家庭結構，被取代為小家庭的核心結構；原先華人活在人我合一關係，也就是大我的世界觀，被取代為強調主體性的小我世界觀；原先華人天人合一的和諧思想，被取代為天人絕裂的衝突思想；原先華人所強調的菁英政治，被取代為公民政治；原先華人所強調的效聖法賢思想，被取代為追求名利的功利思想；原先華人所強調的安穩自在地生活模式，被取代為孤獨無依的棄絕心靈。

　　文化決定一個民族的興衰，文化的斷裂與滅絕，註定一個民族的存亡的命運。面對華人文化遭受西方現代性的取代與破壞，自覺民族存亡的知識份子，無不起而自救，如何從自我的民族文化中，擷取經典，再經由西方現代文化的嫁接與創造性的詮釋，來找到解決民族文化在現代性發展中所發生問題的解藥，正是當代有為的知識份子所當面對，也是最神聖、最不可或缺的使命了。

（二）當代最重要的議題：現象學與詮釋學

誠如周易所說：「易之時義大矣哉！」每個時代都會有它必需面對的時代議題，如何利用古代文化的經典，提煉出它的精髓，將它用來解決當代的問題，乃是每個時代的知識分子的挑戰。而華人所秉持的文化傳統，便是透過傳承中的變異思想來加以完成，與西方的方式不同。西方人往往由後繼的學者將前人的思想完全否定，造出全新的理論，也就所謂地破壞式的創新，而華人的創新則是一種繼承式的轉化。

二十一世紀華人必須面對的是西方現象學與詮釋學的話語與挑戰，當代全球的思想，無論在各方面都必須應用到現象學與詮釋學的視域，方得以完成。其原因在於二十一世紀是屬於知識論重造的世紀，學者不再一味地固守原先形上學式的知識論模式，而是透過客觀的現象學的視角，意圖去捕捉與呈顯隱藏在一切事物現象背後的真理。

然而，儘管西方現象學家胡塞爾原先的構想，意圖透過他所擬構的方法論，也就是「懸宕」─將一切前見、偏見、以及意識型態加以抵除，再經由「本質還原」回到純粹意識，再透過「本質直觀」，最後才經由「超驗直觀」，─而得到萬物的自明性（self-illumination）。然而，雖然胡塞爾反覆地闡明論述，意圖釐清他獨一無二的現象學方法論。但是，終其一生，似乎也只能停留在充滿曖昧性的論述當中。這便造成胡塞爾的徒子徒孫們各自自立山頭，眾說紛云，莫衷一是的結果。

他的弟子海德格，以其著作《存在與時間》成名，透過這部著作，旨在為胡塞爾學說當中有關意識的內容加以修訂與補

充。海氏提出了 Dasein 的思想，認為人的存在從現象學的角度而言，應該強調的是個人的「此在」（Dasein）。如此，他為胡塞爾現象學中的意識內容，定下了時間與空間的象限，意圖彌補胡塞爾方法論架構的不足。

另一位弟子梅洛龐蒂，以其著作《知覺現象學》成名，透過這部著作，旨在將胡塞爾學說當中的意識探討，透過眼、耳、鼻、舌、身的五感知覺的探討來加以取代，藉此開出不同的觀照世間一切事物現象本質的方式，意圖彌補胡塞爾方法論架構的不足。

再一位弟子，英伽登的《文學的藝術作品》、《藝術本體論研究》，旨在補足胡塞爾學說中「意向性」指涉的不足。透過文學、藝術的探討，建構文學藝術本體論的新學說。藉此，他將胡塞爾的現象學還原應用到美學的沈思，透析文藝作品的本質與結構，以及審美經驗之間的關係。

胡塞爾的徒孫，伽達默爾的《真理與方法》，則是透過胡塞爾現象學的方法，擴充他的老師海德格「horizon」的概念成為他最有名的理論，那便是「視域融合」（Fusion of Horizon）。這理論提出文本研究者必須透過他自己的視域與作者的視域，甚至於與文本的視域之間，產生融合的歷史效應，以達到詮釋學上最高的理解與表達。換言之，伽達默爾將胡塞爾的思想，成功地開向了詮釋學的領域，擴充了胡塞爾現象學的能用度與價值。

（三）二十一世紀是華人文化的世紀

這種說法在幾十年前或許不容易讓人找到足夠的可信性。

然而，從最近十幾年來的世界發展局勢，尤其是西方民主極度發展的結果，產生了民粹的風潮，再加上跨世紀的黑死病——Covid 19 的襲擊，所造成西方國家慘痛的傷亡。緣此，一個全新時代的降臨，一種新舊文化取代的趨勢，逐漸見到其可能性。

更何況，英國歷史哲學家湯恩比更在早年便提出，解決二十一世紀文化衝突的，惟有仰賴華人的大乘佛法與儒學。足見二十一世紀華人文化的重要性，可說無以倫比，其原因可能在於大乘佛法與儒學看來雖是源自於不同的文化，但其實，所謂的大乘佛法，便是華人透過了千年的努力與轉化，終將佛陀原來的原始佛教轉化為大乘佛法。換言之，所謂的大乘佛法其實就是儒學化的佛法。

究言之，儒學到底有何特殊的能力可以解決二十一世紀的文化衝突？這必須回到孔子的思想，孔子的儒學強調求同存異，王道思想，內聖外王，民胞物與，己利利人、己達達人，天人物我合一，陰陽合德。以上這些儒學的思想，都有益於解決二十一世紀人類所面臨的各種民族與民族之間、國與國之間、人與人之間、人與環境之間，種種文化衝突的問題。

（四）在百家思想中，為何是易經？

或許會有人問說儒學已發展了幾千年，為何要等到二十一世紀才能開出解決世界文化衝突問題的理論。這個問題，從預言哲學的角度而言，牽扯到了易經所說的「易之時義，大矣哉！」。某一種思想之所以能夠當運當道，從易經的角度而言，有它的天理註定的層面。由於二十一世紀從易經、玄學的

角度而言，正走入天運八艮，也就是八白左輔星當道，它所指涉的正是中原文化，亦即華人文化當道的時運。若從邵康節的《皇極經世》的角度而言，二十一世紀也正是走入火風鼎當運的時代，鼎卦指涉的是古代帝王的象徵，也是中原文化最重要的符號。

至於為何是《易經》，而非諸子百家其他各家的思想？理由很簡單，因為諸子百家源出自《易經》，沒有《易經》，便沒有諸子百家。華人一切的思想、藝術、哲學、宗教、建築、醫學，乃至於一切日常生活的面向，全然仰賴《易經》，那便是為何《易經》具有無與倫比重要性的原因。

或許有人會認為，名家才是華人文化中最接近西方哲學裡辯證思維的模式，為何不採取名家的進路，來解決二十一世紀文化衝突的問題？首先，名家的辯證思維法，不過是《易經》辯證思維的一部分，不足以代表華人文化的全貌。更何況，惟有透過《易經》所獨有的簡易、變易、不易的靈活運用，還有錯、綜、互、雜的思維辯證，再加上象數思維的總體方法，才能夠達到應付二十一世紀全球化時代中，人類面對多變的世局、衝突劇烈的需求。

或許有人會認為道家老莊的思想更為西方人所熱愛，比如海德格便深受老莊思想的影響，更何況道家道法自然的思想，更容易與西方生態學解決當代環保問題的學者所接納。其原因在於《易經》之所以具有無與倫比的重要性，無法被華人的任何思想所取代，在於它既是儒道二家思想的本源，也更是一切華人思想文化的本源。再說，《易經》具有所有一切華人思想所沒有的東西，便在於它具足了華人思維方法論，如數學或電腦

程式一般精準，又可操作的強項，這更是華人各種思想、流派所無法比擬的東西。因此，易經在二十一世紀全球化的時代，具有無與倫比的重要性。正如曾仕強教授所說全球化的時代，最需要的是易經，因為全球化的時代，你必須要有一種文化，它能夠無所不包，能把所有文化都包含進去！

（五）為何不同於西方的角度

近二、三十年來，華人文化中興起一種潮流，希望能夠回應當代西方現象學與詮釋學，而作出純粹屬於自己華人文化的知識論與方法論。於是各自從不同的角度出發，比如大陸學者在檢討中西近 20 年來的學術發展之後，便提出中國符號學的理念，認為應該努力開出與西方的符號學不同，建立在自己本土文化的基石上，而締造出真正屬於自己的中國符號詮釋學，以便回應西方當代學術的挑戰。至於台灣學者，則努力從華人本土的文化裡想要找到所謂的「華人文化的主體性」，從中締造出屬於自己文化的知識論與方法論。

然而，由於西方現象學與詮釋學，無論是胡塞爾、海德格、梅洛龐蒂、迦達默爾、呂格爾、英伽登等人，其哲學思維的進路，都是以語言學作為對象，緣此之故，兩岸三地的學者遂一窩蜂地，也以語言作為研究進路，意圖建構華人文化的方法論，這似乎難免患了「去文化脈絡」的詮釋學弊病。因為誠如《易經・繫辭傳下》所言「易者，象也」。換言之，華人文化在本質上而言，乃屬於象的文化。老子曰「道可道，非常道。名可名，非常名。」《易經・繫辭傳上》更提出：「書不盡言、言不盡意……是以聖人立象以盡意」。從以上可知，華人文化的

深層結構與西方文化截然不同，絕對有別於西方透過語言言道的傳統。而是以「象」作為建構華人文化的言道智慧的傳統。這二者之間，可說具天壤之別、截然不同。

（六）全球化的時代需要跨文化的思維與整合

二十一世紀有別於先前各種時代的挑戰，因為二十一世紀屬於全球化與網路的時代，網路的崛起打破了國與國之間的間距，文化與文化之間的間距，以及人與人之間的間距。這樣一個突破了時空限制的新時代，它所需要的思維方法論，定然有別於以往過去時代的要求，人類需要一種空前未有的思維方法，才能夠整合一切不同文化之間衝突的問題與想法。緣此，新的思維方法論的建立，便成為當代刻不容緩的議題。

然而，每一種文化都有它從自己的民族、地域所原生的特質，況且，每一種文化都有它自己內在體系的有機性及完整性。一昧地沿用或套用他來文化的方法來解決自己文化的問題，其結果難免會產生削足適履、模式誤套甚或文化斷裂的問題。基於此種考量，從自己的本土文化提煉出自己的思維方法論，誠屬絕對的必要。

此外，即使擁有了自己本土文化的思維方法論，能夠用來解決自己本土文化的問題，雖然不錯，卻仍然不夠。因為二十一世紀，人類真正要面對的不光是自己文化內部的問題，還要能夠應付解決外來文化的挑戰與衝突。基於此種原因，如何創造出一種華人文化的思維知識論與方法論，它既可符應自己本土文化的需求，又可用來詮釋西方文化，更甚者，它必須能夠用來調節中西文化的衝突，解決多元文化下所產生的一切問

題，惟有能夠具備此三種功能的思維方法，才能達到當代全球化思維的需求。那也才是在全球化的時代中，當代華人思維方法論視域下，最重要的使命。

二、什麼是易經符號詮釋學？

（一）面對西方科技哲學，解決胡塞爾的難題

　　當代是一個人類回歸認識論的哲學思維時代，西方當代哲學家基本上秉持著推翻傳統形上學的路徑，轉向人類認識世界的思維模式的關照，重新建構人類對於萬事萬物以及一切現象背後真理的探索與省思。最典型的代表便是胡塞爾所提倡的現象學派的哲學思維，現象學家依循胡塞爾的現象學的方法論模式，意圖透過所謂的懸宕、本質還原、本質直觀與超驗直觀，意圖以此揭開一切人類現象背後所潛藏的意義。

　　然而，由於胡塞爾的方法論本身，其中所牽涉所謂的意向性（intentionality）本身非常的含糊曖昧，即使本質直觀，甚或超驗直觀，這些操作的方法，其中所牽涉到的範疇，似乎已然背反了原先胡塞爾的初衷，也就是想利用客觀的科學哲學的精神，想去完成全新的當代的哲學認識論的建構。這種潛藏在胡塞爾現象學理論與方法背後的問題，導致整個現象學派的分裂。其實，究言之，胡塞爾現象學方法論最根本的問題，在於胡塞爾想要捕抓的一切萬事萬物的實相，從本質上而言，根本無法透過語言文字加以達成。這便是為何胡塞爾在竭盡所能地想要

以科學哲學方式達到哲學認識論的目的過程中，會遭遇到窮途末路的窘境，最後逼的自己只好使用類似禪宗開悟的模式，來達到體認一切外在現象之真理意義的途徑。

簡而言之，若想達到純粹地客觀把握一切現象的目的，語言文字既然承載著歷史文化的重任，作為方法的進路，顯然有所不足，所以胡塞爾現象學真正的問題出在於，他欠缺一種中介的方法論，以便連結一切現象與現象背後的實相。如此，胡塞爾現象學的方法論，方才成為可能。若想達到中介的目的，唯有使用符號學，方能符其所用，原因在於符號本身才能超越語言文化的承載。

（二）創造性詮釋西方的符號學

談到符號學，當代最足以代表的人物便是卡西勒。卡西勒認為一切的科學、哲學、文學、藝術與宗教，都是一種人類的精神形式，也都是一種符號。而整個世界，直言之，根本就是一切符號的組成。卡西勒的符號學，可說是二十世紀極大的突破思想，他以一種科學的方式將一切人文的文化——文學、哲學、藝術、宗教均帶入了哲學論述議題的場域。然而，卡西勒的符號學，雖然為西方帶出了符號學的風潮，卻仍然無法擺脫它們自身各自所承載的固有之歷史文化的重負。緣此之故，仍然無法達到現象學所欲達到的客觀呈顯真理的可能性。因此，創造性轉化西方的符號學，成為華人的符號學，顯然是當代華人或可利用的契機。

再者，正如懷德海所說後現代的全球化世界中，人類必須回歸他所說的「第二軸心時代」的精神，也就是融合科學與哲

學。他認為與第一軸心時代精神不同的是，在這個全球化的時代，已然不是個人英雄的時代，人類不可寄望單一的文化菁英便能夠來解決時代的問題，而必須結合眾多的文化以便統合出解決當代人類文化的方法，緣此，對華人文化而言，透過自己的經典，去創造性的轉化當代西方文化的經典思想，而成為自己的方法論，足以用來解決當代全球化所產生的一切問題。這便是全球化視域中，融合哲學的重要性。

（三）透過科學的方式彰顯人文的真理性

　　卡西勒文化符號學對西方哲學的貢獻在於，它一方面擴充了哲學探索的範疇，將原先不為哲學討論的議題，文學、科學、藝術、宗教、神話帶進哲學的領域。另一方面，他提出符號學的重要性，認為文學、科學、藝術、宗教、神話都是一種內在精神的形式。這種文化符號學的提出，在某個形式上，可以引發人們去思考胡塞爾現象學意圖去把握一切現象背後本質意義的過程中，所必須面對的問題。也就是，語言文字承載了個別文化所帶來的先見性，緣此之故，便無法達到胡塞爾現象學方法論中第一階段的「懸宕」，也就是要去除對任何事物一切的前見問題。

　　針對這個問題，可行的解決模式，便是必須提出一套符號學，透過此種中介的過程，胡塞爾現象學第一階段中的「懸宕」問題，方可得到解決。而這種符號學卻又必須避開承載語言文字的功能。從此種角度而言，華人文化如想要解決這個問題，最適宜的方式便是運用符號學的理念，而且這種符號學的提出必須絕對地滿足不被既有的文化意義所填滿的特質。在此

種條件看來，唯一可以符合這種標準的，那就是易經符號學了。因為易經的符號本身，完全地是由一個長橫楨與二個短橫楨所組成，"不帶有任何既定的知識承載，而且不會被任何固定的意義所綁束"。也只有在這種特殊的符號學的精神下，胡塞爾現象學所面臨的「懸宕」問題，也就是絕對客觀的問題，方可得到解決。

（四）易經符號詮釋學的概念與特色

質言之，所謂易經符號詮釋學便是透過易經符號來捕捉宇宙間一切萬事萬物的道理，以便達到去除遮蔽與彰顯萬物背後之意義的目的。這種特殊的符號詮釋學本身具有底下六種特色。

1. 作為人類思維的中介：以此達到客觀描述宇宙間一切現象，甚而達到獲取萬物本質的目的。

2. 不具任何意識型態與前見的載體：由於易經符號詮釋學乃是透過符號本身來掌握一切現象，所以便可避開語言文字本身，勢必會帶給認識的主體既有的意識型態或是前見的問題。以便達到客觀的，對萬事萬物背後意義的呈顯。

3. 跨越文化與文化間的差異：為了避開文化的差異性，使得主體生命對萬事萬物的探索，直探本源，也就是回到萬物「自身緣構發生（Ereignis）」，而不至於被自己的文化認知所綁束，利用易經符號詮釋學，正可以達到此種跨文化研究的目的。

4. 旁通抽象與具象、形上與形下問題的衝突：由於西方哲學一直以來都偏向形上哲學的探索，也就是萬物理論的抽象思維。而華人文化則偏向具象，也就是某種意義下所謂形下——真

實存在世界的探索。如想解決這個互古以來的問題，唯有透過易經符號詮釋學，也就是卦象的中介，才能夠真正的破解這個難題。

5. 兼具現象與義理，經驗與超驗的特質：易經符號詮釋學本身，由於透過純粹的客觀符號的介入，因此既可以用來代表現象世界，又可以代表義理範疇，此外，又可以解決經驗世界與超驗範疇同時具在的可能。至於超驗或義理範疇的達成，有二條途徑，第一，便是透過開悟見道，也是胡塞爾最後的路子；第二，則是透過格物窮理，博學旁通。

6. 獨具"數學哲學"計算功能，完成胡塞爾原先的意圖：胡塞爾現象學原先的目的，乃是想透過科學性的方式，完全客觀的進路去捕捉與呈顯真理，只可惜胡塞爾欠缺一套堪用的程式，所以只好轉向超驗玄學的進路，是以違反了自己原先想達到客觀而科學方法論的論述。反之，易經符號學當中的象數思維本身，便具有數學計量的準確功能。故能夠解決胡塞爾現象學的困境，達到客觀呈顯真理的目的。

三、如何作易經符號詮釋學？

（一）易經是一門類化學（Typology）

西方的百科全書將宇宙間一切的知識，全部納入它的範疇中，加以探索。華人也有自己的百科全書，同樣的將宇宙間一切的知識，全部納入它的範疇中。其間最大的不同在於中西兩方的文化，由於思維方式的不同，所以它在範疇的定位中，便

有極大的差別。西方的百科全書，在類化各種知識時，所依照的乃是時序的排列，注重定義式的描繪，它所依照的邏輯是西方典型的線性思維邏輯。反之，華人的百科全書-易經，在類化各種知識時，所採取的則是 Synchronicity，也就是同步原則。它所依據的思維則是「象思維」，在本質上，偏重空間上的延伸，也就是類聚的原則，這種中西文化的差異，根本存在於二種相異文化間的民族特色的不同。

易經基本上，透過八八六十四卦，去掌握宇宙間一切萬事萬物的道理，任何一件事物或任何世間的現象，只要透過攝象取卦，便可以把握住它的根本內在精神。再經由易經本身內在的卦理，比如，先、後天八卦彼此間的關係，同位卦關係，陰爻、陽爻的差異，位階的高低，卦爻之間的相應與否或彼此之間的錯、綜、互、雜關係，便可以演繹出任何現象，其背後的全面道理。

（二）攝象入卦的詮釋方法與發現

易經符號詮釋學主要的操作模式便是透過攝象入卦的方法，也就是將一切的宇宙現象與世間一切的問題，經由類化思維，透過攝象取卦的方式；或間接的占卜方式而找到問題的解答或詮釋的意義。

為了避免對任何外在事物的主觀看法或既有的成見，甚至於意識型態的介入，唯有透過卦象的把握，作為事物與其意義之間的中介，透過攝象入卦的操作程序及事後的義理詮釋，吾人方能客觀的達到華人最獨特的「以物觀物」，也就是純然客觀的方式，掌握到一切事物的本質，穿透一切外在形式，而抵達

它背後真實的意義。

　　至於攝象入卦的方法，首先便是將一切的問題或現象，以客觀的方式，將它陳述出來，然後再透過先天八卦或後天八卦的原理，以及上下組卦的方式，得到易經的重卦，緊接著再透過對重卦的理解與思辨，而得到最終詮釋學的義理，完成攝象入卦的詮釋方法。當然，要達到有效的攝象入卦的結果，需要長期的演練與反覆的驗證，自然不是一蹴可成的。

（三）易經符號詮釋學會通胡塞爾現象學

　　以下即用寂然不動、感而遂通、以類萬物之情、以通神明之德，會通胡塞爾現象學方法論的四大步驟－懸宕、本質還原、本質直觀、超驗直觀進行說明。

1.「寂然不動」會通「懸宕」

　　透過易經符號學會通現象學的第一個步驟，便是摒除一切的前見，排除一切的意識型態，而能夠客觀的捕捉或描述，觀者所面臨的一切的現象、事物或客體，這種客觀的胡塞爾現象學的進路，正符合易經繫辭傳所說：「寂然不動，感而遂通」中的「寂然不動」的觀物原則與精神。也是胡塞爾意圖透過科學的方式，而重建人文學知識論的最終目的。

2.「感而遂通」會通「本質還原」

　　易經符號詮釋學的第二個步驟，便是藉由觀者所觀之物、現象或客體，依照易經八卦的本質意義加以立三爻卦，也就是單卦。由於此種八卦立卦的過程，基本上建立在「共步全息」的理論上。而所謂的「共步全息」便是宇宙間的萬事萬物，如果透過某種有序的排列，它會形成共步的現象，那就是所有一

切同位元的東西，彼此之間會形成同聲相求、同氣相應的現象，而產生彼此間的磁場效應。這便是當代量子科學中的「量子纏繞」。依古代易經裡的說法，那便與聖人「以物觀物」時的「寂然不動，感而遂通」中「感而遂通」的道理所在。

3. 「以類萬物之情」會通「本質直觀」

　　易經符號詮釋學的第三個步驟，便是將對任何事物攝象取卦之後，所得到的六十四卦的卦義，作全面性的分析與解碼。也就是透過本卦在易經本文的卦辭或爻辭，得到其所指涉的意涵。由於周易原文屬於古代的語言，如何利用古代的占辭、爻辭來詮釋當代的知識與經驗，可說是想透過易經符號詮釋學達到胡塞爾所謂的本質直觀最大的挑戰。此外，整部易經的書寫，可說是透過隱喻的方式，因此，如何精準的從易經的卦、爻辭，藉由隱喻的方式，將它轉化到當代的經驗與知識，便是達到胡塞爾的本質直觀，另一個必要的挑戰。

　　質言之，易經的現代化，如何將古代的易經轉用到當今時代的社會，以達到以古鑑今或貫通古今，自然是當代華人文化責無旁貸的使命。如此方能達到易傳裡所說的「以類萬物之情」，也就是透過易卦的中介，其所蘊涵的類化的「轉喻」，來達到現象學所欲達到的去除萬事萬物的遮蔽，使得萬物呈顯其自明性，也就是達到胡塞爾現象學的第三步驟-「本質直觀」的目的。

4. 「以通神明之德」會通「超驗直觀」

　　胡塞爾的超驗理論，一直以來是最為被人詬病和質疑的步驟，因為如果依照胡塞爾自己的說詞，若想完成胡塞爾的現象學方法，去呈顯萬物的實相，似乎必須具備聖人或高僧開悟的

境界，也就是他必須透過玄秘的冥契經驗，方能達成。而且，如果透過這樣的進路，胡塞爾似乎使自己的現象詮釋學陷入了論述的矛盾，又似乎從科學的路子，掉入了心理學的老路。

難道胡塞爾現象學方法論的最後階段，不應該是超驗直觀，而是先驗直觀嗎？那如果是先驗直觀，又如何成為可能？到底他的先驗直觀是那一種直觀？

經過反覆的思辯之後，本書認為無論將胡塞爾現象學的最後一個步驟，翻譯為先驗或超驗，應該都不是本書所探討的重點所在！所以本書會以「超驗」直觀，也就是超越個人的經驗，無論是屬於如數學公理一般超越個人的經驗範疇，或是開悟式的超越個人能力的經驗來進行以下探討。

依照洪漢鼎在《重新回到現象學的原點—現象學十四講》一書中，其最後一章的最後總結提出：

> 先驗自我或先驗主體的真正意思是說：我的感知向我呈現可以在主體間通達的存在者，即不單單是為我而存在的存在者，而是為每一個人存在的存在者。我們將對象、事件以及行為作為公共，而非私人的東西去經驗，因此先驗自我的真正意思就是主體間性。

依本書看法，這種說法換成易經符號詮釋學的方式，指的便是易經「攝象入卦」後的解卦過程，是一種全然客觀的，透過易經這部宇宙大電腦的理論架構，以及演卦者本身，經由卦理得到的客觀真理的推論，也就是「以物觀物」的方式，而得到最終的一切事物現象背後真正意涵的探索。換言之，就是透

過易經的智測模式，找到萬物之間的關係為目的，這便是此處
所謂的「主體間性」所指涉的真正意涵。這便是為何胡塞爾會
說："先驗自我只有在主體間性裡才是必然的"（《胡塞爾著作
集》：6 / 175）。

有關胡塞爾難題，其最關鍵的主體間性理論，胡塞爾有更
仔細的闡發：

> "具體的完全的先驗主體性，是一個由許多我所組成的
> 開放的共同體的總體，一個從內部而來的被純粹先驗地
> 統一起來的，並且僅僅以這種方式才是具體的總體。先
> 驗主體間性是絕對的並且是唯一自足的存在地基
> （Seinsboden），每個客觀事物都從那裡（客觀地真實的
> 東西的總體，並且也是每個客觀的觀念世界的總體）獲
> 得其意義和有效性"（《胡塞爾著作集》，第 9 卷，第 344
> 頁，引自《胡塞爾現象學》，第 118 頁）。

依本書看來，這段文字轉換成易經符號詮釋學的視域，則
可視為：易經六十四卦，每個卦與卦之間，彼此便具有它先天
存在的相互關係意涵。比如，先後之間的次序關係或彼此間互
為錯卦、或綜卦的關係。此外，每個單一的卦，它自己的內在
便具涵錯、綜、互、雜的衍繹卦理的分身卦。比如舉火風鼎卦
為例，它的錯卦為水雷屯卦，綜卦為風火家人卦及澤火革卦，
互卦為澤天夬卦，雜卦則有天風姤卦、澤風大過卦、火天大有
卦、以及火澤睽卦。而這些錯、綜、互、雜的關係，則可在易
理的辯證上，提供我們正確的思辯及驗證性。這便是胡塞爾所

謂主體間性所指涉的意涵。

　　再如李挺之的交代生卦，也是易經符號詮釋學方法論中，本卦分身的一種。例如泰卦在李挺之的交代生卦中，則屬於三陰三陽的系統，其他與之同屬此系統者，還有雷澤歸妹卦、水澤節卦、山澤損卦、雷火豐卦、水火既濟卦、山火賁卦、雷風恆卦、水風井卦、山風蠱卦。而在易經符號詮釋學的視域下，每一種獨立的系統卦，都有無與倫比的意涵。這便是華人格物系統論的殊勝義，也是胡塞爾所謂主體間性所指涉的另一種意涵。

　　更如，京房的八宮卦理論，也是易經符號詮釋學方法論中，本卦分身的一種。例如坤宮在京房易中的系統，則涵蓋了地雷復卦、地澤臨卦、地天泰卦、雷天大壯卦、澤天夬卦、水天需卦、水地比卦。京房易的八宮卦易學系統，在義理上有其特殊之處，它代表的是數學般的必然性，也代表萬物發展的自然次序，沒有個人的介人。這正是胡塞爾所謂主體間性所指涉的，所謂"每個客觀事物都從那裡（客觀地真實的東西的總體，並且也是每個客觀的觀念世界的總體）獲得其意義和有效性"在華人易學中的指涉意涵。

　　從操作方式來看，胡塞爾現象學方法論，之所以無法達到超驗理論的實際完成，其實無論將它翻譯成為先驗或是超驗，其真正關鍵，卻在於「主體間性」的問題。胡塞爾原本希望能透過完全客觀的方式，以便探索宇宙間一切現象背後的意涵，甚至找出萬物之間的關係。然而，由於西方哲學的進路一直以來，都以語言作為它的媒介，正如海德格所說「語言是人類棲息的地方」。但由於語言，它必然承載自己的文化與民族的內涵，

故無法達到真正的客觀。此外，西方文化的思維架構中，並無法提供一套系統論的萬物本質的把握模式。緣此，自然也就無法達到本質還原與本質直觀的可能。再者，西方最擅長的辯證思維模式，太過於簡略，根本無法提供一套體系性思維方法，也就是無法在「部分中看到全體、在全體中看到部份」的交互主體性思維方式。總合以上各種原因，意圖達到胡塞爾心目中最後的理想，也就是超驗直觀，根本就不可能。

與此相反，易經符號詮釋學有它先天的優勢，

一、因為符號本身是介於人與事物之間的中介，本身既不受限於自己的民族與文化之意義的承載，真正達到客觀懸宕的方式去探索宇宙萬物背後的意涵。

二、易學系統屬於體系性思維，可以客觀的定位萬物的本質意涵，解決西方現象學無法解決的現象學還原的問題。

三、易學的類化思維與體系性思維，可用來解決西方現象學中所無法解決的主體間性問題，又可用來解決西方現象學無法做到的本質直觀的問題，找到萬物與萬物之間彼此的關係。

四、易學系統具涵完整的錯、綜、互、雜的思辯，不但可避免簡單的正反合的辯證思維，又可利用易經這部華人獨特的百科全書，所具涵的各種體系思維的交互思辯，進而達到萬事萬物自明性的檢驗能力。以解決西方現象學最後關鍵步驟，所無法解決的超驗直觀的問題。

5. 以神話：黛安娜與王子阿克泰翁的故事為例

王子阿克泰翁打獵時無意間誤入了黛安娜沐浴的洞穴，撞見了美女們沐浴。被人看了裸體的黛安娜非常生氣，就把阿克泰翁變成了一頭公鹿。阿克泰翁被變成鹿以後，被自己的 50

隻獵犬發現了，還被咬死了，他的侍從們完全不知道王子變成了公鹿，高高興興地把獵物帶回家去。

　　從易經符號詮釋學的方法論來看，這個神話故事，從第一階段的「懸宕」角度，由於整個故事，最特殊的取象點便在於狗咬阿克泰翁的事件上，所以我們所得到的純粹意識便是「狗咬」的意象上。

　　第二階段，便進入現象學的「本質還原」，從本質還原裡，我們所得到的基本符號卦象分別為「兌」卦（☱）與「艮」（☶）卦。「兌」卦乃是咬的取象，而「艮」卦則是狗的取象。

　　第三階段，便進入現象學的「本質直觀」，進行本質直觀時，我們首先將「兌」卦與「艮」卦的三爻卦組成六爻卦的「澤山咸」（䷞）卦，也就是在易經中第三十一卦，愛情卦。換言之，透過本質的直觀，我們可以理出這個表面上血腥的動物弒殺人類的事件，其實它所要透露的乃是西方愛情世界的玄機。西方的愛情往往是充滿動物性，也就是機動而快速，不像東方裡的愛情，往往是緩慢而蘊釀的形式。

　　從另一個角度而言，男女性愛是一件充滿危機的事件，第一次的交媾對男女雙方而言，都是一種越界的行為。彼此之間，是否能夠水乳交融，達到和諧的境界，乃是一大挑戰。更何況如果進行當中，若遇到不測的阻礙或是過當的慾望奔流，都有可能帶來生命的危險。而這種論斷，乃是透過澤山咸卦的綜卦-

「山澤損」（䷨）卦的角度推論而來。

　　最後階段，從「超驗直觀」的角度而言，男女情愛如果不能達到心靈相契、心心相印，具有相同的價值觀與共同的理想，如此所締造的愛情與婚姻，其所導致的最終結果，則往往是出乎意料的悲劇下場。反之，人生中若能找到自己志同道合，同聲相求、同氣相應或者是彼此互補、相互協助的對象，在生命的旅途中，則將會充滿無限生機，隨時從自己的靈魂伴侶身上，找到永無止盡的靈感與快樂的源泉，共同攜手走向美麗又豐富的人生。

　　緣此，故事中，阿克泰翁的誤闖黛安娜的山洞，正象徵男女在情愛上的遇人不淑，遂導致雞犬不寧，甚至損己傷人的不堪情境。因為原始文明以山洞作為家的意象，因此，誤闖山洞自然可以詮釋為所遇非人的意涵。此外，從另一個角度而言，狗是用來護衛家的動物，狗象徵忠實、忠心，當人們所遇非人的時候，這種忠心的心態，反而可能導致彼此不堪的下場。更進一步地說，由於狗在社會文化學中，象徵的是進出內、外的角色，所以當不速之客潛入，便遭其撲殺，象徵黛安娜作為貞潔女神，她固守自己冰清玉潔的身心，拒絕外在愛情入侵的心境。這正是本卦的綜卦，也就是「山澤損」卦；「艮卦」（☶）為拒絕，「兌卦」（☱）為愛情的歡樂，二者的組卦則成為拒絕愛情歡樂的黛安娜女神，作為貞潔女神的根本意涵。黛安娜女神不願意涉入人間男女情愛世界，時常發生的遇人不淑，所

帶來的煩惱、痛苦與傷害，遂選擇遠離群囂，遁居幽靜的山林洞穴中，與世隔離。如此一位貞潔女神，透過上述故事的敘述，經由易經符號詮釋學與現象學方法論的析論之後，終於去除了故事中的遮蔽面，而找到了它自明性的意涵。

四、易經符號詮釋學的優越性

（一）證成西方現象學的方法論

　　西方現象學從胡塞爾以降，自海德格等人，都只在現象學方法論的探索上，做了無止盡的努力。表面上，雖然提出了很多的臆想，儘管如此，終究無法如實的解決胡塞爾現象學的初衷，也就是以客觀的態度，去探索宇宙間萬事萬物背後的道理，去除一切的遮蔽，而達到萬事萬物的自明性。

　　易經符號詮釋學的提出，正可解決西方現象學在方法論上的困境，提供一套全然客觀、以物觀物的「格物窮理」的方法。以便達到現象學的本意，從生活世界出發，在自身緣構（Ereignis）發生中，揭開真理的意義。

（二）達到詮釋學的準確性

　　西方現象學家迦達默爾，在他的《真理與方法》提出，一切的詮釋都具有它的價值。因為，只要能符合歷史的情境，一切的詮釋都具有它的正當性。然而，萬一同樣的歷史情境下，

有諸多的而不同的詮釋，此時又該如何呢？

　　對此問題，西方詮釋學界中，雖然有像赫許（E.D. Hirsch）這樣的學者，提出他的 "Validity in Interpretation"（詮釋的精確性）。儘管如此，他卻未能提供一套有效的詮釋方法，來驗證各種詮釋是否具有精確性？

　　對此，易經符號詮釋學恰可解決這個問題，為大家提出一套既準確又實用的方法。如數理般的計量方式，來達到檢驗任一詮釋的精確性，以便補足西方詮釋學，至今一直停留在假設與臆想上的困境。

（三）解決跨界的問題

　　在當今全球化的時代中，人們所面臨的最大挑戰，不外乎跨界的問題。所謂的跨界包括跨越具象與抽象、跨學科、跨文化等種種問題。西方當代的思想，在某個程度上，做了許多的哲學思辨，對解決這種跨界的問題，做出了許多的玄思與想像，卻從來無法落實到具體的解決模式。

　　對於這個問題，易經符號詮釋學由於具有如程式一般，數理運作的計量的優異性，首先可以用來作為跨界時的中介橋樑，詮釋出兩種文化、學科之間真正的差異和原因。緣此，透過彼此間的了解與整合，更進一步地，或可達到跨界問題的整合與解決，為當代全球化時代所帶來的種種問題，如文化衝突、種族衝突、國際衝突等問題，提出解決的途徑。最終，將可用來解決一切人文與科技上的跨界問題。

第二章　華人象數思維

當代西方現象學視域下的易經符號詮釋學

前　言：有別於西方現象詮釋學的不同進路

當代華人對於易經研究，由於受到宋明理學以來的影響，一直偏向著重義理而忽略了象數的重要性。質言之，從歷史的沿革來看，周易思想到達漢代，可說發展到了應用學上無以復加的地步。原因在於，漢易學家為原來的周易加入了五行等不一樣的因素，緣此，便開出了應用學上，無論天文、地理、醫藥、煉丹、農學、水利、科學，各方面都達到了前所未有的境地。易經作為實學上的運用，可說在漢代達到了最高的驗證。

然而，緊接著的魏晉南北朝之後，由於政治上的變革與社會的動亂，以儒家為核心的思想統治模式，遂為空泛的玄學所取代。原先，易學象數的運用，其風潮不再，即使隋唐之後，也一樣不受重視。至於到達宋、明時代，更因為理學的興起與蓬勃發展，重視義理勝過象數解決問題的風氣。象數易遂淪為民間方士算命、卜卦、看風水等小道的運用，沒能夠結合中國哲學的知識論或方法論上的思辨與運用。從此，華人正統學術與民間實用易學便被分隔開來，造成了華人易學知識的斷層，

這個嚴重的問題，也就是象數易的被忽視的現象，必須等到清代的易學家，當他們發現而覺醒到宋明理學的發展所產生的弊病時，才能得到釐清與平反。

尤其是當代西方詮釋學與現象學勃興的趨勢下，回顧華人文化中的象數思維，可以從中找到嫁接西方現象學思想，而成就華人獨特思維知識論與方法論的可能。如此方不致於將自己固有文化中的精華視為糟粕，更不至於將自己的文化誤解為泛泛的道德論，也唯有如此，方能符合華人大易哲學中所提出的「易之時義大矣哉！」的實際精神。換言之，透過華人的象數易學，嫁接西方當代的現象詮釋學，而成就易經符號詮釋學，或許便是二十一世紀華人文化的新契機。藉由中西文化的相互格義與方法嫁接，華人不但可以創造出前所未有的思維方法論，透過此種獨特的方法論，還可以解決西方現象學發展中的問題，甚至可以開出比西方詮釋學更可大用的模式，更進一步，還用來解決跨文化研究的任何議題，以及當代人類所面臨的文化衝突的危機。

從文化的本質而言，華人文化其實完全建立在「象思維」的基礎上。正如《易經‧繫辭傳下》所言：「易者象也」。綜觀華人文化，無論從漢字、書法、繪畫、建築、戲劇，也就是任何的文化面向，其實完全建立在「象」的基礎上。這一點與西方的文化，完全建立在「語言」上，是截然不同的。以下便逐步分殊之。

一、象與象思維

所謂的"象"，大體可分為二種，一是符號之象，二是事物之象。所謂的象思維，便是以符號之象來解釋事物之象，這便是易經符號學的基本意涵。正如《易經‧繫辭上》所說："見乃謂之象，形乃謂之器"。"象"大體有現象、物象、事象、形象、意象、法象等含義，這些含義大致可分為兩個層面，所謂「符號之象」，主要指卦象、爻數、河圖、洛書、太極圖、陰陽五行、天干地支等，其作用是概括、說明宇宙自然萬事萬物所表現的狀態和特性，類比、象徵、推演宇宙萬事萬物的運化規律。緣此，所謂「符號之象」，大體上所關涉的乃是一切現象背後的抽象或精神特質。至於「事物之象」，則是指萬事萬物具體的形象，包括一切實測、數量、次序等關係。所以，「事物之象」，大體上所關涉的則是一切事物背後的具體或物質特質。此二者從特質上來看，截然不同。

換言之，從最基礎的角度而言，所謂「象思維」便是一種如何將「符號之象」與自然萬物之象，透過類化（typology）的方式，將它在範疇論（category）上，一對一地將它們媒合起來，以便達到格物窮理，也就是對於宇宙間萬事萬物探索的最終目的。比如，從範疇論上來講，乾卦（☰）的範疇涵蓋了剛健、頭部、老父、西北、陽金、馬、玉、寒、木果；坤卦（☷）的範疇涵蓋了老母、腹部、西南、土地、牛、布、釜、群眾、

黑；震卦（☳）的範疇涵蓋了長子、龍、足部、東方、樹木、

玄黃、善鳴馬、鼓舞；巽卦（☴）的範疇涵蓋了進入、蛇、

繩子、長女、風、股部、東南、進退、不果、臭、利益；坎卦

（☵）的範疇涵蓋了水、北方、下流、中男、豬、耳朵、憂

愁、血、月亮、盜賊、通；離卦（☲）的範疇涵蓋了火、光

明、眼睛、上炎、中女、南方、靈魂、戈兵、雉鳥、龜、電；

艮卦（☶）的範疇涵蓋了山、少男、岩石、東北、狗、脊椎、

門、城、止、寺廟、樓牌；兌卦（☱）的範疇涵蓋了尚澤、

少女、喜悅、嘴巴、金飾、白色、口舌、折損、西方、妾、羊。

　　此外，透過易經的象思維模式，比如，易經六十四卦的卦
象排列模式，或京房八宮的系統卦象排列模式、抑或是交代生
卦系統下的卦象關係模式，便可以成功的掌握到萬事萬物的生
長次序，以及發展次第，以便達到類科學性思維。比如，學者
賴世炯、陳威瑨、林保全便透過他們所共同著作的《從〈易經〉
談人類發展學》，依人類發展的次第，亦即六十四卦前後的排列
方式來探索生死與宇宙論〈乾、坤〉、經濟論〈屯〉、教育論
〈蒙、需〉、法律與戰爭〈訟、師〉、政治與人類盛世〈泰、否〉、
社會階層化〈同人〉、宗教與藝術〈噬嗑、賁〉、歷史與人格發
展〈剝、復〉、感情與婚姻〈咸、恆〉、功成名遂與身退

〈遯〉、人生終點〈既濟、未濟〉。

誠然，其實華人文化的易經智慧，就本質而言，便是"象"的思維智慧。這也是為什麼華人的文字特質，便首重形象的特性。其實，六書中所謂的象形、指示、會意、形聲、轉注、假借，究竟而言，仍然是「象形」概念的衍義。至於，語音方面的特點，仍然是屬於輔助的部分，這點與西方文化截然不同。西方文化的文字，其認識的過程，最主要卻全然建立在語音之上，至於它的文字形象，完全不占有任何重要性。此外，就連易經中，六十四卦的組卦方法、結構系統或是卦爻辭的內容與內涵，也都必須透過象的思維運作，才可能趨於圓滿。更遑論易經智慧的實際應用，若非透過象的運作，也無法真正達成。這便是華人「象思維」無與倫比的重要性。

當然，在思維的方法論上，如何的將卦象與研究的物、事上扣合在一起，便需要應用彼此的相互關聯性和類比的共通性。才能有效而成功的運用易經的運算或思維的方法，來達到宇宙間萬事萬物，真正的理解或認識的目的。

整體而言，象思維帶有很大的具體性、直觀性和經驗性，也就是說，象思維可用來媒合具體的事物與卦象，也可以透過象思維來捕捉人類意識中的直觀內容。此外，象思維也可以用來直接描繪或敘述人類經驗性的東西。原因在於，它以"象"作為中介，去把握事物的內在本質及與其它任何外在事物所隱含的關聯關係，依此來宏觀地探討事物的性質和變化規律，以便消融主、客觀對立而產生的問題—那便是割裂地看待事物的片面性與孤立性的弊病。緣此，在哲學的認識論上可說有其無與倫比、獨到的意義。

二、易學中的數及其思維模式的運用

易學中數的排序方式：有分河圖、洛書、六十四卦序圖、京房易。

（一）河圖中數的排列及其運用

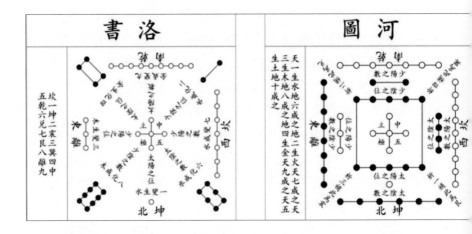

1. 河圖的內容

河圖的口訣是"一六共水宗，二七同道火，三八為朋木，四九為友金，五十共土宗"。換言之，以"一六在下，二七在上，三八居左，四九處右，五十居中"排列成數陣的黑點和白點，蘊藏着無窮的奧秘。整體圖象成為四方形，單數為白點、為陽，雙數為黑點、為陰。黑白點表示了陰陽，其中，東、西、南、北、中，五個方位則分別代表五行，即金、木、水、火、土。四象則按古人座北朝南的方位為正位，也就是：前朱雀

（南），後玄武（北），左青龍（東），右白虎（西）。此乃風水象形之源也。

2. 河圖的運用

河圖的理論，特別顯現在民間方術上，風水師在為人擇宅時，會依宅屋主人的命卦，來配合樓層的選擇，其中的口訣便是"一六共水宗，二七同道火，三八為朋木，四九為友金，五十共土宗"。也就是說一命人適合住一、六樓，二命人適合住二、七樓，三命人適合住三、八樓，四命人適合住四、九樓、五命人適合住五、十樓。這便是華人傳統中，河圖裡的象數思維的智慧。

（二）洛書中數的排列及其運用

質言之，洛書中數的排列其實也正是後天八卦的排列次序。而後天八卦正是一般民間數術家應用在天文、曆算、中醫、命理、風水各方面應用的智慧。

1. 洛書的內容

洛書的口訣是"戴九履一，左三右七，二四為肩，六八為足，五居中央"。從這圖表來看，則會形成縱、橫、斜三條線上的三個數字，其和皆等于十五，十分奇妙。

2. 洛書的運用

舉風水為例，依照唐代國師一行大師的《八宅明鏡》，也稱《滅蠻經》所載，個體生命在選擇住家風水時，必須留意陽宅的座山立向與陽宅主人命卦之間的搭配，否則便會產生意外的災禍。其規則則是東四命人宜住東四宅，西四命人宜住西四宅。所謂東四命人便是九、四、三、一命卦之人，而西四命人

指的則是二、七、六、八命卦之人。至於方位方面，九指的是南方，四指的是東南方，三指的是東方、一指的是北方，換言之，東四命人也便是九、四、三、一命卦之人在選擇居家時，宜擇向南方、東南方、東方、北方，四個方位。同理，二指的是西南方、七指的是西方、六指的是西北方、八指的是東北方。緣此，二、七、六、八命卦之人，宜擇向西南方、西方、西北方、東北方，作為陽宅立向的選擇，方能得到平安吉祥。這便是洛書應用在華人象數思維上的智慧。（以下為東西四命速查表，供參）

命卦		西元年份	
		男	女
東四命	九（離卦）	1946, 1955, 1964, 1973, 1982, 1991, 2000, 2009,	1949, 1958, 1967, 1976, 1985, 1994, 2003, 2012,
	四（巽卦）	1942, 1951, 1960, 1969, 1978, 1987, 1996, 2005,	1944, 1953, 1962, 1971, 1980, 1989, 1998, 2007
	三（震卦）	1943, 1952, 1961, 1970, 1979, 1988, 1997, 2006	1943, 1952, 1961, 1970, 1979, 1988, 1997, 2006,
	一（坎卦）	1945, 1954, 1963, 1972, 1981, 1990, 1999, 2008	1950, 1959, 1968, 1977, 1986, 1995, 2004, 2013,
西四命	二（坤卦）	1944, 1950, 1953, 1959, 1962, 1968, 1971, 1977, 1980, 1986, 1995, 1998, 2004, 2007, 2013, 2016,	1942, 1951, 1960, 1969, 1978, 1987, 1996, 2005,
	七（兌卦）	1948, 1957, 1966, 1975, 1984, 1993, 2002, 2011	1947, 1956, 1965, 1974, 1983, 1992, 2001, 2010,
	六（乾卦）	1949, 1958, 1967, 1976, 1985, 1994, 2003, 2012,	1946, 1955, 1964, 1973, 1982, 1991, 2000, 2009,
	八（艮卦）	1947, 1956, 1965, 1974, 1983, 1992, 2001, 2010,	1945, 1948, 1954, 1957, 1963, 1966, 1972, 1975, 1981, 1984, 1990, 1993, 1999, 2002, 2008, 2011

（三）六十四卦卦序的排列及其運用

1. 六十四卦卦序內容

六十四卦的卦序歌：「乾坤屯蒙需訟師，比小畜兮履泰否，同人大有謙豫隨，蠱臨觀兮噬嗑賁，剝復無妄大畜頤，大過坎離三十備。咸恆遯兮及大壯，晉與明夷家人睽，蹇解損益夬姤萃，升困井革鼎震繼，艮漸歸妹豐旅巽，兌渙節兮中孚至，小過既濟兼未濟，是為下經三十四。」以上便是易經六十四卦的排序內容。至於它實際上的運用，歷代易學家並無法得到真實的掌握。其有待後世學者繼續研發之處多矣！

2. 六十四卦卦序的內在邏輯

易經六十四卦卦序的排列，其內在的邏輯不外乎兩種結構，那便是相綜或相錯。

相綜的部份：便是前後二卦之間，彼此互為綜卦，也就是將六爻卦倒反來看，如此原先由下往上排列的初、二、三、四、五、上爻，將它變為上、五、四、三、二、初爻的排列成卦模式，便是綜卦法。依此原則，正如屯卦（䷂）與蒙卦（䷃）、需卦（䷄）與訟卦（䷅）、師卦（䷆）與比卦（䷇）均是綜卦的思維所排列出來的卦序。

相錯的部份：便是前後二卦之間，彼此互為錯卦。錯卦則是將原先的六爻卦陽變陰、陰變陽，而形成的新的六爻卦。例如乾卦（䷀）與坤卦（䷁），泰卦（䷊）與否卦（䷋），坎卦（䷜）與離卦（䷝）。均是依照錯卦的思維所排列出來的

卦序（各卦之卦序，可參見京房八宮卦內之數字標註）。

3. 錯、綜邏輯思維的運用

　　一般人只知道西方哲學中，從希臘柏拉圖的辯證法，一直到十九世紀黑格爾的正、反、合辯證法，乃是西方哲學在哲思方面，最重要的、也是最厲害的方法論。卻然不知，其實華人文化中的哲思，有比西方文化裡辯證思維更加厲害、更加具有全面思考效率的方法論。其中，錯、綜思維的運用，便是最好的例證。這之中的道理在於，西方的辯證思維，充其量，不過是「空中生有」，也就是空想玄思，根本欠缺具體的符號模式，而華人的辯證思維，則是「有中生有」。換言之，它是建立在具體的符號學，也就是實體論上的學問。光從衡量測算的角度而言，華人的辯證思維在操作的工具論上，便遠遠超過西方玄想的辯證思維。這也正是易經符號學，在當今中西哲學交會下，所能開出突破千古的、全新的「智測學」（參考陳榮灼，〈「周易」重建與智測現象學〉，《中西哲學的會面與對話》，台灣：鵝湖月刊社，1994）的地方。

（四）京房八宮卦的排列及其模式思維的運用

京房八宮卦及卦序（數字為卦序）

本宮卦	一世	二世	三世	四世	五世	遊魂	歸魂
乾 1	姤 44	遯 33	否 12	觀 20	剝 23	晉 35	大有 14
坎 29	節 60	屯 3	既濟 63	革 49	豐 55	明夷 36	師 7
艮 52	賁 22	大畜 26	損 41	睽 39	履 10	中孚 61	漸 53
震 51	豫 16	解 40	恆 32	升 46	井 48	大過 28	隨 17
巽 57	小畜 9	家人 36	益 42	無妄 25	噬嗑 21	頤 26	蠱 18
離 30	旅 56	鼎 50	未濟 64	蒙 4	渙 59	訟 6	同人 13
坤 2	復 24	臨 19	泰 11	大壯 34	夬 43	需 5	比 8
兌 58	困 46	萃 45	咸 31	蹇 39	謙 15	小過 62	歸妹 54

1. 京房易的排列模式

漢代的京房，以他特殊的分類模式，將易經的六十四卦重新排列成八宮的組合結構。其分類的方法便是，將八宮的本體卦，比如乾宮的本體卦為乾卦（☰），其第一世為初爻變，便

成為天風姤（䷫）；其第二世為初、二爻變，便成為天山遯

（䷠）；其第三世為初、二、三爻變，便成為天地否（䷋）；

其第四世為初、二、三、四爻變，便成為風地觀（䷓）；其第

五世為初、二、三、四、五爻變，便成為山地剝（䷖）；其遊

魂卦為依五世卦，變其四爻成為火地晉（䷢）；其歸魂卦為依

遊魂卦，變其下卦，而成為火天大有卦（䷍）。

2. 京房易的模式思維

　　所謂的模式思維，指的是在學術上，為了要探討某一種學
理或學說，我們往往需要套用一種模式，以便在範疇論上可以
清楚的運作，這便是模式思維的作用。易經的最獨特、最能超
越宇宙間任何學問之處，便在於它提供了取之不盡、用之不竭
的模式思維。比如太極、兩儀、三才、四象、五行、六爻、七
政、八卦、九宮、十干、十二辟卦、六十四卦、三百八十四爻，
甚至於京房易、歸藏易、連山易、交代生卦、錯、綜、互、雜
等，均是易學中所提供人們各式各樣不同的模式思維，只要能
夠善用這些模式思維，便能夠在探索世間一切學問與思想上達
到精確的推論、發想與洞見。

　　京房的八宮衍繹六十四卦的方法，可用來解釋宇宙間多種
現象、理論與思想學說。比如，可以用乾宮八卦來解釋管理學

的領導統御術；也可以用坤宮八卦來解釋陽宅風水學；更可以用坎宮八卦，來解釋兵法學。

3. 京房易模式思維的運用

以京房易的兌宮八卦解《大學》八條目為例：

大學八條目所提出的為學、為人之道便是「格物、致知、誠意、正心、修身、齊家、治國、平天下」。這種修學的次第，如果套用京房易的兌宮八卦模式，便可以使吾人得到前所未有的，全新的領悟與認知。

兌宮八卦的次第乃是兌（☱）、困（䷮）、萃（䷬）、咸（䷣）、蹇（䷦）、謙（䷎）、小過（䷽）、歸妹（䷵）。從易經卦理的推論我們可以得知，所謂的"格物"如果套入兌宮八卦裡的兌卦（☱），它便可意涵：真心格物，與天合兌。如此原本人們對於格物的認知，只強調探索事物的精神，經由京房易理的模式轉譯之後，我們便可留意到三大重點，第一、格物的真正精神在於窮理，也就是重點不在於結果，而在於那一種不斷努力真心窮理的精神。第二、格物的標準，原先一般人的認知並沒有任何概念，但是透過京房易理的模式轉譯之後，我們便知道唯有透過天道，才得以確認格物的真確性。第三、緣此可知，格物窮理乃是建立在天理與良知的合一，也是內、外的以及天、人的合一，這也是華人文化與西方文化截然不同的地方。

　　所謂的 "致知" 套入兌宮一世卦的困卦（䷮），它便可意涵：歷經艱苦，超越錯誤。原先我們一般人對於致知的想法，可能只在於平面性的找到答案，但經過京房易理的模式轉譯之後，我們便會發現原來大學中的 "致知" 所強調的，不只是找到探索的結果，而隱含了格物窮理的挑戰，便在於不斷地修正錯誤，改寫程式。不侷限於原先的所學、所思或傳承，而能夠不斷地修訂理論與實際之間的差異，而打破一切的權威迷思，以不斷地超越自我，原來這才是《大學》裡 "致知" 的真正精神。

　　所謂的 "誠意" 套入兌宮二世卦的萃卦（䷬），它便可意涵：聲氣類聚，會集純菁。原先我們對 "誠意" 的看法，容易侷限在心意誠不誠的問題，往往使人注意到的只是靜態的、本質的、心性好壞的問題，但經過京房易理的模式轉譯之後，我們便會發現原來大學中的 "誠意" 所強調的，不只是心性本質的問題，更重要的是人們在達到誠意之前，勢必是經過了無止盡的努力，在一一驗證自己的所知、所信無誤之後，總結一切的心得，終於才能達到迄立不搖的絕對信念。如此建立在真理性的認知，才是大學中 "誠意" 的真正境界。

　　所謂的 "正心" 套入兌宮三世卦的咸卦（䷞），它便可意涵：感通相應，金石為開。原先我們對 "正心" 的看法，容易侷限在存心的純正或道德判斷的選擇之面向。但經過京房易理的模式轉譯之後，我們便會發現原來大學中的 "正心" 所強調

的＂心＂，並非指的是個人意識型態下所做出的決定，而是強調個體生命一切的動心忍性的標準，應該建立在與宇宙的心，也就是天心、天道、天理相感應、相契合，而這才是大學中所強調之＂正心＂的究竟意涵。

　　所謂的＂修身＂套入兌宮四世卦的蹇卦（☷☶），它便可意涵：山窮水盡，剪除毛病。原先我們對＂修身＂的看法，容易侷限在個人的道德修養或身心的修煉，也就是從靜態平面的思考來看修身的問題。但經過京房易理的模式轉譯之後，我們便會發現原來大學中的＂修身＂所強調的乃是自我在面對生命大海中，無常的撞擊與摧殘，逐漸了解自我生命的侷限與範疇，緣此，方能逐步的從覺今是而昨非中，去除自己原先內在生命裡的雜染、習氣與毛病，而達到不同的內在生命的品質。而這才是大學中所強調的＂修身＂，它內在真正的意涵。

　　所謂的＂齊家＂套入兌宮五世卦的謙卦（☷☶），它便可意涵：立心天地，民胞物與。原先我們對＂齊家＂的看法，總是會認為那不外乎是家人兄友弟恭、父慈子孝、夫妻恩愛，然後大家團結一氣，理想一致，共同為未來的目標而努力。但經過京房易理的模式轉譯之後，我們便會發現原來大學中的＂齊家＂所強調的則是更廣義的大愛思想，換言之，不但是要愛自己的家人，而且要擴大這種愛到對萬事萬物的珍惜與愛護。也就是強調人與天、人、物、我之間的和諧關係。這才是大學中所強調的＂齊家＂，它內在真正的意涵。

　　所謂的 "治國" 套入兌宮遊魂卦的小過卦（䷽），它便可意涵：修圓補缺，平收萬民。原先我們對 "治國" 的看法，總是會認為它強調的是治理國家的能力。然而經過京房易理的模式轉譯之後，我們便會得知它背後的意涵其實更重視的是領導者是否能夠深入民間，了解人民的疾苦與需求，考察百官的治理績效與弊病。如此方能真正達到修圓補缺，配合人民的需要，改革制度的弊病，建立最完善的管理模式，來達到國家長治久安，百姓最高福祉的目的。這才是大學中所強調的 "治國"，它內在真正的意涵。

　　所謂的 "平天下" 套入兌宮歸魂卦的歸妹卦（䷵），它便可意涵：廣傳外推，八方來歸。原先我們對 "平天下" 的看法，總是會認為它強調的是古代所謂的一統天下、天下太平的理念。然而經過京房易理的模式轉譯之後，我們便會得知它背後的意涵其實是強調領導者若以王道的精神，統治天下，講信修睦，仁義治國，自然能達到國泰民安，上下一心的政治理想之實踐。緣此政治典範，自然能夠聲名遠播，享譽世界，吸引異國人士對本國文化的仰慕與崇敬，而達到敦邦睦鄰、世界和平的理想。這才是大學中所強調的 "平天下"，它內在真正的意涵。

三、數的思維

　　宋代 "數理派" 代表人物的邵雍認為， "數出於理，數可

窮理"。今人張其成先生則認為，邵氏所認為的"理"，應是指"物之理"、"天地之理"、"天人之理"、"性命之理"、"天地萬物之理"、"生生之理"等（還應包括"天道之理"、"天時之理"、"時機、時勢之理"、"易理"、"義理"、"時空之理"等）理論觀念（引自張延生之文「對"象數易學"中象、數、理之間關係的某些認識」，長春，第二屆易經與經濟社會發展論壇論文）。足見，數與理之間，有其不可分割的關係。所有一切"數"的背後，必有它所隱含的特殊意義，換言之，吾人可透過"數"，來達到"理"的探究，也就是"因數言理"。從另一個角度而言，所謂的天理包含"物之理"、"天地之理"、"天人之理"、"性命之理"、"天地萬物之理"、"生生之理"，"天道之理"、"天時之理"、"時機、時勢之理"、"時空之理"，這些東西，質言之，這種強調天理的「天道觀」正是華人文化有別於世界各種文化的最重要的特質。

　　質言之，華人文化的"以數推理"的智慧，有別於西方文化。西方文化的核心思想，聚焦在可見物質世界的觀照，而華人文化所著力的重點則在於超越界的精神層面的觀照。這也便是為何西方世界終究走向極度物質文明、科技的發展。反觀華人文化，則一直以來偏重在精神文明的發展與完成。由於目的論的差異，使得華人開展出的是有別於西方數學的，另一套"智測"導向的數思維。

（一）數理合一

　　從張延生的論述可知，其實數與理之間，只是一體之二面，

換言之，數中有理，理中有數。宇宙間萬事萬物的道理，便必須透過天時、天機與時空，各方面的向度去把握運算，才能夠真正達到，其背後所要顯化的義理之所在。比如，諸葛神算的占卦方式便是：起卦前必須心中想著要問的事情，然後報出三個字，第一個字的總筆劃為「百」位，第二個字的筆劃為「十」位，而第三個字的筆劃為「個」位。凡字的筆劃在九劃以內者，全數照算，如在十劃以外，只要個數（例如：23 劃，只當 3 劃計），如果筆劃剛在十劃或二十劃俱照一劃計算。然後，所得的數若為 358，則在 384 籤中找出第 358 的籤詞，便可解答問占者的疑惑。這便是數理合一的例子。

（二）象理合一

再者，象數思維中的 "數"，其實從本質上而言，離不開 "象"。只不過是透過 "數" 的應用，以達到 "象" 的指涉與把握。正如當我們要進行占卦時，便會用所占得總數除以八，來得到餘數，然後再將餘數透過先天八卦的數序，以便將它轉

化為卦象。如果所得的卦象為火風鼎卦（ ䷱ ），就可透過火風鼎的卦理，而得到所要的答案。這便是象數思維中，以數表象的具體操作方法。

（三）以數取象而推論的應用

比如，我們舉庚子年（2020 年）的年運預測為例，庚在十干中，其排序為 7；子在十二地支的排序為 1。從以數取象的方法，可以得到 7 屬於艮為山之象；而 1 則屬於乾為天之象。合

上下的卦象，則得到山天大畜（☰☶）的卦象。從大畜卦的卦義指涉可知，這一年的年運，將會是人民由於外在政府的要求與規定（外卦為艮），而被禁止外出，所以只好留在家中（內卦為乾）。

　　另一種智測的方式，2020 年的卦運，可透過前後均是 20 除以 8 得 2 餘數 4，而得到上下卦均是震為雷卦，整合上下的卦象，便可以得到震為雷（☳☳）的重卦卦象。從震為雷卦的卦義可知，2020 年將會發生人類所無法預先防範的大災禍或大震撼的事件。因為震為雷卦的卦辭為「震來虩虩」，無怪乎這一年所發生的 Covid-19，所帶給人類的恐懼就像是世紀末的大瘟疫一樣。

　　第三種，若以定量的方式來推算 2020 年的年運預測，由於從經緯度的角度而言，中國位於世界之東南一隅，而 2020 年六白星飛泊到宮，因此便形成風天小畜卦（☴☰）或天風姤卦（☰☴）。

　　至於美國則位於世界之西方一隅，而 2020 年九紫星飛泊到宮，因此從組卦的觀念而言，便形成了火澤睽卦（☲☱）與澤火革卦（☱☲）。無怪乎，從現實上來看，Covid-19 的發生，大陸被指控為源起地，因為 2020 年大陸的走運與小畜卦，

Covid-19 這隻病毒小畜性相關。此外，由於後續大陸防疫與美國相較，在績效上大大地超越美國，似乎成為美國當今之世最大的強敵。這與年運走到天風姤卦（☰☴），姤卦的卦義指涉女后，也就是僅次於國王般，實力第一的美國，果然不謀而合。

四、「象思維」的重要性

從前人的論述可知，象思維的推論模式，正如《周易·繫辭下》所說：「易者，象也。象也者，像也。」所謂取象思維又稱為「象思維」。從方法上而言，象思維通過取象比類的方式，在思維過程中對被研究物件與已知物件在某些方面相同、相似或相近的屬性、規律、特質進行充分與關聯的類比，進而找出其共同的特徵、根本的內涵，並以「象」為工具進行標誌、歸類，而達到類比、領悟、認識客體的終究目的。

比如王樹人教授在他的《回歸原創之思——"象思維"視野下的中國智慧》中，便呼籲回歸象思維，以便解決概念思維後，人類所遺失的原創性。有關這個問題，所牽扯的是西方希臘哲學中，柏拉圖對世界的二分法，也就是 IDEA 與 FORM－理相與形象之間的斷裂公案。這個問題，西方哲學界一直無法突破，也是當代現象學家，尤其是胡塞爾終其一生所欲突破解決的問題。胡塞爾意圖透過現象學的方法論，也就是經由懸宕、本質還原、本質直觀與超驗直觀，試圖去捕捉宇宙間一切現象背後所遮蔽的道理。然而，由於他欠缺「具體操作的思維模式」，因此，終告失敗。只將他的現象學方法，帶到一個違反

他原先所努力的經驗性路徑，而走向超驗、虛玄的結果。

　　反觀，華人文化中的象思維，恰恰可以補足西方哲學意圖把握現象背後真理，方法上的匱缺，其主要原因是若想解決IDEA 與 FORM——理相與形象之間的斷裂或二分，唯一的方式，便是必須提出二者之間的中介。而易經符號學，由於它不具有文字語言所承載的價值與意義，因此，剛好可以用來解決理相與形象二者之間的斷裂問題，以便達到捕抓萬物現象背後的真理，透過符號本身的推論模式，而去除一切萬物所被遮蔽的意義層面，而達到一切萬物的自明性。

（一）如何解決當代西方現象學的困境

　　落實胡塞爾現象學方法論四個步驟的解決模式：

1. 懸　宕

　　胡塞爾在現象學方法論上，所提出的懸宕觀念，便是認為當吾人意圖捕捉宇宙間萬事萬物的真理時，首先必須去除心中原先所具有的前見、方法或意識型態，如此方能夠像科學思維那般把握住客觀的真理。這便是胡塞爾現象學，意圖翻轉西方哲學原先所強調的形上學的進路，以便達到一切萬事萬物存有的真實性與自明性。這種存心固然很好，然而如何真正去把握萬事萬物的客觀性，而不至於有任何主觀看法的涉入，這是他必須挑戰的難題。其原因在於對任何事物的觀察之後，即使以客觀的方式存而不論或是放入括號來紀錄，然而在後續的本質直觀推論過程中，仍然難免侷限於文字先天所本涵的和承載的思想侷限與意識型態，而無法達到其真正的目的。緣此，唯有透過符號學的方式做為理相與形象中介，才能徹底達到胡塞爾

現象學所提出的懸宕的要求。

2. 本質還原

　　胡塞爾現象學方法論上的第二個困境與挑戰，便在於到底如何才能達到真正的本質還原？綜觀胡塞爾哲學的論述，似乎並沒有提出真正有效可達到本質還原的途徑。舉例而言，任何自然的現象，在西方的思維下，除了名相與知識範疇論（如界、門、綱、目、科、屬、種）外，並沒有一套透入本質的方法。而華人的象思維模式便不同，因為易經符號學可以透過象與義理之間的符應關係，而把握到萬事萬物的本質。比如，老人、西北、馬、頭部、剛健，這些有形、無形，甚至於不同領域的東西都可以依易經的象思維中，透過乾卦而把握到其本質，而成為符應的關係。所以透過華人象思維的模式，自然可以破解胡塞爾現象學中本質還原的難題。

3. 本質直觀

　　胡塞爾的現象學在處理本質直觀上，大多仍屬概念上的論述，似乎並沒有精確的提出一套可行的模式。所以，遂成為現象學方法論上的另一個難題。為了解決這個問題，首先我們應該留意的是「觀」這個概念。質言之，吾人對任何事物的觀看，必須把握的是事物本身必然存在於「時」、「空」二大象限中，為了把握這種觀的特質，易經符號學的象思維，則利用上卦與下卦的重疊而成為六爻的重卦，方可以達到本質直觀的思維客體。

　　比如，有人一大早卯時出門便看到西北方來了一輛白色轎車，這事件背後所呈顯的意義，透過易經象思維的本質直觀，

則可得到雷天大壯卦（䷡），因為卯時屬震卦，西北方白色轎

車屬乾卦，二者重卦的結果，便得到雷天大壯卦（䷡）。所以

從本質直觀的角度，便可得知今天此人的運勢將如日出東方一

樣，工作上順利、一切吉祥。

　　唯有透過華人的象數思維下「以物觀物」的模式，而不帶

有任何個人的成見或意識型態的思維方法，才能真正達到胡塞

爾現象學所欲達到的本質直觀，捕捉到宇宙間萬事萬物的真

理。

4. 超驗直觀

　　胡塞爾的超驗直觀，乃是他個人現象學方法論上，最為後

世學者所質疑的方法，因為胡塞爾原先所意圖做到的，是利用

客觀的科學精神，想去達到萬事萬物實相的推求。然而，在他

的方法論中，最後的推論模式竟然用的是超驗直觀，也就是類

似佛教裡「開悟」的境界，才能做到。如此，他前面的一切努

力，似乎又回到了原點。也就是要想達到超驗直觀，根本只有

聖人和超人才能做到，一般凡夫幾乎難以企及。這根本不符合

他最早期原初《邏輯探究》的初衷。然而，易經符號學的象思

維，恰恰可以解決這個問題，因為在經過第三階段本質直觀，

透過易經符號重卦的過程後，我們便可以利用這個重卦來做所

謂的超驗直觀。不同的是，這種華人的超驗直觀，不需要開悟

的條件，只要通過客觀的卦理推論，即可完成。

　　如以上例而言，由於重卦的結果所得到的是雷天大壯卦，

所謂大壯指的是偉大壯麗，所以，我們便可依卦理推知，此人

一大早所見到的景象，預告著他這一天將會運勢強旺，吉祥如意。而這並不需要胡塞爾所說的開悟能力。只要依卦理推論，便可達到穿透世上一切現象背後所隱藏意義的目的。

（二）如何與當代西方現象學對話

西方現象學最有趣的案例是胡塞爾在哥廷根時期，教書所舉的粉筆案例。他手裡拿著一根粉筆，對同學發問「你會怎麼描述眼前的這支粉筆？」，同學可能會說「粉筆是一支物質的實體」。在胡塞爾的課堂裡，我們意識裡已然知道的東西，都會再被問一次。他會再問「粉筆是物質實體，是什麼意思？」「實體，我們好像假設它一直都不變，其實粉筆，可以剝它，當人一直剝它後，粉筆就會變成粉末」，所以「粉筆從一開始到最後，它一成不變的本質是什麼？」

從以上例子可知，胡塞爾在用現象學方法去探究萬物的過程裡，首先，他會採取客觀的觀察與描述，這就是他所謂的「懸宕（Epoche）」的技巧。其次，他會開始想辦法去探究，他所觀察的現象或器物，其內在不變的本質是什麼？也就是意圖去找到萬物的本質，這便是他所謂的「本質還原」的技巧。

從以上可知，胡塞爾現象學的進路，似乎想要顛覆西方古典哲學強調本質論的傳統，而意圖透過所謂現代科學的客觀態度，重新去探究宇宙間萬事萬物的真理。然而，他使用的「本質還原」方式，真的能夠為我們掌握到萬事萬物的本質嗎？

從現象學發展的過程，我們可以看到胡塞爾這種進路，顯然是不可能的。原因在於，宇宙萬事萬物都是一種流變的過程，那麼如果只從物質性的角度，去把握萬物的本質，如何能夠找

到它不變的特質呢？其次，胡塞爾想用意識的感受與判斷，直接想要進入到萬物的本質精神，這個方法幾乎是不可能實現的。這便是為何他終究需要透過「超驗直觀」，也就是類似「開悟」的途徑，來達到他不可能實現的任務，藉此克服原先意識與萬物無法融通的困境。

反之，華人的易經符號學正好可以用來破解胡塞爾的難題，解決他無法透過意識想去捕捉萬物本質的難題。其方法說明如下：

從華人易經符號學的攝象入卦法，我們可以得知，"粉筆"本身是由粉末所製成，因此屬於易經的「巽」卦；而"粉筆"的外形是筆直的，屬於易經的「震」卦。緣此，上下卦組合便成為易經六爻卦中的「雷風恆（☷）」卦。從「雷風恆」卦的互卦，也就是二、三、四、五爻所形成的六爻卦為「澤天夬（☱）」卦，因為「夬」者，絕也，它所指涉的是"粉筆"本身的質感脆弱、容易斷裂。再從「雷風恆」的綜卦，也就是「風雷益（☴）」卦，「益者，損上益下」，"粉筆"在教育場域，受益的是在下的學生，在上的老師則容易受損，因為老師很容易吸入粉筆末，而傷到肺部。此外，「雷風恆」的另一綜卦為「澤山咸（☶）」卦，指涉的是在傳統的教育場域中，老師透過板書的書寫，可以帶給學生眼到、口到、心到、手到的心物感通的學習效果。首先，從由下而上的雜卦，也就是初、二、三

二、三、四爻所形成的「天風姤（䷫）」卦可知，"粉筆"其最內在的本質乃是由粉垢所形成。其次，由初、二、三爻；三、四、五爻所形成的「澤風大過（䷛）」卦，可知它所意指的是教師言語的訊息。再來，由二、三、四爻；四、五、六爻所形成的「雷天大壯（䷡）」卦，其指涉教師揮動粉筆，振筆疾書所發出的響聲。最後是三、四、五爻；四、五、六爻所形成的「雷澤歸妹（䷵）」卦，所指涉的是教師透過粉筆的書寫，可達到學生心神安放在其學習內容上之作用。

　　所以從易經符號學的攝象入卦，也就是從其形象與物質的內涵性切入，我們首先可以之立卦，而得到六十四卦中的符號訊息。繼之，我們再透過其六爻卦的錯、綜、互、雜等的不同面向的辯證思維，我們便可以從形的觀察進入到質的把握，最終獲悉萬事萬物的本質探究的目的。這樣我們所得到的結論，與胡塞爾原先所嘗試探討的 "粉筆" 現象學觀察，兩者相較之下，顯然有極大的差異。原因在於胡塞爾的現象學進路無法真正做到本質還原，而易經符號學的進路，則可避免本質還原的困境。因為易經八卦本身，便已涵蓋了宇宙的基本質素，而六十四卦則可說，全面性地提供了宇宙間萬事萬物的本質探索的最根源模式。

第三章　破解胡塞爾現象學的盲點

　　西方胡塞爾現象學最受議論的問題在於，儘管胡塞爾從最早期的《邏輯探究（Investigation on Logics）》一直到他的晚年，他持續不斷地透過不同的角度，意圖建立他完整的現象學理論。然而，他所提出的現象學的方法論，也就是最重要的四個步驟，在實際的現象學的探索中，似乎並沒有能夠確立其方法論的真正版本。這也是為何，儘管胡塞爾的後續學者如海德格、迦達默爾、英伽登等，雖然他們都接續的為胡塞爾的現象學理論做了很大的補充，比如海德格提出他的此在（Dasein）理論與視域（horizon）的角度，為胡塞爾的意識內容增加了時空的向度；迦達默爾更進一步提出視域融合（Fusion of Horizon）強調現象學應用上的歷史效應；英伽登則以文學的文本來補足胡塞爾現象學理論中，意識所指涉的內容，意圖藉由這些努力來完成胡塞爾現象學的完整性。然而，問題的關鍵所在卻是胡塞爾現象學中的四大步驟，對西方人而言，正如不可能的任務般的艱巨。

　　胡塞爾之所以無法勝任他自己所提出的現象學的四大步驟方法論，第一個問題便在於從「懸宕」到「本質還原」，他必須要突破西方思維的困境。首先，想要做到「懸宕」，就必須完全的客觀，不帶入個人的先見、成見，或自己的民族、文化的質素。由於西方哲學的進路，一直以來皆是以語言做為它的

介質，而語言本身先天就具有自己民族與文化載體的特質。要做到純然的客觀，根本是不可能的。緣此，「懸宕」對胡塞爾而言，便是一大挑戰。而華人的易經符號學，卻完全不同，因為符號本身乃是利害兩無（dis-interested）的東西，它超越了語言與文化的承載範圍。所以質言之，吾人唯有透過符號的中介，才有可能做到現象學第一步驟所謂「懸宕」的工夫。

　　或許有人會認為易經符號當中所謂的太極、兩儀、三才、四象、五行、八卦，乃至於六十四卦，難道它們就真的可以超越自身語言文化的承載嗎？答案是可以的。其原因在於，易經的思維不只是侷限於華人文化的產物，因為在世界古文明中，幾乎都可以找到易經思想的痕跡。比如張光直先生在他的《馬雅、中國文化連續體》中提出，馬雅曆法五十二年一週期，顯然是屬於夏朝連山易的系統。緣此可知，易經的思維模式，不僅侷限於幾千年華人文化的範疇，而應該是屬於前人類文明所共有的智慧痕跡。海峽兩岸，當代易經大學者南懷謹先生，在他的著作裡亦提出易經的思維乃屬於外太空文化的遺跡。

　　其實，胡塞爾現象學方法論第一階段的「懸宕」正是我們易經繫辭傳中所說的，「寂然不動，感而遂通」中的「寂然不動」的階段，也就是一種以物觀物的形式去探索事物的真理。在這過程中，沒有人的介入。「寂然不動」是表示你的心不介入，既不介入，所以才可呈顯「宇宙的共相」，去捕捉宇宙的最後的本質實相。華人文化的易經屬於符號學，它可用來解決這種西方思維沒辦法去突破的難關。

　　問題是如何達到所謂的「寂然不動」，這種心不介入的方法，它的關鍵在那裡呢？如果以占卦為例，它的關鍵便在於易

經占卦時，首先不要有任何前念。也就是在操作卜卦的時候，不要事先持有預定的答案，這樣便可說是已然做到「寂然不動」的要求。而它所呈顯的就會是宇宙的訊息。如此便能透過宇宙全息的方式，以易經符號去呈顯每個事物，也就是從易卦的方式，將訊息給傳遞出來。所以它便可以藉此達到胡塞爾所沒有辦法處理的第一步驟，也就是從「懸宕」走向「本質還原」的路。

　　如果不以占卦，而以直接取卦的方式進行，那麼所謂的「寂然不動」便是來自於個人在易經上已經有非常多的磨練與訓練的經驗，這會使人更容易抓到事物的本質。這裡的關鍵點在於，在取卦的時候，應該去把握事件最特別的顯象。所謂的最特別的象，指的是在你的心中，可能會跟你的意識有特殊交感的東西，也就是胡塞爾所說的「意向性（intentionality）」。換言之，也就是現象學中，意識所指涉的東西。海德格為了解決「意向性」的問題，便提出時間的象限，讓他的「此在（Dasein）」有個具體的內涵。「此在」也就是人所處的時空環境，透過這個角度來框架胡塞爾原先對整個意識中，所謂的意向性所指涉的真正內容。至於英伽登則是透過文學的文本，來加以解決。因為文本本身乃是作家內在精神的投射，文本的內容就是作家意向性之所在，如此，便可具體的把握作家意識精神的內涵。

　　把握意向性的方法，從易經符號詮釋學來講，乃是透過《易經・繫辭傳》中所謂「寂然不動，感而遂通」的理論加以完成。所謂「寂然不動，感而遂通」便是當吾人內心進入沈靜的狀態時，透過與外在現象的直觀感通，便能達到物我合一的生命了悟。舉例而言，比如如果吾人突然發現西北方飛來了一群白色

的蝴蝶，感受到這個特殊的現象，依易經「吉凶悔吝成乎動」的理論，便會透過「攝象入卦」的方法，也就是依外在客觀現象而取卦的方式，來揭開這個現象背後的意義。這便是易經符號詮釋學嫁接胡塞爾現象學理論的途徑。

至於，從胡塞爾第二階段的「本質還原」方面而言：正如以上所述，易經符號學與西方現象學最大的差別在於，對於本質的把握，西方現象學沒有符號作為中介，而華人易經符號學卻具有這個優勢。因為胡塞爾除了語言，沒有符號的媒介可用，所以便無法掌握客觀的模式以資使用。

此外，在這個階段裡，他還需面對的問題是沒有能力掌握本質；也就是面對萬物的本質問題上，他沒有一套具體的方法可加以把握。換言之，西方人最大的盲點在於他們無法把握萬物的本質。而我們華人文化的易經符號學，卻可以把萬物的本質抓出來。易經這部華人的百科全書，可說是囊括了宇宙間萬事萬物的本質。比如，以北海老人的《理數合解》這本書為例，它把天地萬物不管是天文星象、花草、動物、植物都完全囊括在易經八卦的範疇內，而且達到完全客觀的掌握。這種本質上的把握，就是西方世界所不具備的能力，也只有我們華人才獨有的。因為西方有的只是百科全書的東西，可是西方的百科全書並沒有真正把握到萬物的本質，它只是紀錄一個定義式、線性邏輯的東西，然而萬物的本質，它本屬於類型化（Typology）的思維，同一類屬的關係，它會有場和場之間的呼應力量。這便是易經繫辭傳中所說「同聲相求、同氣相應」。換言之，便是此種「同構共振」使得華人的本質直觀成為真正的可能。

有人或許會問，難道西方科學不正是處理萬物本質的問題

嗎？答案當然是正確的，然而西方科學的思維所處理的本質侷限於有形的物質性與現實性的存在，卻不能延伸到無形的抽象性和超現實存在的面向。反之，華人的易經符號思維卻可以包涵一切有形、無形、具象、抽象、科學、人文、宗教、文學、社會等議題，正所謂無所不包、無所不能，這才是華人易經符號學，它最偉大之處。

從另一個角度而言，從所謂的「懸宕」到「本質還原」，其實正是華人文化中，「以物觀物」的思維方法。所謂的「以物觀物」，便是不以人的角度，而是以物的符號角度去看萬物的方法。其實易經符號詮釋學最大的貢獻便是——解決西方的胡塞爾現象學在做本質還原的不可能性，破除了他們的盲點。也就是在中西文化的嫁接下，「以物觀物」的本身就是一種絕對的「懸宕」，也就是透過易卦來呈顯萬物彼此之間的對應關係。那是一種特殊之「一對多」跨範疇式的思維，這本是西方哲學中所欠缺的能力。西方的哲學思維下，一個範疇就是一個範疇，例如，討論文學就只能在文學的範疇論中，討論科學就只能在科學的範疇論中，可是要完全的跨界去談宇宙間的一切不同的知識間的關係，就必需透過易經符號詮釋學的思維模式才有可能。緣此，華人的易經符號詮釋學可以做最多的貢獻，也是最大突破的地方，便是彌補了胡塞爾現象學方法論中「本質還原」的不可能性。

然而，至於這裡所謂的「一對多」的易卦與指涉物的關係，如何可能？那便是居於萬物之間會有「同類相聚」、「同頻共構」的關係，正如易經乾卦文言傳所言「同聲相應，同氣相求；水流濕，火就燥；雲從龍，風從虎。聖人作，而萬物睹，本乎天

者親上，本乎地者親下，則各從其類也。」這段文言傳裡的話，恰可用來解釋華人知識類化學的特質。更可用來呈顯自然萬物間亦具有「感而遂通」的現象。

第三個步驟，便是解決西方現象學「本質直觀」的問題。用易經符號學去做本質直觀，必須使用上下卦六爻的整合。因為西方的直觀模式會有主客體的問題，而易經的上下卦，下卦表主體、上卦表客體，正符合主客合一的直觀需求。西方哲學對萬物都有一些探索，可是它從來沒有能力可以探索萬物跟萬物之間的關係是什麼，而易經符號詮釋學中，卻最擅長去討論萬物與萬物之間的關係；換言之，也就是去探索在混沌的宇宙中，萬物彼此之間會產生什麼樣的關係？而這樣的探索，在華人文化的思維中，是最詳盡的。從易經的系譜來看，自河圖當中，便開出了「一六共水宗，二七同道火，三八為朋木，四九為友金，五十共土宗」。換言之，萬物彼此間除了有陰陽的屬性之外，又有彼此間的相互對待關係，所謂的陰陽，就是萬物對待關係的一種，而五行又是另外一種對待關係，因為五行中，其金、木、水、火、土之彼此間，又具有其生、剋、制、化的關係。而這種生、剋、制、化的關係，如果從另一個角度來看的時候，就可看出萬物彼此之間的整合關係。而這種透過類化思維而把握萬物間彼此關係的智慧，正如易傳中所言「以類萬之情」的思維模式，正是胡塞爾現象學中，它的「本質直觀」所無法達到的。

比如，舉個例子來說，一個精神分析領域裡的個案，吾人將所發生的事件，整合成一個「以物觀物」的六爻卦。從這個卦裡，吾人便可依此去探索這個生命的情境，它到底背後所隱

藏的是什麼樣的意義？透過六爻卦的卦理分析，也就是從上下卦之間的關係去分析，吾人便可以成功的得到其「本質直觀」的結論。

在易經大象傳、小象傳裡面，吾人可藉由卦辭及其背後的卦義，或者說透過大象辭和小象辭背後的義理，來達到理解現象背後的意義之目的。也就是說，易經中的象辭與卦辭都是用來幫助我們看到萬事萬物的本質意義的，那就是西方現象學所要達到的「本質直觀」的內容。

或有人會提出，難道易經大象、小象傳內的內容，不會墜入主觀文化承載的蔽病嗎？答案是不會的。其原因在於整部易經可說便建立在一個「象喻」的系統，也就是易經中一切的文字敘述，都只是一種象的思維，那是一種超越言語的，詩性的語言。它絕非一般的語言層次，反較像是西方的隱喻的思維。緣此之故，由於它的超越性，使它免於一般語言所必然墜入主觀的、民族的或文化承載的侷限性。

最後的步驟，從「本質直觀」到「超驗直觀」。所謂的「本質直觀」正如前面所述，也就是吾人可透過周易當中的卦辭、小象辭與大象辭，它們對於六爻卦上下卦的組合，其內在精神的描述與詮釋，而得到本質直觀的結果。然而「超驗直觀」則是更進一步的將這萬事萬物的表象意義，再次透過吾人的綜合性的知識、經驗而融合成更高的，超越跳躍的結果。這種綜合性、整合性的思維，從本質上而言，乃屬於華人特殊性的宇宙全息的思維模式。

這種超驗直觀，對胡塞爾而言，正如同西方的密契經驗或是華人的開悟經驗，才能達到的境界。問題是密契經驗與開悟

境界，根本不是一般凡夫所能企及。這便是胡塞爾現象學，其方法論的第四步驟所必須面臨的，幾乎難以克服的兩難境界。然而，對於易經符號詮釋學而言，由於它的工夫修養，也就是在方法論上，並不需要強調使用者必須有開悟或密契經驗的能力。只要熟稔易經符號詮釋學的思維模式，也就是對易經六十四卦，經常玩味其中，透過卦爻辭的智慧，以及六十四卦的卦序，還有義理易與象數易的訓練，基本上便可以達到所謂的「超驗直觀」的境界，這便是達到易傳中所言「以通神明之德」的境界，換言之，也就是透過錯、綜、互、雜的通變思維，以便達到呈顯宇宙間一切現象背後其意義的自明性。緣此，相形之下，華人的易經符號詮釋學的理論與實踐，顯然是可行的，也容易的多。

有關這種超驗直觀的問題，西方的學者也曾試圖想去彌補胡塞爾現象學方法論上的不足，比如法國的哲學家呂格爾，便透過他的著作《活的隱喻》，其中他探索了隱喻與符號學、修辭學、語義學、詩學和詮釋學的關係與理論，意圖彌補胡塞爾在現象學方法論上的不足之處。質言之，易經符號詮釋學本身，當它在實踐超驗直觀時，在某種程度上，也是必須應用隱喻的智慧，因為毫無疑問，整部易經所有的論著，都建立在隱喻的基礎上。但是易經的符號思維與西方的符號思維不同，原因在於西方的符號思維無論從記號性或象徵性而言，基本上仍然建立在語言學的基礎上，是以它永遠無法跳脫語言本身所註定的，被自己的民族與文化的內涵所綁束，絕然無法達到純淨超然的境界。而華人的易經符號思維，卻然不同，它可以超越民族與文化的內涵，而達到普世的可能性。

　　底下舉西方的隱喻與華人的易經思維的隱喻，作為比較參照。比如，如果按照伊格頓（Terry Eagleton）的寓言性閱讀（allegorical reading）的理論，吾人可將任何文本變成像一種寓言式的閱讀。例如莊子「朝三暮四」的寓言故事，可不可以透過這個故事，再提煉出更高深而超越的意義。莊子原先的故事內容，大概是養猴人給猴子早上三顆果子，晚上四顆果子。但猴子卻不肯，牠們堅持要早上四顆，晚上三顆果子，才不吃虧。這個故事，如果依照一般人的解讀，可能只會得到道德性的教訓，也就是吾人必須留意、不可輕信他人，或比喻以詐術欺人，或心意不定、反覆無常、見異思遷，沒有恆性。但是如果透過易經符號詮釋學的運作，將會得到不同的結果。

　　從易經符號的攝象入卦方法，上卦為三，屬於震為雷卦，下卦為四，屬於巽為風卦。所以早上三顆果子，晚上四顆果子，上下組卦則成為雷風恆（☳☴）卦；早上四顆，晚上三顆果子，上下組卦則成為風雷益（☴☳）卦。恆卦表示萬物終究有其定數，益卦則表示人們總想要得到更多的利益。換言之，猴子想要吃到更多的果子，所以堅持早上要吃四顆，殊不知早上四顆、晚上三顆，與早上四顆、晚上三顆，其總數其實是一樣的。也就是說，人類往往終其一生汲汲營營，忙於追名逐利，卻然不知，人的命運總有定數，無謂的追求，終歸徒勞的道理。透過易經符號詮釋學的方式，所得到的超驗直觀，吾人顯然可以得到比一般西方的寓言閱讀或隱喻閱讀更高的超越結果與境界。

　　不過從另一個角度而言，即使學了易經符號詮釋學，一般人仍然容易停留在本質直觀，而難以達到超驗直觀，這自然有他內在的原因。剛開始易經符號的詮釋者，只會將故事情節套入卦理，表面上易經符號與故事情節似乎吻合了，但卻仍然無法利用更高思維的範疇去將它詮釋為具有超驗意義的內容。其原因在於他們無法從專業範疇的文學、美學、宗教、科學、藝術的理路，去做易理的綜合判斷，而達到華人所謂的「因事入理」，也就是從現象本身去找到背後的理象，完成超驗直觀的運作。

　　質言之，易經符號詮釋學的特質，往往建立在「事理圓融」的精神上，比方說《六祖壇經》的敘述風格特質，便是所謂的因事入理。要從事入理，才能達到事理圓融，深入人心的目的。不過，前提是要達到這個境界，也唯有已然具有事理圓融境界的人，才有可能去談超驗直觀的可能。這也就是為什麼胡塞爾現象學，他根本沒辦法解決這個難以克服的問題，所以，到最後胡塞爾才將它歸諸於開悟的能力。但是，開悟是一種不容易達到的直觀能力，千萬人中只有一人，所以顯然是個不可能的任務。反之，在華人易經符號詮釋學裡，就沒有需要達到那麼高的要求，它只要求必須博學多聞，或是在某種專業領域裡學有所成即可，因此，這種超驗直觀的達成，庶幾可能！

　　總而言之，胡塞爾從他的「懸宕」到「本質還原」，到「本質直觀」，直到最後的「超驗直觀」，即使對西方的現象學家來說，這種現象學的四步驟方法論，也仍是眾說紛紜、不知所云。即使連胡塞爾本人，他終其一生，也無法真正地把握和完成。就連他的弟子也是一樣，他們各自從不同的領域出發，但

面對的困境，也和胡塞爾一樣，終究徒勞無功。比如說，海德格他想要加入時間縱軸，希望能夠用視域（horizon）的方式，來補足一些胡塞爾所要強調的意識的內涵性之不足。或是英伽登（Roman Ingarden），他則利用文學的文本，也就是以文本主體論意圖來填補胡塞爾所指涉的意識內容。後來，更有呂格爾（Paul Ricoeur）、迦達默爾（Hans-Georg Gadamer），他們二人所開出的詮釋學，意圖衍繹並補足胡塞爾現象學中，意向性的問題。但都無法真正去實證或達到胡塞爾真正的目的。胡塞爾原先的初衷是要建構一個所謂的具有科學性的、客觀性的、能夠彰顯萬事萬物的現象，其背後真正義理的方法。可惜的是，事實上後進的現象學家與詮釋學家一樣，皆面臨同樣的命運，畢竟無法達成最終的使命。

　　反觀，透過了華人的易經符號詮釋學，透過一種「綜和哲學」的哲學進路，也就是透過跨文化的嫁接模式，以易經符號學作為中介，進入到萬物，去觀察萬物之間的相互磨合關係。如此，便可完成所謂「以物觀物」，透過現象學的四個步驟，也就是透過「寂然不動、感而遂通」，來完成所謂的第一、二步驟裡的「懸宕」與「本質還原」。也就是透過「本質還原」中，易經八卦對萬事萬物的類化範疇，來達成所謂的本質還原的步驟。接下來，第三步驟，則是透過八八六十四卦的這種卦與卦之間的組合關係，來完成胡塞爾不能達到的，所謂的「本質直觀」的步驟。最後第四個步驟，則是透過易經的全息觀，卦理的融通方式，就可以達成胡塞爾原先無法達成的「超驗直觀」。不同的是，欲完成胡塞爾「超驗直觀」的前提，必須具有開悟的能力。但從易經符號詮釋學來講，它的條件，則只需應用者

本身具有專業的才能，在專業學術上有足夠的訓練，然後在操作易經符號詮釋學上，有適度的熟稔能力，如此整合出來，就可以真正達到超驗直觀的最後目的。緣此，華人的易經符號詮釋學，則可以用來，一方面批判西方當代現象詮釋學的不足，而在另外一方面，又可完成華人自己本身的知識論與方法論，締造二十一世紀華人文化的新契機！

第四章　華人文化的思維方法
易之四觀釐定胡塞爾現象學方法論

　　面對西方當代的思潮，尤其是現象學全球性的影響，華人文化當代的課題便是去省思有別於西方文化的思維模式，華人文化到底有什麼獨特的思維方式？到底華人是用什麼方式來看這個世界？更進一步地說，華人文化的認識論到底如何才能成為可能？這便是華人當代知識份子責無旁貸的第一個該要省思的課題了。

　　總體而言，華人思維的模式，大體可分為以下幾種：
1. 類化思維
2. 關聯思維
3. 辯證思維
4. 同時性思維
5. 旁通思維
6. 象思維
7. 觀的思維（以易之四觀釐定胡塞爾現象學方法論的四個步驟）

一、類化思維

　　類化思維應該是所有一切文明共同具有的模式，比如西方人在科學上強調界、門、綱、目、科、屬、種；康德將情感思維分成 25 類。這些都可以看出類化思維應該是東西所共有的模式，只不過，華人文化對類化的強調，可能與西方文化不同，其中最容易看出的，便是華人文化當中，出現有「類書」的概念。現代學者杜澤遜認為類書與百科全書有明顯的區別，百科全書對各種知識內容進行綜合歸納後撰寫而成，屬於著述；類書則僅是將各類圖書中的詞句片段的原文，不加修改地分類匯集在一起，屬於編輯。比如《藝文類聚》與《永樂大典》即是最好的例子。換言之，類書與百科全書的編撰方法，截然不同。西方的百科全書，它的編撰方式，撰寫的方法是依照定義式、因果式以及時序的方式，來加以書寫與分類。但中國的類書，卻截然不同，而是將各類圖書中的詞句片段的原文，不加修改地分類匯集在一起。比如它可能會將有關某個主題概念相關的作品，無論是詩歌、戲劇、民俗誌、經書、筆記小說，種種不同的文類全部匯聚在一起。它不重視定義，沒有清楚的概念解說與陳述，它們彼此之間也缺乏因果關係，就是它們編撰的方式，也沒有依照任何時間的次序觀念。從以上的案例便可看出，華人的類思維，應該截然與西方的類思維方式大大的不同。

　　從文化的根源性來看，周易《易傳》提出「雲從龍，風從虎」。更提出聖人製卦，「以通神明之德、以類萬物之情」。更說「同聲相求，同氣相應……各從其類」，光從這些經典文本，不

同的描述，便可看出華人文化分類的方式，既可以是形象的、音韻的、氣化的，又可以是精神的，而這些特質顯然與西方的分類的重點，截然不同。

　　總而言之，華人文化的分類模式與西方文化最大的不同，其實是《易傳》中的「以通神明之德、以類萬物之情」。華人最大的利器就在於擁有比任何民族更厲害的類化思維模式，因此可以穿透任何表面上不同文類、不同性質、不同時代、不同國籍、不同學科的障礙，而達到全面性「旁通」的視域。其真正原因便在於具有其他民族所絕對不存在的類化思維模式。

　　舉例而言，《易經‧繫辭傳》中便將乾卦的範疇指涉涵蓋為：乾為首、為天、為大、為父、為馬、為西北、為雲氣，仔細觀察這種分類的方式，如果以西方的角度而言，一定會認為不可思議。其原因在於，這種分類方法顯然將身體、自然、尺度、倫常、動物、方位、質態等種種不同的範疇，全部混雜地擺放在一起，難怪終其一生，崇尚華人文化，研究華人文化的李約瑟，在肯定易經的陰陽與五行論對中國科學發展的貢獻時，卻反過來，貶抑周易裡的六十四卦分類法。認為這種分類法便是導致於現代科技文明無法誕生於中國的主因。

二、關聯思維

　　西方人由於重視個人主義的文化思維，使得他們易於流入心靈孤獨的情境，華人則由於重視宗族觀念的文化思維，使他們較容易在個人的人際網絡的資源下，找到自己安身立命的生

活。這種文化的差異，其實源自於華人原先認識外在世界，便重視關聯思維有密切的關係。

西方當代所流行的混沌理論，所謂"巴西雨林中一隻蝴蝶鼓動翅膀，會帶來北京上空的一場豪雨"，對於這樣的混沌思想，一般世人應該會嗤之以鼻，因為巴西的蝴蝶和北京上空下雨，八竿子打不著關係，這不是胡說八道嗎？然而，這恰恰是當代全球化思維下，最重要的理論，也就是宇宙全息理論，因為它告訴我們宇宙萬物之間，息息相關。由於欠缺這種關聯性的認識，使得有些人自以為是地抱持人類中心論的思想，甚或是民族至上論，去踐踏、欺壓別的民族，或是其他的物類。這種無知的行為帶來的，毋寧是世界性的災難，甚至於是地球、宇宙的災難。

從華人文化根源性的角度來看，也就是從周易中，易卦的內在結構觀點而言，初爻與四爻、二爻與五爻、三爻與六爻，均有其陰陽相應的關係。此外，初爻與二爻、二爻與三爻、三爻與四爻、四爻與五爻、五爻與六爻，其彼此間剛柔的相互關係，也會造成吉、凶、悔、吝的差異結果。再者，初爻、二爻、三爻之間；二爻、三爻、四爻之間；三爻、四爻、五爻之間；四爻、五爻、六爻之間也會形成彼此不同的內在結構形式，而造成截然不同意義的呈顯，這其實就是華人文化深層結構當中，重視關聯思維的原型模式。

三、辯證思維

辯證思維在易經思想中似乎不易從表面上看出。因為，它

的存在，較屬於潛藏式；然而在理解易經的過程，卻又無所不在。質言之，若想了解易經各卦的思想，則非經由辯證思維不可。

換言之，辯證思維存在於周易的每一卦的內在形式中。每一爻在卦爻的結構中是否當位，是否承剛或乘剛，是否得應等，均是辯證研判該爻之吉、凶、悔、吝之關鍵的形式條件！

此外，易卦中六爻每一爻的爻義，和變爻後每“一卦爻之間，便會形成一個自然的辯證關係，在詮釋易卦時，此種辯證關係，乃是理解該爻義的另一關鍵要素。

四、同時性思維

同時性思維，又稱為共時性思維。這種思維有別於西方因果性思維的單一線性思考的特質。比如，混沌理論中所謂”巴西雨林中一隻蝴蝶鼓動翅膀，會帶來北京上空的一場豪雨“，這種思維模式就是「同時性思維」的代表案例。這種思考並非西方的線性思考。換言之，巴西雨林一隻蝴蝶鼓動翅膀，並非是帶來北京上空的一場豪雨的原因！而是指，這兩件事，具有同時性的邏輯關係！這種思維，顯然不屬於西方線性因果的思維模式！

榮格研究中國易經多年，他不但撰寫易經研究的書籍，並從易經哲學的啟發中，開啟了他最偉大的神話原型理論與集體潛意識和八大人格類型理論。此外，他並從易經占卜準確性的問題意識中，發現了隱藏在華人易經哲學中，這種特殊的同時

性思維！也唯有這種同時性思維的存在，才使得華人的易經占卜具有應驗的可能。

五、旁通思維

旁通思維，應該是華人思維模式中最特殊，也是最重要的，最獨一無二的思維特質。華人把旁通視為最高的學養指標。無論是史學、文學、心理學、人類學、語言學、哲學、宗教學，均強調旁通思維為無上的思維大法。司馬遷認為他的《史記》乃是「究天人之際，通古今之變，成一家之言！」劉勰在他的《文心雕龍》的〈隱秀篇〉中亦強調「密響旁通」的文意派生的重要性！朱熹在他特別強調知識論的格物思想中，談及功夫修養時，也強調每日格一物，功夫不斷的累積，直到有一天"豁然貫通"的境界！這些都是華人旁通思維的典型範例。

從易經的內在形式而言，本卦與每一卦的內含卦象：如本卦與初二三爻與二三四爻形成的卦象之間，本卦與初二三與三四五爻形成的卦象之間，本卦與二三四爻與三四五爻形成的卦象之間，本卦與二三四爻與四五六爻的卦象之間，本卦與三四五爻與四五六爻之間，均會形成某種形式的呼應，相對，旁通，變化的關係！此處，易經內在的形式架構，所形成的旁通邏輯正是華人旁通思維的最原始根源。

六、象思維

　　象思維是華人對萬物捕抓直觀進路的途徑。也是華人文化有別於其他文化，在彰顯萬物真理性時，最特殊的方法。依照當代英美分析哲學泰斗維根斯坦的看法，真理最早呈顯在人腦中的，乃是圖像的形式。從這種角度看來，根源於易經的華人的象思維，應該是全世界文明中，最貼近真理的文化了。

　　華人象思維的特質，可說是遍佈在華人文化的各種層面，比方說有別於西方的拼音文字，華人的文字乃屬於象形文字。即使是漢字六書理論的建構形成，如象形、指示、會意、形聲、轉注、假借等理論，從本質上而言，也都離不開象思維的精神。一切華人文化都與象思維離不開關係，比如華人的書法，便如同繪畫。就連詩歌也離不開這個特質，比如華人便認為最好的詩歌，如王維的作品，便是達到所謂"詩中有畫，畫中有詩"的境界。

　　從源頭論來講，象思維最早可說源自《易經・繫辭傳》中所謂：「書不盡言，言不盡意……聖人立象以盡意」。足見，華人文化根本上不認為語言文字足以完全彰顯「道」，而是認為唯有透過語言與真理間的中介—也就是易經的卦象，才能真正掌握住真理的奧義。廣而言之，從詮釋學的觀點而言，華人的經典詮釋傳統認為，唯有透過象思維，讀者才能掌握住作者在文本中真正要傳達所謂的弦外之音，言外之意。

七、觀的思維

　　以易之四觀釐定胡塞爾現象學方法論的四個步驟，即現象學的「懸宕」、「本質還原」、「本質直觀」、「超驗直觀」。

　　從易經的理論而言，易學的四觀可包含觀其所感、觀其所聚、觀其所養和觀其所恆。而這種易學的觀物的方法，也恰好可以用來會通西方胡塞爾現象學中，讓大家所最感到困惑的方法論步驟。藉此，遂以釐清胡塞爾的現象學在方法論上，到底如何進行的究竟。

　　首先，易之四觀，第一個步驟，也就是可透過澤山咸（☱☶）卦來詮釋的「觀其所感」，剛好可以用來會通胡塞爾現象學的懸宕概念。其原因在於咸卦代表無心的感通。換言之，當我們面對外在的事物與現象，透過感官知覺接受的訊息，不受心中的第二念，也就是心中再起的意識的干擾，而直接加以捕捉描述。這在現象學的方法論而言，便是它所謂的「懸宕」，也就是它不受前見、意識型態的干擾。

　　其次，所謂的「觀其所聚」，也就是易經的萃（☱☷）卦，它代表的是萃取萬物的菁華，比如大自然的一切或萬事萬物，都可以透過易經的類聚，也就是易經的類化思維，將它劃分為八卦的屬性。這種萬物的歸類方法，便是透過研判一切事物的本質，到底是如乾卦的剛健，兌卦的細緻，離卦的明亮，震卦的動盪，巽卦的順服，坎卦的陷入，艮卦的終止，或坤卦的包

容。這種易學觀物的過程，恰可會通並解決胡塞爾現象學方法論中，所謂「本質還原」的意義，甚至可以真正達到本質還原的目的，解決萬物自明性（Self-illumination），也就是掌握萬物本質的問題。

再者，所謂的「觀其所養」，也就是易經的頤（䷚）卦，它所代表的是知識論中的範疇論。簡單的說，也就是雖然我們透過易經以物觀物的模式，攝象立了重卦，也就是六爻卦，但因為六爻卦的六十四卦，從它各自的意義上，可以開出無限的範疇，那到底我們應該採取那一個主題範疇，才是我們攝象立卦後，真正要達到的詮釋目標呢？因此，我們首先得決定到底我們打算從那一種主題上來開出易卦的真正意涵。比如說，如果我們得到的是易經的火山旅卦，那麼如果從事業或婚姻的角度而言，便會解出全然不同的結果，這便是設定主題或議題觀點的重要性。

最後，所謂的「觀其所恆」，也就是易經的恆（䷟）卦，它所代表的是永恆的真理。質言之，恆卦探討的是真理實踐的主題。從現象學的角度而言，在現象學方法論的步驟上，它代表的是透過解經者經驗式的綜合研判，終於達到對於原先事物的客觀觀察，不涉入任何個人成見與意識型態，而將現象的本質加以彰顯開來之後，終於得到了它最終的「自明性」真理的實踐過程。這在胡塞爾現象學的方法論中，便是達到所謂「超驗直觀」的步驟。差別的是易經以格物獲取真理的模式，以胡塞爾所採取的途徑，兩者雖然都屬於超驗的路徑，但是前者較

較接近數學推理，因為易經的象數學本身就接近電腦的calculation，用來演算實際的數據。後者則較接近宗教哲學的路徑，因為這個方法要求研判者必需進入類似宗教中的開悟經驗，方能達到超驗直觀的能力。而這應該也是西方現象學，也就是胡塞爾現象學進路上，最具有爭議性的，在本質上，兩種不同方法學的進路。

總而言之，大易哲學中的易之四觀，也就是「觀其所感」、「觀其所聚」、「觀其所養」、「觀其所恆」，此種華人所獨具的認識論方法，也就是華人如何來看待世界的方式，正可用來會通當代西方現象學家胡塞爾所提出的現象學方法論。具體落實所謂的客觀的知識論建構的方法，避免個人的前見或意識型態的涉入，而達到直探宇宙間萬事萬物現象，其背後的本質。更可補足原本西方現象學家在現象學方法論上無法把握的本質還原的問題，甚至可以避免將現象學推到一個不可能的任務，也就是要求觀察者必須成為開悟的主體，以便達到超驗的目的的窘境。此外，藉此中西跨文化的對話及創造性的詮釋，恰可建造出華人獨特的現象詮釋學的全新領域

第五章　從現象學方法解讀賦比興理論

以朱熹的理學詩為例

　　中國古典詩學中的「賦、比、興」理論，可說是最具爭議的文學理論。自古以來，對「賦、比、興」的解說，可說是眾說紛云、莫衷一是，國內外的學者對於「賦、比、興」的說法與分判，彼此之間相互糾結，一直以來學界都無法明確的找到最佳的詮釋與定位。如此，造成文學理論的研究學者，諸多的困擾，甚至耗費多年的時日在無謂的論辯之中。本論文，擬另起爐灶，透過當代西方現象學的理路，重新釐清這個傳統詩學最重要，也最具有代表性的華人文化的文學理論，一探其中真正的奧義。此外，本文擬以當代現象學的視域，創造性地詮釋「賦、比、興」的理論，並透過朱熹最具代表性〈觀書有感〉一詩，展演、解說朱熹的理學詩如何成功地再現了「賦、比、興」的文學技巧，以完成他的詩學創作與理趣。

　　從傳統的理解上來看，有關所謂「賦」乃是陳述事件；「比」乃是類比修辭；「興」乃是興發意趣，這似乎是顯然易懂的理論。然而，不知為何後來的學者們在詮釋學上作了很大的挪移與轉化，因此「賦、比、興」三者的關係，突然之間，變得含

混不清，相互糾結成一團。其中最大的問題，便出現在「比」和「興」之間的詮釋歧異。比如，有些學者便認為「比」除了比喻的修辭技巧之外，也具有興發情感的功能。相同地，許多學者也認為「興」不僅僅是興發意趣，而且也具有類比思惟的功能。如此，「比」和「興」之間遂便成為一直以來，文學理論家們難解的公案。因此，學術界對於華人傳統文化中，最根本、最重要的文學理論，長久以來，百思不得其解，一直無法找到最合宜的定論。

　　綜觀當今全球學術界的氛圍，可說全然籠罩在西方現象學與詮釋學的方法論當中，現象學與詮釋學不僅在哲學界引領風騷，晚近以來更成為各門學科共同使用的話語與方法論。它的跨界能力可說是現代學術的一大奇蹟。然而，由於現象學與詮釋學，這樣的歐陸哲學，雖然從它原初的開創者胡塞爾那裡，似乎起源於科學性或經驗性的視域。然而，後來卻開向了超驗性的層面。所以要想全面的理解當代現象學與詮釋學，對各門學科的學者而言，可說是一大挑戰。尤其是胡塞爾，他所提出的方法論中，第一步驟，所謂地「懸宕」，也就是客觀的陳述，不帶有一己的前知、成見或意識形態，這種客觀的介入客體的觀察方式，表面上似乎比較容易達到，其實，由於語言必然承載各別文化的特質，無法真正達到絕對的客觀性。此外，他所提出的第二與第三步驟，也就是「本質還原」與「本質直觀」，這二個步驟若想順利完成，從胡塞爾的理論而言，似乎便必須牽涉到超驗的層次，方可達到萬物現象背後，其自明性呈顯的可能。這個論點往往使人難以理解，再加上現象學後來開向了應用層面，那更可謂百花齊放，說好聽，可說是創造性詮釋，

其實，許多地方，或許已然偏離了現象學本來的建構意涵。所以，本文擬透過現象學視域的嫁接，重新詮釋文學理論中的「賦、比、興」思想，以便重構華人文化中最重要的「賦、比、興」之文學理論，使原本的理論在新的時代中產生全新的效益。另一方面，經由朱熹理學詩的現象學探索，也就是現象學詮釋進路與模式，更對西方的現象學的操作方法論，作出他山之石可以攻錯的闡發與詮釋。

宋・朱熹〈觀書有感〉

> 半畝方塘一鑑開，天光雲影共徘徊；
> 問渠那得清如許？為有源頭活水來。

從現象學的角度而言，讀者在理解這首詩時，首先看到的是詩人對於他所面對的情景的描述，那便是「半畝方塘一鑑開，天光雲影共徘徊」這裡我們只看到了詩人對於眼前自然景觀的描繪，半畝大的方形池塘，像清澈光亮的鏡子般照向天際，水塘中天光、雲影在水面上閃耀浮動。這裡，我們看不到詩人主觀的前知、成見，或意識型態的介入，而只有客觀事實的陳述，也就是說詩人一切的個人主觀的意思，先放入括弧之中，那便是胡塞爾現象學的第一個步驟——「懸宕」所提供的方法。

其次，胡塞爾第二、三個現象學的步驟即是所謂的——「本質還原」與「本質直觀」。在朱熹這首理學詩中，便透過類比的修辭模式，讓我們捕捉到詩人所呈現景觀事物及其背後的本質。從理學的角度而言，詩中第一句的「半畝方塘一鑑開」比喻詩人的心田；而第二句「天光雲影共徘徊」比喻詩人心中的

喜怒哀樂，也就是心中的影塵。詩人透過這二個文學的隱喻，來結合詩人內在的感受與自然景觀之間的類比關係。因此，從文學理論的角度而言，便符合「賦比興」詩學理論中「比」的理論。這正如《易經・文言傳》乾卦五爻所說：「同聲相應，同氣相求。水流濕，火就燥，雲從龍，風從虎，聖人作而萬物覩。本乎天者親上，本乎地者親下，則各從其類也。」。

　　從文學的角度而言，易經的文本創作，正是透過萬物之間類比的理論來加以闡發，這與詩經的創作乃是透過類比的技巧，兩者之間可說具有異曲同工之妙。緣此可知，類比的思維模式，正是華人文化最特殊的面向。此詩中，詩人透過「清如許」的隱喻，來揭開詩人心中所想望的，隨時可超越外在塵緣染污的力量。緣此，詩中類比的重要性，其真正最大的目的，正可用來解開現象學中從「本質還原」到「本質直觀」的最大難題，透過類比的關係性去捕捉萬物本質的可能，以便讓萬物顯現出它的本義，也就是意圖達到現象學中所謂的自明性（Self-illumination）的目的。

　　再者，本文藉由胡塞爾現象學的第四個步驟——所謂的「超驗直觀」，加以創造性地詮釋後，可得知朱熹乃是透過這首理學詩，呈顯他個人在道學上的超驗境界。這便是為何在朱熹的詩中，充滿了玄奧的，宛如見道者，似乎從「方畝」的心田，開出天地的境界，而眼中的靈光則乍現出「天光和雲影」，之所以具有超驗的可能，原因在於朱熹是一位宋明理學中最具有代表性的開悟得道者，那便是為何他被後世稱為至聖先師孔子之後的第二位聖人。

　　從理論上而言，在朱熹這首理學詩中，便是透過「興」的

修辭模式，「問渠那得清如許？為有源頭活水來。」也便是如屈原在《楚辭‧天問》中，所提出的疑惑，擬想經由「天道」這種安身立命的思想，作為一切生命的圭臬與準則，以便在滾滾紅塵之中，永遠保有生生的活力與希望。此處「為有源頭活水來」，也可說是展現現象學中的「意向性（Intentionality）」，換言之，正如《易經‧賁卦》象辭中所言，「觀乎天人以察時變，觀乎人文以化成天下」。也唯有把握天道思想的聖賢，才能在任何時代，與時俱進地創發全新的思想理論，解決他當代的問題，並繼承文化的薪火，向下傳承。這裡的「以察時變」與「以化成天下」，則是現象學中的「意向性」的指涉。

　　換言之，西方的意向性，一般只走向意識的對象，而「超驗直觀」的目的，其本質上可能也只為了找到事物背後的真理，這便是西方文化一直走向「工具理性」的原因；而華人的「超驗直觀」則是為了趨於時變，在每個時代開出新義；而化成天下則意謂著平收萬法，跨越學科與中西文化上的限制，而解決世界上一切的問題。這便是華人文化自古以來，便走向「價值理性」的原因。相信真理不衹是一種工具，而是用來結合人類，造福世界，讓世界充滿愛與意義的力量。

　　本文透過現象學的視域，重新檢視「賦、比、興」的文學理論，藉由繞道的理論（借用 François Jullien 的用語），一方面釐清了學界一直以來對「賦、比、興」莫衷一是的看法，與三者之間理不清的糾葛。另一方面，更透過他山之石可以攻錯的嫁接與相互參透的方法，最終達到了透析，一直以來現象學界對胡塞爾所提出的現象學方法論，其步驟上的疑惑與困擾。緣

此，現象學方法論中的步驟，從懸宕、本質還原、本質直觀到超驗直觀等，原先難以把握的現象學概念，透過朱熹理學詩的分析與詮釋，終能得到清楚的「以用顯體」的自明性。總之，藉由「賦、比、興」與現象學理論的跨文化對話，中西文化之間不但可以得到相互映照的呈顯，更可透過相互的轉化與闡釋，而最終開創出全新的文化精神與生命。

第六章 從現象學與易經符號詮釋學視域解讀中西兩方的宇宙樹

　　從理論上而言，神話乃是古代先民認識萬物的途徑。也反映了古代人類如何看待世界的模式。從當今歐陸哲學家卡西勒「文化符號學」的觀點而言，文化便是人類精神的內在形式，換言之，把握不同神話的符號語碼，便可以掌握不同文化它內在的根本精神與特質。緣此，本書擬透過現象學的視域，以現象學的觀物方法論，解碼北歐神話與中國神話中的宇宙樹。藉著兩種神話中，彼此所各含的精神形式，所變現呈顯出來的文化符號與結構模式，驗證兩種不同文化所本具之特質與精神。

一、北歐神話的宇宙樹

　　從現象學的角度出發，其第一個步驟便是現象學的描述。撇開一切對北歐神話的前見與意識形態的看法。換言之，便是將這個宇宙樹故事的繁複內容去除掉一些不必要的枝節，只採取其中最根本的精神形式，它往往是故事敘述中，最突顯的內

容。如此，我們便得到了胡塞爾現象學方法論中所謂的「意識殘餘」，以供我們做下一步的「本質還原」之用。

依照宇宙樹的神話故事可知，遠古的神話記載北歐的宇宙樹，總共分有三層，住有九個族類。宇宙樹的頂端住著一隻巨鷹，每當它揮動翅膀就會颳起強風，整個世界都會不得安寧；第二層是被一隻沈睡海底的巨蛇怪物耶夢加德環繞住，因其身體龐大，以咬住自己另一端尾巴形成一圈；最底層有一隻毒龍，毒龍會啃咬樹根。樹上還住有一隻松鼠，這隻松鼠總是挑起惡龍和巨鷹之間的矛盾，讓它們彼此紛爭不斷，讓世界永遠一片混亂。

宇宙樹的第一層，其樹根連結命運之泉，命運之泉有三個女神的照顧，此命運之泉也滋養著宇宙樹，神族住在第一層。其第二層的樹根，連結著智慧之泉，住著巨人族，神王奧丁為了飲取智慧之泉的泉水，所以犧牲了一眼以獲取智慧。最底層的樹根則是連結著死亡之泉。

在「本質還原」的方法上，我們轉用易經符號詮釋學模式，來加以進行，以便達到創造性詮釋的成果。依照易經符號學「攝象取卦」的方法，這顆宇宙樹的主體，它上有老鷹，下有毒龍。況且它整個宇宙從結構上來看，便包含了三個世界與九個族類，緣此，從本質還原的角度上，我們便得到了易經符號裡的火雷噬嗑卦。從本質上來看，這個火雷噬嗑卦便代表了北歐神話中，其宇宙樹所代表的意涵。

從易經符號的卦理分析可知，本卦火雷噬嗑（䷔）從卦象組合而言，宛如嘴中咬合不順，被一橫木所阻。因此，它代

表適應上的困難，但反之，如果能夠克服艱困的環境，則轉化成「適合」的意涵。其次，噬嗑卦又往往代表容易惹來官非爭鬥的結果，放回神話的文本來看，果然，故事中的松鼠經常上下亂竄，引發老鷹與毒龍的交戰與世界的混亂。再者，北歐人地處嚴寒之處，環境險惡，難以生存，這與噬嗑卦的本義，果然完全吻合。最後，從易經符號的互卦角度而言，水山蹇卦，

（䷦），其內在的意涵，正指涉窮山惡水，環境蹇困，難以生存。這和北歐神話宇宙樹所蘊涵的北歐文化的內在精神形式，可謂全然的吻合。

　　最後，從易經符號學的錯卦角度而言，火雷噬嗑卦之錯卦

為水風井卦（䷯），意指北歐神話中，神王奧丁為了得到最高智慧，竟然犧牲了自己的眼睛，來換取智慧之泉的泉水，而且即使神王知道自己的命運，卻無法改變。這種思想可從第一層神王與命運之泉，而第二層巨人族則與智慧之泉在一起而得知。換句話說，北歐神話藉由神王奧丁悲劇性的命運，終究無法改變「諸神黃昏」的宿命，更突顯了北歐神話所示現的，便

是其民族精神中，企圖藉由智慧（坎卦☵）來轉變命運（巽

卦☴），但仍然徒勞無功的悲劇精神與宿命觀。

二、東方的宇宙樹

　　從現象學的「意識殘餘」步驟而言，東方宇宙樹（建木），

它所描述的是這棵建木上有十個枝幹，每一個枝幹上有一顆太陽，每天其中一個太陽會出去巡守四方，後來就有十顆太陽同時出現的情形，因此才會演變成后羿射日的故事。據研究，建木的十個太陽的說法，其形成的原因，可能是因為東海上的雲氣與太陽映照在海面上，所成為的形貌，後來便逐漸轉化成建木的傳說。緊接著又有了扶木、桑木的傳說或甚至是扶桑國的說法，那便是日本國的最早期的名字。

　　這個建木神話，在歷史的演變中，不知為何卻又轉變為昆侖神話中的昆侖山神木，由於昆侖山正是西王母的名山洞府，這棵名山洞府中的建木所長出的果實，便類似神話中西王母的蟠桃仙果。

　　在「本質還原」的方法上，我們轉用易經符號詮釋學模式，來加以進行，以便達到創造性詮釋的成果。依照易經符號學「攝象取卦」的方法，這棵宇宙樹的主體，從名相義理學的角度和音韻切入法來講，「建」者「漸」也。換言之，它所指涉的便是易經第五十三卦，風山漸卦（☴☶），由於風山漸卦正是中原文化本卦，因此正可以代表東方宇宙樹的文化精神。

　　其次，從易經符號學的結構而言，風山漸卦的互卦便是火水未濟卦（☲☵），它所指涉的正是華人文化生生不息，也就是易經乾卦所說「天行健，君子以自強不息」的文化精神。此處，從文字學六書的假借理論而言，正所謂「建」者，其實正指涉此處的「天行健」的「健」字的意涵。

　　再者，從易經符號學的結構而言，風山漸卦之錯卦，成雷

澤歸妹卦（䷵）。而雷澤歸妹卦，正可用來詮釋為何原先這個東方的建木神話會演化為西王母的昆侖神話。因為據說，西王母在道教的群仙譜中，正代表引領眾女仙的神母。據說，一切凡間女子，當她們修成正果時，便會齊奔昆侖山，向西王母報到，以便接受西王母的仙術上的教導，而易經的雷澤歸妹卦，正隱含著女子奔向生命最高歸宿，意即成為仙聖的意涵。

三、比較神話

從比較神話學的角度而言，首先，從地理環境來看，北歐神話所呈現的是不穩定的、嚴峻的，難以維生的自然環境，因此北歐神話精神所強調的是一種充滿鬥爭，甚至於是相互掠奪，爭戰地盤的精神。反之，東方神話所呈現的則是充滿祥和的，生機勃勃地，穩定的、甚至於是不斷成長的的文化精神。

其次，從人與命運的角度而言，北歐神話所代表的是悲劇英雄式的，傾盡全力，意圖扭轉命運，但卻徒勞無功的困境。而東方神話所代表的則是喜劇式的，從生命的自我修煉，而達到飛昇成仙的不朽生命的完成。而這些結論的看法，則端賴於易經符號詮釋學，其內在所蘊涵的錯、綜、互、雜的辯證過程，方能加以完成。

第二篇　實踐篇

從易經符號詮釋學解讀

中西方文本與理論

前　言：華人格物的方法論

　　究言之，華人格物的方法論，可分成後天的與先天的進路。

　　所謂的後天的格物進路，其實是所有初學《易經》者所適用的方法。也就是遇到問題時，運用傳統的卜卦進路，直接向卦神提問，然後在「寂然不動，感而遂通」之下，而得到卦神給予的答案，這個答案基本上是會得到易經的六十四卦中的一卦，比如得到火天大有卦或天火同人卦。我們便先得到卦神給予這個問題的指示方向，此外，再透過變爻，我們便可以得到該卦中的爻義，如此，透過先後本卦與爻義之間，甚至於透過本卦變爻所成的變卦之間，所形成的關係，藉以思辯該問題的答案，窺知卦神所欲給我們的啟示。當然，對於這個啟示的體悟深淺，有賴於占卦者的個人經驗與對於易經學問的理解程度而有所差別。唯有不斷地演練，才能真正達到對易經的運用，心領神會的目標。比如西方精神分析大師榮格，他便是透過這個進路去與卦神溝通，而研究易經。此外，經過了多年的努力，才能成功地嫁接易學的理論，而完成他那一套又一套的心理學理論，比如「共時性」原則、八大人格類型、「原型」理論，最重要是他的《象徵及其轉化》一書，便是他活用華人《易經》智慧的成果。

　　至於先天的進路，華人的格物方法，則可以透過《易經》所內涵的象、數、理、氣四大面向來加以完成。

一、象

　　從象的角度之所以能夠格物，乃源自於華人文化與西方文化不同，西方文化本質上，是一種建立在語言上的文化，所以研究西方文化，必須從其語言下手，如文法學、語言學、語意學……，難怪海德格說：「語言是人類棲息的地方」。然而，華人文化卻是一個屬於象的民族，誠如《易經・繫辭下傳》所言「易者，象也」，換言之，華人本根文化的易經，早就提出真理乃是建構在「象」上，唯有透過「象」的理解，才能真正把握住真理。質言之，華人文化的一切面相，包括文學、藝術、哲學、繪畫、漢字、戲曲，其實均屬於象的文化。

　　所謂象的格物法便是對問題的解決答案，直接從現象、事件或文本中，經由個人的直覺與經驗，從心靈中所捕捉到的最重要意象，然後透過「攝象入卦」的方法，而達到我們所要得到的答案，也就是易經中的一卦。比如當我們格彩虹時，因為彩虹會在天空中折射出七種顏色，因此從象的角度而言，七是後天八卦的兌卦，顏色則是後天八卦的離卦，所以組合起來便成為了火澤睽卦或澤火革卦。由於從易理的角度而言，「睽者，目中見癸也，而癸者水氣也」。而澤火革卦則完全與水氣、霧氣無關，因此透過理上的思辯，我們可以篤定的知道，選擇睽卦來格彩虹才是正確的進路。緊接著便可再經由錯、綜、互、雜

的思辯模式，而整合成最完整的彩虹科普的義理探索。

這種先天的「象」的格物進路，並非一般初學者可以一觸可及，初學者必須透過一段時間的演練，再經由經驗豐富的教授師，逐步的引導，方能漸漸學成。

二、數

數是宇宙間最自然的存在，沒有任何人為的意識可以影響，因為它是客觀的存在。換句話說，數的思維是最具有科學性的了，因此數的格物法，可說最符合探索真理的方法論。所謂華人數的格物法，便是透過萬物的現象，或者是文本的敘述，或個案的陳述，取其其中最關鍵的數，再依「以數轉象」，比如先天八卦的乾、兌、離、震、巽、坎、艮、坤，對應數字 1、2、3、4、5、6、7、8。而後天八卦的九、四、三、八、二、七、六、一，則對應離、巽、震、艮、坤、兌、乾、坎各卦。緣此，再透過「攝象入卦」，便可得到六十四卦中的特定一卦。比如邵康節有名的梅花心易的案例，便是透過鄰人的敲門聲，先是一聲，後是五聲，緣此，將數字帶入先天八卦的排序，則得到一為乾卦，五為巽卦，依此測知，鄰人所欲借的物件，定是鐵器與木頭的組合物，故最終射之以斧頭。

換言之，象、數、理、氣其實是一體成形，必須靈活的運用，方可達到真正以格物的方法去探索宇宙萬事萬物，其背後意義的目的。比如在格物上，如果得到的是澤地萃卦或地澤臨卦，接著便可以順理成章地，透過錯、綜、互、雜的思辯模式，

而整合成最終的義理探索，以便穿透現象背後終極的真義。

　　當然，在取數時，如何取得關鍵數字，便是華人格物工夫之所在。非透過無數的演練與驗證，是無法輕易達成預期的理想。

三、理

　　這裡的「理」，不光是指《易經》中的義理，而更必須整合我們眼前所面對的現象、事件、文本或是陳述，經過了慎思熟慮的解讀之後，捕捉到它的精髓思想，然後再經由「攝象取卦」的轉化而得到答案。比如當我們格筷子的時候，因為二支筷子其形狀像數字的 11，而依照易經六十四卦的卦序排列，第 11 卦則是地天泰卦。泰卦代表三陽開泰、國泰民安，而且在奇門遁甲的基本盤中，又屬於開、休、生、傷、杜、景、死、驚之八門中的生門，代表萬物生機蓬勃的所在，更是民以食為天的意涵，所謂國泰則民安是也。緊接著，便可以地天泰的錯、綜、互、雜的反覆辯證，來加以證成筷子的格物理論。

　　這種華人格物的「理」的進路，若非精通該門專業知識的訓練以及易理的精熟度，意圖直接透過理的切入，自然便不容易達成。

四、氣

　　華人「氣」的格物進路，所謂氣的格物方法便是利用易學

的十二辟卦原理，依農曆十一月，冬至一陽生起地雷復卦，緣此依續農曆十二月地澤臨卦，農曆一月地天泰卦，農曆二月雷天大壯卦，農曆三月澤天夬卦，農曆四月乾為天卦，農曆五月天風姤卦，農曆六月天山遯卦，農曆七月天地否卦，農曆八月風地觀卦，農曆九月山地剝卦，農曆十月坤為地卦。此外，還需配上萬物的旺、相、死、囚、休的消長，方可以順利的將眼前的現象、事件、文本或陳述，順理成章地經由「氣」的進路，再轉化成「攝象取卦」的過程，最終達到錯、綜、互、雜的反覆思辯，以證成理論。

　　以下實踐篇十一篇的內容，乃是多年前個人在易經符號詮釋學格物方法實踐上的成果，易經符號詮釋學最大的功能在於旁通宇宙間一切的學問，超越學科的限制，跨越文化的差異，突破知識的範疇。這十一篇選要的例證，可謂包含了文學、心理學、神話學、預言學、姓名學、童話學、經學、美學、哲學、醫學、歷史學等不同的知識類別，足證大易哲學廣大悉備，無所不包，創發無限、生生不息的智慧與潛能！

壹、解讀尼采的超人美學

一、前　言

　　以「上帝之死」轟動全世界的德國大哲學家尼采可說是十九世紀最偉大、最具有突破性與創意性的大天才。他的作品如《悲劇的誕生》將文化類型分成：戴奧尼索斯型與阿波羅型，論證希臘悲劇的發源母胎乃是唱酒神讚歌的森林之神合唱隊，這種希臘精神的闡揚慧眼獨具、啟發人心，他的《查拉圖斯特拉如是說》展現了他無與倫比的超人睿智與先知語言；至於《善與惡的超越》《道德系譜》與《上帝之死：反基督》則精采地辯證了道德與真理間的究竟關係，而《瞧！這個人》則凝聚了他許多自傳式的獨白，至於《權力的意志》則探索意志力量與個人生命間的關係奧義。透過命運、自由、道德與超越當主題，尼采為世人展現的無疑是空前未有、充滿創意的生存美學。

　　但由於尼采的生存美學與存在主義息息相關，再加上為了提出超越的自由美學，他毫無忌憚的挑戰了歐陸傳統的宗教道德觀，他大聲疾呼的提出所謂的上帝之死，如此的狂妄理念，難免會令人感到在摧枯拉朽地拔除了人們精神中的支柱後，道德觀念一旦喪絕，神既然不復存在，人們一切的行為不就可被

允許？如此整個世界難免墜入無政府的狀態，人類的生存便成為一大虛無，這不變成人類文明空前的危機？

況且，超人的思想容易令人誤解為摒棄一切道德理念，無惡不作，只為了達到個人慾望的滿足，而權力意志的貫徹，更容易帶來狂妄自我的極致發展。而就整個國家而言，便難免發展為窮兵黷武，迫害或征伐其他的國家，如此難免推向法西斯主義或希特勒般屠殺其他民族的悲劇，因此這般的超人思想，難免帶給人類無可彌補之大浩劫，甚或恐怖主義滅絕人寰，但圖破壞人類文明永劫不復的恐怖危機。

再者，當代文化研究者一談到後現代或解構主義，往往會將尼采當作破壞既有道德或瓦解既有結構思想的解構理論之始作俑者或開創性的始祖，毋庸諱言，檢驗當代解構思想大師，譬如：傅柯、薩德或德希達等人的思想，吾人隱約中彷彿可見尼采的哲學似乎便隱藏在他們的哲學話語或字裡行間。換言之，這些解構主義的大師們在他們的元敘述裡，均或多或少離不開尼采的影像。然而，當代評論者在認同兩者的同時，卻未能分辨當代解構大師們所揭櫫的究竟理念－主體的消亡，與尼采所提倡的主體彰顯的超人美學在本質上剛好全然相反，這種「同途」而「殊歸」的文化現象，無疑地，可真是文化理論發展史上極大的諷喻。

本文擬透過易經坤卦的六爻結構，分別探索尼采創意美學中的功夫修養論、宇宙論、本體論、目的論、境界論及超越論。繼而分析尼采如何運用其充滿「戴奧尼索斯」的酒神般先知語言，透過現世利益的大地精神，劃分唯愛、懷疑與仇恨等上、中、下三種人的世界觀，強調重視生命的創意理想，穿透

獅子、駱駝與嬰孩的精神三變，而臻於人類精神與物質、現實
與理想的物我矛盾統合的超人最高境界的完成，藉此釐清人們
對尼采思想的誤判，藉此釐清人們對於尼采趨向虛無主義與法
西斯主義的迷思，甚而解除尼采與當代解構主義者之間的曖昧
關係，點出尼采在二十世紀後現代思想轉向時所扮演的關鍵角
色及不可或缺的意義。

二、本　文

（一）功夫修養論

　　從功夫修養論的觀點而言，易經坤卦初六爻辭可說具體地
表達了尼采的先知語言特質。易經坤卦初六爻辭為「履霜，堅
冰至」，其意義乃是：看到了霜雪的降落，便得以預知很快地結
冰的日子便要來臨；換言之，易經坤卦初爻正意味著先知般的
功夫修養境界，一個真正的先知勢必能超越一般凡人的識見，
從變化的宇宙現象中看到不變的實體，知因知果、防微杜漸，
更能打破主體與客體的極限，主客合一，天人合一，即因即
果，心領神會，心通理至，超越榮辱，逍遙自在，平等無礙，
自性與天理合一，這種境界套用尼采的語言便是：

> 一種長跨度韻律的需要，幾乎就是靈感這個暴力的尺
> 度，一種對暴力造成的壓力和緊張狀態的調解……一切
> 都是在極度無意識的情況下發生的，但卻都像是發生在
> 一場自由感、絕對性、權力、神性的風暴中……形象和

> 象徵的無意識乃是最令人奇怪的東西。人們不再有什麼
> 是形象，什麼是象徵的概念了，萬物都呈現出最親近
> 的、最正確的、最簡單的表現。用查拉如斯特拉的話來
> 說，這一切就像事物自己走向前來，自願充當象徵式
> 的。──（看那個人　頁 111）[1]

　　換言之，那種心通理至的境界，必然是源自於如酒神般酣然神馳的境界所迸發出來的語言，由於這種語言屬於詩性的語言，詩性的語言自然是超越了一般理性的推理，而較偏向東方式直觀的思維方法。故而，如果因循西方以辯証方法為主導的邏輯理性推理方式來理解尼采的超人美學，勢必會墮入二元邏輯推論所無法穿透的分析困境，也必然會失卻尼采如先知般掌握生命現象全體的內在精神。所以，理解尼采酒神的精神與詩性的語言，可說是進入尼采的哲學世界與創意美學不可或缺的鑰匙。

> 變換價值──意即創造者的變換。創造者必須不斷的破
> 壞[2]（查　91）
> 許多偉大的思想和風箱沒有什麼兩樣──當其鼓脹時，
> 內裡卻更形空虛[3]（查　95）
> 真正的男人祇需要兩件事：危險與遊戲。因此他需要女
> 人，以作為他最危險的遊戲[4]。（查　99）
> 男人的幸福是『我要』，女人的幸福是『他要』[5]（查　100）

---

1 尼采，《看那個人－尼采自述》，張念東、凌素心譯，北京：中央編譯，
　2000，頁 111.
2 尼采，《查拉圖斯特拉如是說》，余鴻榮譯，臺北：志文，2001，頁 91
3 尼采，《查拉圖斯特拉如是說》，余鴻榮譯，臺北：志文，2001，頁 95
4 尼采，《查拉圖斯特拉如是說》，余鴻榮譯，臺北：志文，2001，頁 99
5 尼采，《查拉圖斯特拉如是說》，余鴻榮譯，臺北：志文，2001，頁 100

你到女人那裡去嗎？不要忘了帶著你的鞭子！[6]（查
101）

恐懼感不過是我們的殊例，而勇敢、冒險與對未知事物
的熱中一總之，就是勇氣，我覺得這才是人類整個原始
的歷史。人類曾經嫉羨過最野蠻與最勇敢的動物，繼而
乃將他們的一切精神據為己有。就這樣，他們成了人。
這種勇氣，最後變得十分靈敏而又富於精神性和知識性，
將人類的勇氣再增添鷹的翅翼和蛇的智慧一我想這就是
現在所謂的──「查拉如斯特拉！」[7]（查　398）

　　總之，尼采的思想正如以上引文，充滿了如同老子「反者
道之動」的正言若反哲學，在真理的比喻上，也像老子一般運
用了風箱的比喻[8]。而在整個生命意志的強調上則傾向於易經所
強調的生生之謂易的創意哲學[9]，也就是在整個生命價值觀上強
調積極、樂觀、創造的光明精神，所以整體而言，他的思想充
滿了東方哲學的況味，若缺乏這種認知根本無法了解尼采哲學
思想的精隨。

（二）宇宙論

　　從宇宙論的觀點而言，易經坤卦六二爻辭：「直、方、大，
不習，无不利。」其背後所強調的便是大地的精神，自然的生
命力，實在論，或是此在的重要性，而反看尼采的超人哲學所

---

6 尼采，《查拉圖斯特拉如是說》，余鴻榮譯，臺北：志文，2001，頁 101
7 尼采，《查拉圖斯特拉如是說》，余鴻榮譯，臺北：志文，2001，頁 398
8 參閱：老子《道德經》第五章：「天地之間其猶橐籥乎？」
9 參閱：老子《道德經》第六章：「谷神不死，是謂玄牝，玄牝之門，是謂
　天地根。」此處尼采生生之創意思想接近老子之玄牝說。

強調的回返希臘世界，珍惜自然生命，無論現世人生中，雖並
非處處開滿玫瑰花，有時甚至荊棘滿地，仍應保持如酒神一般
酣然神馳，忘卻當下遭遇的一切生命苦境，而能樂觀進取的擁
抱現世的人生，珍惜自我週遭一切的生命，這種質樸、包容、
真誠、剛毅的精神，則亦正如同此大地一般擁有無私而自在地
創造萬物的力量。

> 地球才是唯一的真實，向它效忠，活在他的上面，而且
> 非得向它求援不可[10]　（上　193）
> 自然就是善，因為一個智慧和善良的上帝，是自然的原
> 因[11]（權　246）
> 人們要把發展自身慾望的勇氣歸還於人──
> 人們要打消妄自菲薄（不是當成個體的人的欲望，而是
> 作為自然的人的欲望⋯⋯）
> 既然人們認識到對立是我們放進去的，人們就會從中抽
> 出對立──
> 人們要從存在中全部剔除社會特質（過失、懲罰、正義、
> 正直、自由、愛等等）──
> 向「自然性的進步」[12]（權　247）

　　這種如大地一般堅厚剛毅的「不習，无不利」的精神，正
可以解釋尼采的超人特質。一般人很容易誤以為尼采所謂的超
人是具有超越常人的體魄而型鑄成的存在，殊不知，依尼采自

---

10 尼采，《上帝之死：反基督》，劉崎譯，臺北；志文，1968，頁 193
11 尼采，《權力意志－重估一切價值的嘗試》，張念東、凌素心譯，北京：
　　商務印書館，1998，頁 246
12 尼采，《權力意志－重估一切價值的嘗試》，張念東、凌素心譯，北京：
　　商務印書館，1998，頁 247

己的說法與現實來看，尼采本身終其一生均在疾病的困厄中掙扎，難得處在強健的體魄當中，但依他的說法，就在他陷入人生最大的疾病苦痛時，猛然間超人的概念油然而生[13]。也就是說，超人真正的本質並非形而下軀體上的強碩，而乃是形而上精神上的卓越。

　　其實，尼采所謂的超人在本質上比較像是不受外界薰染，而能直接把握真理的覺者，他認為 "人們應該保持整個意識外表（意識就是外表）的純淨，不受任何偉大命運的汙染。甚至還要提防各種大話，提防各種偉大的姿態！真正的危險在於認為本能過早地「認識了自己。」"[14]（看　44）換言之，尼采超人所扮演的角色，極像東方的先知人物達摩。達摩東來時，宣稱其東來的目的乃是為了尋找一位「不受迷惑的人」。同樣地，尼采的超人哲學在此所提出的概念，正是希望人們能夠捐棄個人的成見、我執，脫離意識形態的對立意識，而能夠活在自己的本真世界，不受制於外來的眼光，也不受制於別人的成見或自己過早的判斷，也就是接近佛家「活在當下」的自然生命美學修養中。

　　尼采所提出的「永恆輪迴」的概念，正是肯定自然生命的一種說法。尼采認為未來哲學家，之所以能夠糾結迄今一直被叫做歷史的荒謬和無意義的感覺，是因為他的求真意志或是最富精神性的權力意志。換言之，超人就是「整合性」的人，他

---

13 尼采，《看那個人－尼采自述》，張念東、凌素心譯，北京：中央編譯，
　　2000，頁 90
14 尼采，《看那個人－尼采自述》，張念東、凌素心譯，北京：中央編譯，
　　2000，頁 44

不僅肯定了自己的生命，而且肯定了自然、歷史乃至整個宇宙，以致於其他的存在都在他那裡獲得確證[15]。（尼采與柏拉圖主義　152）

（三）本體論

從本體論的觀點而言，易經坤卦六三爻爻辭：「含章可貞。或從王事，无成，有終。」其內涵意似乎點出尼采超人世界將人類分成三種層級，這三種層級分別是上人、中人、下人。

> 最高高的人們是最強者，他們在別人將發現潰滅的地方，發現他們的幸福：在迷宮中，在嚴厲的對抗他們自己和他人時，在實地體驗中：他們的喜悅是自我征服：苦行是他們的天性、需要和本能。困難的工作對於他們是一種特權；弄弄挫折別人的負擔對於他們是一種再創造。知識：一種苦行。他們是世界上最值得尊敬的人；這並不妨礙之成為最快樂和最和善的人。他們統治並不是因為他們想要統治，而是他們就是統治者；他們不能隨便成為次等的人。
>
> 第二等人：他們是法律的守護者，他們是秩序和安全的提供者，他們是高貴的戰士，尤其是作為戰士、法官和法律維護者之最高範式的國王。第二等人是最高尚者的執行的手，他們是最接近於最高尚者而屬於他們的人，他們是為最高者從事統治工作中有大作為的人 —— 他們是最高者的僕從，右手和最好的學生[16]。（上　162-3）

---

15 尼采，《尼采與柏拉圖主義》，吳增定譯，上海：人民，2004，頁 152

16 尼采，《上帝之死：反基督》，劉崎譯，臺北：志文，1968，頁 162-3

至於第三等人，依尼采的看法，則應是屬於破壞型的，內心充滿仇恨、矛盾、柔弱、嫉妒和報復，也就是心中充滿惡念的人。

如果無法掌握尼采這種本體論上的世界觀，也就是三級人類的階級觀，則往往會造成對於尼采超人的誤解。比方說：由於尼采超人的概念，有傾向追求意志實現或冒險探索或慾望實現的傾向，人們容易傾向擔憂尼采的超人哲學如果極度的發展，必然便會導致窮兵黷武、戰禍四起，或將法西斯主義及納粹的屠殺行為全歸咎於尼采的超人哲學影響，這些顯然均是尼采哲學的誤讀現象，枉顧尼采「等級制」的人類本體觀。忽視了尼采的超人他的先天本性乃是純善的化身，無論這個世界或人類用什麼態度來對待他，也無論他個人發生任何事情，他都不會陷入不必要的懷疑或仇恨的心態中，而能夠以素樸的態度，樂觀的精神去面對問題，解決問題，這種逾越常人的價值觀與生命態度，這種充滿創意性的生命動力，正是尼采超人美學所獨具的魅力。

（四）目的論

從目的論的角度而言，易經六四爻爻辭：「括囊，無咎，無譽。」反映出尼采的超人美學乃是一種求生的精神。這種求生的精神，正是要去對抗希臘以來既存的虛無思想 **"不要降生，不要存在，成為虛無。不過對你還有次好的東西 —— 立刻就死。"** [17]（悲　22）換言之，整體而言，尼采的超人美學可

---

17 尼采，《悲劇的誕生》，周國平譯，桂林：廣西師範大學，2002，頁 22

說是回返希臘奧林匹斯的精神："如臨行的殉道者懷著狂喜的幻覺，面對自己的苦難"[18]（悲　22）換句話說，希臘人在覺知生存的恐怖與可怕之後，為了能夠活下去，希臘人必須創造出一種充滿敏感、慾望而又熱烈的希臘諸神的光輝精神，使他們能夠忍受這樣的人生。換言之，便是將生命的苦痛透過意識的轉化，成為活下去的渴望，將英雄的生命實踐甚而轉化成為藝術化之生命的謳歌。

質言之，這種求生精神的提出應是尼采面對當代物質昌明，資本主義盛行，人們在享受自由平等的同時，許多人的精神卻已經沉淪，而墜入尼采所謂的末人時代的來臨，這種末人的概念可見於《查拉圖斯特拉如是說》的序言描述：

> 阿！最卑鄙的時代來臨了，他不再能輕視自己的人。
> 看吧！我將末人顯示給你看。
> 「愛是什麼？創造是什麼？渴望是什麼？星星是什麼？」
> 末人這麼問道，並且他眨眨眼。
> 地球變得渺小了，在其上，使所有事物渺小的末人跳躍著。他的臉上像跳蚤一樣不能被抹除；末人活得最久。
> 「我們發明了幸福」，末人說，而且他眨眨眼[19]。（尼采　劉昌元　46）

尼采的超人美學他的主要目的與精神，乃是提供人們無論在任何生命的場際，都必須勇敢的奮起而迎向人生；在苦難的生命困境中，固然不能放棄希望，而要堅持心中的理想，完成自己生命烏托邦的打造；即使生命已經達到趨於圓滿的境地

---

18 尼采，《悲劇的誕生》，周國平譯，桂林：廣西師範大學，2002，頁 22
19 尼采，《尼采》，劉昌元譯，台北：聯經，2004，頁 46

時，也不能輕言放棄更上層樓的改造，不能老是耽溺在慾望的滿足或純粹的感官享受中，而忘記精神上的超拔與再生，如此方不至於墜入一般理想主義者所常墜入的生命困境，那便是在達到烏托邦的打造之後，喪失生命的創意理念，而淪為一般庸俗大眾滿足自我，畫地自限的狹隘格局。

這種思想與東方易經的主要精神完全契合，因為易經繫辭傳說：「一陰一陽之謂道」，又說「生生之謂易」，整個東方易經的主要精神理念也全然地建構在生命的創意思想中。真正的創意精神乃是把握易經中的太極概念，換言之，即是兩邊不著，隨時可以調整自己的思維中心，既不會執著於你我觀念上的差異，也不會執著於自己在真理上已有的見地或成就，如此，才能躬身體驗太極渾然一體，道恍兮乎兮，萬法流遷，不可為典範的自在、逍遙、平等、流動、開放的創意精神。這裡隱含後現代的理念，那便是，不執著在結構的章法美學上，而更能大破大立，在解構原有美學的結構後，再創另一種超越性的美學創見[20]（參　羅蘭巴特）。

（五）境界論

從境界論的角度而言，易經坤卦六五爻爻辭：「黃裳，元吉。」似乎點出尼采的創意美學從境界上而言，可說是一念靈光，八方普照，正如黃色乃是色彩中的正色，個人只要能保持善良本性，隨著外在環境而能調度個人的生命色澤，正如轉化為春天的綠色，夏天的紅色，秋天的白色，或冬天的藍色，便

20　參閱：羅蘭巴特，《解構神話學》，羅氏解構的觀念便是透過類似易經變易的思想，曲徑旁通，再創新的創意思維。

能隨機權變，扭轉局勢，乾坤兌變，化危機為轉機，開創命運，轉化世局，化一切凶兆為吉祥。所以尼采才會提出他最有名的精神三變學說：

> 我告訴你們精神的三種變像：精神如何變為駱駝，再由駱駝變成獅子，最後由獅子化做嬰兒。
>
> 精神面對著許多艱辛的事物，強韌誠敬的精神可以承擔這些沉重的負擔：這些艱難與最艱難的重擔，正是它的強韌所期求的。
>
> 什麼是艱難的呢？能承擔重荷的精神如此問道，像一頭想承負重載的駱駝般地跪下。……
>
> 這一切最艱難的都是由堅忍的精神承擔載起來，像負重奔向沙漠的駱駝，精神也奔往它的荒漠。
>
> 在寂寞的荒漠中，發生第二個變像：在這裏，精神變成獅子，他攫取自由，使自己成為荒漠之主。他尋找他最後的主人，他要與這最後的主人以及最後之神決鬥，與巨龍決戰以奪取根本的勝利。
>
> 誰是那精神不願稱為主人與神的巨龍呢？「你應該」是它的名字。但獅子的精神說：「我要。」
>
> 「你應該」擋在途中，像頭全身披掛鱗甲的野獸，金光閃閃，每塊鱗片上閃著「你應該」的金光。
>
> 數千年的價值閃耀在這些鱗片上，於是群龍中最權威者如此說道：「萬物的一切價值閃耀在我身上，一切價值都已創造，而我就是這一切已創造的價值。誠然，不應再有『我要』。」這龍如此說。
>
> 我的兄弟們，為何精神中需要獅子呢？那謙讓誠敬而載

重的動物有何不足呢？

創造新的價值－即使獅子也做不到；但是為了創新而取
得自由－這是獅子能力所及的。

創造自由與向義務表示一個神聖的否定－為此，兄弟
們，則需要獅子。……

然而，兄弟們，什麼又是嬰兒所能而獅子所辦不到的呢？
為什麼具掠奪性的獅子又必須化作嬰孩呢？

孩童天真善忘，是一個新的開始，一種游戰，一個自轉
的輪，一個最初的運動，一個神聖的肯定。兄弟們，對
創造游戰而言，必須有這麼一個神聖的肯定：精神有了
它自己的意志，從前他曾迷失於世，如今要贏回他自己
的世界。

我已經告訴你們精神的三個變像：如何由精神變為駱
駝，再由駱駝變成獅子，最後由獅子化作嬰兒[21]。（《查
拉圖斯特拉如是說》48-9）

　　尼采精神三變的根本內容所探討的乃是人類精神上的創
意進境，也就是要保持真正的原創精神，便必須體驗精神上的
不斷轉化，境界上層層的變幻，不但需要駱駝般的精神，當下
承受，無論是在生命的條件安排下或者是文化上的傳承亦或是
道義上的責任，人們都應該勇於當下承擔，他所強調的是刻苦
耐勞、認真負責、忍辱負重的精神。但這種生命的絕對的承受，
雖然可以視為鞏固社會結構、綿延道統文化、臻定人倫價值的
力量，但如果一味地固守在這種理念中，則生命將形如一灘死
水，創意全無，生機宕然，所以尼采的創意美學境界中必須加

---

21 尼采，《查拉圖斯特拉如是說》，余鴻榮譯，臺北：志文，2001，頁 48-9

入獅子的精神，人們在承受責任之餘，理當如獅子一般勇猛精
進，不侷限於既有的想法理念或成就，而能在思想、行為、價
值理念上，更創新意，爭取自由，也便是從過去的駱駝精神「你
應」轉變成獅子精神「我要」。這裡很明顯地可以看出尼采創
意美學中精神三變裡蘊含著結構與解構的精神。然而，尼采並
不認為精神上的創新與自由便能成為精神轉化的極致，他認為
在無限創意的前提下，人們不可自陷於掠奪狂取或慾望實現的
獅子精神，而必須在生命的洪流中懂得原始返終，再度接受生
命境界的轉化，一變而成為純真善良、天真無邪的嬰孩，這種
精神的轉化比較接近中國反璞歸真的道家精神。英國詩人威
廉・布萊克（William Blake）在他的詩中，也展現了類似的生
命靈象，在他的 "天真之歌"、"經驗之歌"及 "天堂與地獄的
結合" 這三部詩集中，他提出人們在精神修養上，當經歷天
真、經驗及反璞歸真的精神三變的轉化層次。當然，尼采此處
精神三變的境界，自然亦可會通中國禪宗「見山不是山，見水
不是水」、「見山是山，見水是水」、「見山不是山，見水不是
水」的三大精神轉換境界。

（六）超越論

　　從超越論的角度而言，易經六爻爻辭：「龍戰於野，其血
玄黃。」似乎點出尼采超人創意美學的最高精神理念，那便是
真正超人有兩種特質。第一、便是具有不斷超越自己的創造意
志力。第二、乃是最善於統合生命經驗中的矛盾者。換言之，
一個真正的超人，絕不屈服於命運，他必定會穿透奮鬥、變化、
目的、衝突，也必定能夠跨越崎嶇的道路，此外，無論他創造
了什麼，無論他有多麼熱愛它，他也勢必會很快與他的所愛對

立，因為這才是超人的意志哲學。

> 生命曾親口向我說出這個秘密。「注意，」它說，「我就
> 是那個不斷超越自己的東西」不錯，你們稱此為創造的
> 意志，或者是追求目標，與更高、更遠、更複雜之一切
> 的動機。總之，這些都是同一件事、同一個秘密。我寧
> 死也不願放棄這唯一的東西……[22]（查 160）

其次，一個真正的超人便是懂得如何在理性與感性、道德
與欲望的衝突之下，調適自己成為完整自我生命的人，如此才
可以擔當一切重責大任。換言之，為了要成就天才的才華，他
便必須擁有超越一般普通人的才能，尤其是要具備 "對立的、
不自相毀滅、不自相破壞的才能。才能的等級制；距離感；保
持距離而又不樹敵的藝術；絕不含糊其詞，絕不調和，這些才
能無比龐雜，多種多樣。[23]"（看 44）他這種超越常人的才能，
當然也表現在他對道德的論述上，其實他並非否定道德，而乃
是透過對道德的解放，從新建構出一種「現象的統一性」：

> 道德很 "不道德"，正如世間的任何其他事物一樣；道德
> 性本身就是某種形式的非道德。
>
> 這種見解帶來了偉大的解放。對立遠離了事物，一切現
> 象的統一性得救了──[24]（權 242）

此外，此種現象統一的超越精神，就其內涵而言，乃是一
種向「自然性」的進步，人們惟有放棄對立的概念，衝突的精

---

22 尼采，《查拉圖斯特拉如是說》，余鴻榮譯，臺北：志文，2001，頁 160
23 尼采，《看那個人－尼采自述》，張念東、凌素心譯，北京：中央編譯，
   2000，頁 44
24 尼采，《權力意志 ── 重估一切價值的嘗試》，張念東、凌素心譯，北京：
   商務印書館，1998，頁 242

神，才能得到此種超越的統合存在。

> 人們要發展自身慾望的勇氣歸還於人──
>
> 人們要打消妄自菲薄（不是當成個體的人的欲望，而是作為自然的人的欲望……──
>
> 既然人們認識到對立是我們放進去的，人們就會從其中抽出對立──
>
> 人們要從存在中全部別除社會特質（過失、懲罰、正義、正直、自由、愛等等）──
>
> 向"自然性"的進步……[25]（權　247）

　　尼采此處所謂向"自然性的進步"乃是呼籲人們必須擺脫既有的意識型態或社會的大話，從存在中攝取當下的自由，而脫離一切虛假價值觀的金箍咒就是他的創意美學，擺脫一切人為道德批判及相對存在的超越精神的卓越處。換言之，尼采這種超越的創意論，在本質上比較像是東方哲學家像老莊或孔子對於自然現象觀察後，從其中體驗出宇宙不變的規律和原則。當然，從西方哲學的角度而言，也就是比較接近存在主義的現象學描述，可從卡謬為什麼對尼采會有以下的評述看出：

> 照尼采的想法，肯定塵世與迪奧尼索斯，便是肯定自己的痛苦。接受一切，把最高的矛盾和苦惱都接受下來，便是支配了一切。尼采承認對這個王國必須付出犧牲。「嚴肅而虐苦」唯有塵世才是真實的。只有它具有神性。為欲探究塵世內部所有的真理，與跑上厄特納火山上去的恩辟多克里斯一般，尼采冒了極大的險，潛入宇宙的

---

25 尼采，《權力意志 ── 重估一切價值的嘗試》，張念東、凌素心譯，北京：商務印書館，1998，頁 247

內部，發現了永遠的神性而勸告世人自己來做迪奧尼索斯[26]。（上 196）

　　"把最高的矛盾和苦惱都接受下來，便是支配了一切"這段話實質地表現了尼采超人哲學最高度的思想，其實便建構在穿透世間一切對立的表象，善與惡、美與醜、成功與失敗、神聖與猥褻、救贖與沉淪，也就是尼采心中那種純善，遠離懷疑與仇恨的超人，便是一位不著相、來去自如、故而能超脫一般世人貪、嗔、癡的纏縛，跳脫個人愛恨的境界，不但在失意中能奮起直追，即使在得意中也不至於忘形於逸樂，而會不自陷於自我的境界與成就，再造生命的高潮。然而，尼采筆下超人的真正特質更在於矛盾統一或統一矛盾這種絕對超越、自由、奔放的創意性功夫修養與境界追求。

三、結　論

　　本論文透過易經坤卦六爻的結構解析尼采超人創意美學中功夫修養論、宇宙論、本體論、目的論、境界論及超越論等六大面向。從功夫修養論中釐清尼采作品中所展現的「履霜，堅冰至」先知式詩性的語言特質，體現希臘世界中酒神戴奧尼索斯的精神，打破西方主客分離的哲學進路，而達到渾然天成、物我合一的精神修養。宇宙論則闡釋「不習，无不利」的強調自然生命的大地精神。肯定當下的生命存在，去除心中由意識所製造出來的衝突性概念，直接承擔現實生命或現象界的一切存在。本體論闡揚「含章可貞。或從王事，无成，有終。」的

---

26 尼采，《上帝之死：反基督》，劉崎譯，臺北：志文，1968，頁 196

多元世界觀，個體生命宜各自在其上人、中人、下人等三種不同的世界中，人盡其才，各盡其宜，在多元層級的管制下而達到最完美的世界。目的論闡揚「括囊，無咎，無譽。」之超人不斷生生、變化超越與該要保持的精神原則，如此方能保持不斷精進與上昇，使得自我免於陷入絕對化、權威化的誘惑及腐敗。境界論闡揚「黃裳，元吉。」的超人在境界上的三層轉化，亦即：駱駝、獅子、嬰孩的三層進境之美學實踐。超越論則闡揚超人「龍戰於野，其血玄黃。」的超越一切內在生命衝突的矛盾統合能力。

從以上論述可知，尼采之所以成為十九世紀西方哲學的異數，可謂其來有自。一、他所使用充滿先知之睿智的詩性語言，渾然一體的直觀，把握真理的模式，遠遠地脫離了西方慣常哲學家們所使用的理性思維及邏輯辯述。二、他將生命的關懷落實到人間的現實，而並非耽溺在遙不可及的知識探索，這跟西方一向注重知識論開發的路線也不太符合。三、他那種物我合一的觀物方式，與傳統西方哲學以我觀物的思維方式迥然不同。四、他那種解決內心衝突的二元統合的美學修養，與傳統西方論述中的二元對立概念顯然迥異。五、他那種強調生生不息的有機生命觀，與西方哲學論述中的機械模式生命觀顯然不同。六、他的「永恆輪迴」概念強調現世之幸福永在、活在當下的概念與西方世界強調來生之救贖理念顯然背道而馳。

尼采筆下的超人，很容易被誤認為是一位超越一切權力，打破世間所有善惡觀念，顛覆一切人間成規而接近於神的存在。換言之，許多人，尤其是西方世界傳統下的學者，易於誤解尼采提出超人的理念，乃意圖透過超人來取代西方世界最高

的主宰，也就是全知全能的神。其實，尼采之所以提出超人的概念，其本意並非想從事個人的造神運動，他筆下的超人，毋寧是一位在人格理念與功夫修養上已臻於「真、善、美」全然具足的「聖人」。他這種超人型的聖人，立足在滔滔的人世，承上接續前人的歷史道統，下化熙熙攘攘的各式眾生，面對一切生命的苦難與挑戰，睿智的轉化內外的衝突，不執著於自我的觀點與成就，積極地擁抱充滿荊棘的人生，樂觀地體驗生命大書中的每個片段，揮灑生命的熱情，無止盡地開創充滿生機的命運。如此，懷抱著真、善、美、聖的完人，在境界上顯然比較接近東方哲學中儒家的聖人、道家的至人神人，或佛家的轉輪聖王的概念。

　　尼采對於後世，尤其是二十世紀的解構思想家，應該發揮了無與倫比的影響力。譬如：法國的思想家傅柯（Foucault）便以尼采式顛覆性的思維，抨擊並揭發了代表西方世界理性思維的產物，如：學校、監獄、醫院、修道院等看似維繫人間社會的安危、正義與規範的機制，其實在這些訓規與懲罰的背後所隱藏的人類權勢操弄的力量。法國的哲學家德希達（Derrida）則反批西方長久以來霸占文化場域的「語音中心主義」（logocentrism），他更表達了其內心對於中國漢字那種超越西方語音中心主義的圖像特質的景仰與嚮往。另外，法國的文化評論家克里斯提娃（Kristeva）則特別撰述《中國婦女》一書，表達她心目中對於中華「元文化」以女性為主體，超越西方性別偏見的卓越觀念。

　　本書透過大易哲學坤卦六爻的內涵意分析，創意性地旁通、闡發尼采的超人創意美學。雖然從功夫修養論、宇宙論、

本體論到目的論、境界論及超越論之間似乎並不存在易經六爻的上下或前後層級的實質意涵，但卻也能夠明白地彰顯尼采超人哲學的根本特質，解決長久以來人們對尼采超人觀念的誤讀與迷失。更重要的是，透過尼采超人論述中的思維方法分析，本論文點出尼采長久以來不為西方哲學界所輕易理解與接受的主要原因乃在於他的創意思考，本質上可謂是現代西方思想向東方轉向的先驅，其後之當代解構主義大師如傅柯、德希達及克里斯提娃等接踵而起，延續西方知識份子向其元文化中哲學主流本質主義的悖逆及創新。嘲諷的是，表面上同樣是充滿叛逆解構的思想家，尼采的超人哲學所要宣告的乃是「主體生生」－充滿生命意志與積極創意的理念，而到了晚近那些解構主義思想家手中，卻諷喻地淪為「主體的消亡」－充滿生命虛無與消極無奈的世紀末跫音。

貳、解構羅蘭巴特的神話學

一、序　言

　　羅蘭巴特可說是當代法國最具影響力的思想大師，他的創作內涵不僅包括符號學、解釋學、結構主義，甚至亦包含解構主義的思想，他擁有一般作家所沒有的想象力，他的智慧超人，尤其他對於宇宙萬象的類化能力更是前所未有。再者，他更擁有科學性，追求精確的精神，他對於語言符號與名相範疇，天生就具有超越常人的嗅覺，他甚至能將亙古以來的神話意義與日常生活的一切活動，譬如摔角、演員、作家、遊航、批評、肥皂粉、清潔劑、婚姻、玩具、葡萄酒、牛奶、廣告、照片、指南、脫衣舞、占星術、聲樂藝術、茶花女、知識份子，全然的結合在一起，而從知識的建構論中賦予他們神話學的意義，將古代與現代完全的揉合在一起，他甚至可以透過神話的建構義，重新解構流行體系而展演出前所未有的流行符號學。他在文化思想上的傑出貢獻，可說與傅柯和李維史陀並駕齊驅，他的成就斐然、前所未有，他的思想影響整個法國學界，足足達半世紀之久。

　　探討羅蘭巴特的思想不得不回到語言的理論上。從語言學的角度而言，語言本身具有三層意義，也就是 1. 約定俗成義（arbitrary）2. 相關義（relational）3. 建構義（constitutional）。所謂約定俗成義正如我們對大自然中的元素，地、水、火、風的稱呼，便是來自沿襲前人制定的意義。而所謂相關義指的是語言在意義類別上與其他意義所發生的對比關係，譬如水與火、黑暗與光明、自然與文明、個人與團體所形成的對比交織網路。至於建構義則是指任何語言符號都可經由使用者透過目的論的闡釋而賦予他所冀望的特殊意義。再者，語言除了具備以上三種意義之外，他還具有兩種不同的指涉向度，換言之，從縱線的角度來看，任何語言都具涵其歷時性（diachronic），也就是語言本身天生便具有歷史傳承意義上的重要性；反之，從橫線的角度而言，任何語言更具有共時性（synchronicity），也就是具有他存在的時代或語境裏所具有的重要性。質言之，羅蘭巴特的泰半思想便是在以上所述的語言符號意義下所建構而成，他的文思敏銳，縱橫古今；他的才華洋溢，穿梭世上一切不同的品物，也因此，他超越群倫地建構起絕無僅有的充滿他個人色彩的解構神話學。

　　本書擬透過易經榮格類型學檢視羅蘭巴特《神話學》中創作的最完整，也最具有代表性的作品〈摔角世界〉：首先，解讀羅蘭巴特在〈摔角世界〉文中所應用的詮釋方法論；其次，透過易經坤卦的多重卦義網絡，對比羅氏在本文中所提出的摔角的十八種意義面向；更檢驗此種面向在語言符號詮釋方法上的

謬誤及不合理性，如此透過易經榮格類型學，不僅可以爲這位
法國文化的巨擘定位其在知識領域上的突破方法論，更可透過
比較文化的概念爲中西文化找到適當的對話空間與省思管道。

二、本　文

（一）流行爲何能成爲神話

　　要瞭解羅蘭巴特的神話解構學，無可諱言地必須從他的神
話概念起手研究，其實在他的《神話學》第二部中，羅氏本人
便現身說法，爲大家揭露他所謂的神話其實具有七種意涵：1.
神話是一種言談（discourse）2. 神話是一種傳播體系 3. 神話
是一種訊息 4. 神話是一種形式 5. 神話是一種天啓
（revelation）6. 神話是一種歷史 7. 神話是一種意符
（signifier）。因此從他的體系來看，所謂的神話所指涉的應該
是形式與概念之間的關係[1]，換言之，如果人們將世界上一切萬
物當成是一種符碼，那麼這個符碼他所代表的概念從羅氏的理
論而言，往往不僅具有單一的指涉意義，如此看來羅氏的神話
建構，本質上已然超越了結構主義的範疇，因爲早期的結構主
義大師認爲任何的意符便會擁有與他完全相吻合的意指，也就
是早期的結構主義思想家認爲意符與符碼之間所存在的乃是一
對一的對應關係；而後期的解構主義大師，甚至解構主義的思
想家們卻不這樣認爲，在他們的心目中，一個意符可以同時擁

1 羅蘭巴特，《神話學》，許薔薔、許綺玲譯，臺北：桂冠，2002，pp169-177。

有多重意指與它相應，也就是從後結構與解構的思想來看意符與意指之間，則毋寧存在著一對多的對應關係，羅氏的神話學恰恰便建構在解構思維上，一種符碼具涵多重意指同時並現的符號關係論。

（二）羅蘭巴特神話學的本質

從本質主義的角度而言，羅蘭巴特的神話學在其論述過程中，羅氏極力想點出一切事物在自然意義與意識形態上的逆差[2]（結構與符號 P125），也就是他意圖尋找並且揭露扭曲的意識形態，攻擊那一種把文化說成自然，把後天性說成先天性的企圖。此外，巴特認為「重覆可以產生意義」[3]（P126），所以從神話學的寫作技巧看來，巴特似乎不斷的透過符號的捕捉與詮釋，重復疊盪地創造出多重的內在意涵，這也是他在論述「字源學」時說到，「他所喜歡的」並非字起源或原來本意，而是字源學所允許的「疊影效果」[4]（羅蘭巴特論羅蘭巴特 P104），其實，這裏他所謂的疊影效果，便是接近拓譜學（typology），也就是類型學的寫作。

這也是爲何當代解構大師艾柯（U.Eco）和佩齊尼（Pezzini）在談到《神話學》時，會說他那種寫作從本質上來看，有其特

---

2 路易士卡爾書，《解構與符號》——羅蘭・巴特撰・李錦山譯，北京：北大，1997，p.125

3 路易士卡爾書，《解構與符號》——羅蘭・巴特撰・李錦山譯，北京：北大，1997，p.126

4 《羅蘭巴特論羅蘭巴特》，羅蘭巴特撰，劉森堯譯，台北：桂冠，2002，p.104

殊而神秘的寫作風格「表面上看似乎凌亂，但實際上受到一種
出色而系統的本能的支配。」[5]（結構與符號　P126）此處，這
兩位解構思想家所意識到的巴特的寫作特點，他們所提到的所
謂「一種出色而系統的本能的支配」，不自覺的會令人聯想到榮
格心理學中所提出的理論：作家創作時，往往受到本身集體潛
意識的影響，他所書寫的正是集體潛意識這股強大而又超乎自
我控制的生命之流之展現，而欲瞭解或捕捉如此的人類集體潛
意識便必須透過易經符號詮釋學對人類集體意象的把握理論，
方可以清楚而具體地掌握作家如何地觸動人類共同的心弦[6]。

（三）巴特神話學的內容簡述

　　傅柯以他的知識考古學成名，而羅蘭巴特在神話學中所成
就的也毋寧是另一種知識考古學[7]，只是後者的論述模式比較接
近知識類型學。他最典型的代表作「摔角世界」便是最好的例
子。從方法論的角度而言，貫穿全篇，羅氏在知識建構論上，
為摔角這種民間的比賽運動，重新下了十八重定位的意義，也
就是羅氏為摔角建構了十八種不同角度中所能思維到的不同的
意涵與聯想，他分別從＜1＞「縱欲」的角度來思考摔角在本質
上屬於力量的極度使用，並且人們一旦從事無止盡的角力比

5　路易士卡爾書，《解構與符號》－羅蘭‧巴特撰　李錦山譯，北京：北大，
　　1997，p.126.

6　質言之，作家創作時所掌握的應是人類經驗所共有的生命原型；依榮格的
　　理論而言，原型並非源自個人經驗，而是人類共通性的存在。榮格學派的
　　學者認為這樣的共通性，出自人類大腦的內在結構，或某種新柏拉圖主義，
　　意味下之「世界靈」（world soul）。請參閱：艾倫伯格，《發現無意識》，廖
　　定烈、楊逸鴻譯，台北：遠流，2004，p.323.

7　請參閱朱立元，《當代西方文藝理論》，上海：華東師大，pp334-337.

賽，便容易墜入一發不可收拾的局面；他更從＜2＞「誇張」的角度，提出摔角的運動爲了達到吸引觀眾的焦點，故往往誇大其搏鬥所會帶來的肉體苦痛，而變成一部「痛苦集」的演出。

　　他更聯想到，這種摔角的活動如回溯到古代，則自然讓人聯想到＜3＞「古代競技」場那般的宏偉與爭鬥的場面；而回到現今的演出環境，他更又聯想到這般的表演更應該在室外推出，也就是摔角世界本應是屬於＜4＞「表演場地」；爲了達到比賽激情的演出，他於是認定演出的場所應該擁有非常明亮的＜5＞「燈光打照」；至於在界定摔角的運動屬性上，由於執著在肉體的爭鬥的概念上，於是他認爲摔角的運動本質屬於＜6＞「陽剛」的行爲；至於，對於摔角這樣的表演，由於必須突顯肢體搏鬥上所帶來的苦痛，引此他認爲這樣的運動本質上應屬於＜7＞「痛苦的表演」；再者，從表演的性質而言，他則認爲摔角的重點不在勝敗，而在＜8＞「表現的姿態」；再者，摔角的運動有別於任何運動，因爲其中的選手往往會著於＜9＞「特殊的服裝」來爲自己的英勇與實力表態，更展現其欲爲人知的「個人欲望」；更有別于其餘運動並不在乎面部的表情，摔角在競技場上返到最重視的是＜10＞「好惡情緒清楚」；由於強調掏空自己的精神狀態，而此種情況通常是非常個人的，所以他認爲這種摔角形式的極致內容應屬於燦爛的＜11＞「古典藝術真正原則」；他更認爲摔角乃是應用悲劇面具所具有的誇大形式，來呈現人家的苦難，也就是說，摔角所要展示給觀眾的不外乎是＜12＞「苦難、挫敗與正義」的偉大景象。

　　至於另一種更偉大的圖像，他認爲便是＜13＞「擱拍胸膛」，他說這種拍撞前臂，用力握拳敲打對手胸膛的動作，會產

生沈悶的聲響和被擊垮者身體鬆軟的誇張反應，而導致明顯的災難景象；他更認爲此種摔角運動其背後所展現的乃是一種＜14＞「公平、正義、道德美學」，因爲觀衆會不齒當場逃跑的懦夫選手，躲在繩子後尋求庇護，不公平的宣稱自己已有也全力無恥地模仿，而當他遭受毫不寬容的追趕與掌控時，群衆便會很開心的看見規則因爲應有的懲罰而被打破，這便是摔角場上所應具備的正義概念；所以從本質上而言，如此的摔角比賽其實創意來自＜15＞「狂亂與暴虐的延展」，也就是往往以瞎鬧收場，是一種未經束縛的興奮，規則、法則、裁判、限制都被廢除，充斥在此種氣氛中，往往會讓混亂的摔角手、裁判及觀衆全部都集體發狂；這樣的遊戲規則，往往令人聯想到＜16＞「華麗概念的規矩之重建與破壞」；他認爲這種神話的儀式可說除了絕對，沒有別的、沒有象徵、沒有指涉，每件事都淋漓盡致的展演出來，直接赤裸裸的向公衆儀式性地呈現存而完整的意涵，完美自主正宛若＜17＞「大自然的呈現」一般；最後，他更認爲摔角的運動屬於非常表演性、喜劇性的演出，因此，在領域上＜18＞「擁有蛻變的力量」。[8]

（四）巴特神話學中摔角世界的十八種論述與易經坤卦的比較可能性

　　正如同米蘭・昆德拉在他的《小說的藝術》中所說，他在小說人物的刻畫藝術上往往緣起於一個抽象的概念，譬如溫柔或暈眩、自由、背叛、逃亡等等，這種創作技巧顯然建構在概

---

8 以上有關摔角世界的內容分析，均源自羅蘭·巴特，《神話學》，許薔薔、許綺玲譯，臺北：桂冠，2002，pp169-177.

念的類化學上[9]。巴特在《神話學》的「摔角世界」中，所沿用的方法正是緣起於一個抽象的意符，然後透過這個意符的不斷延伸與疊盪，而激化出各種不同面象的詮釋論述來。

　　巴特符號詮釋學的特質，很容易令人聯想到易經與榮格原型思想中的類化概念。譬如從易經詮釋學角度來看，乾卦從它的卦德而言，它象徵的是天、頭、首領、剛建、金屬、老父、西北、董事長、負責人、機器、老人、長者、貴人、圓的東西、白色、辛辣味、君子、武人、貴重物、冠、馬…等。[10]而從榮格心理學的角度而言，大自然中的水，它也可以有多種繁複的意涵：因爲水象徵死亡、再生、冥界、羊水、淫蕩、情感、漂泊、流動、夜晚……等多重意涵。[11]

　　至於巴特的摔角世界論述，可以透過以易經坤卦的原型思維來加以解構，其原因在於基本上在競技場中，摔角比賽選手與選手之間的較量，大體上比較的是兩個人間的角力強弱，也就是任何人只要能保持住下盤的穩定度，只要能緊密的守住自身與大地的貼近關係，穩住了下盤的全部重心，便幾乎在全面的角逐爭鬥中，不至於墜入落敗的命運。因此，從這個角度來看，與易經坤卦的原型來解構巴特的「摔角世界」所提出的十

9　米蘭˙昆德拉，《小說的藝術》，尉遲秀譯，台北：皇冠，2004.

10　請參閱：謝大荒，《易經語解》，台北：大中國，2003，p.73.說卦傳第十一章開宗明義便說：「乾為天，為圜，為君，為父，為玉，為金，為寒，為冰，為大赤，為良馬，為老馬，為瘠馬，為駁馬，為木果。」這樣的易經類化概念，對於萬事萬物的描述與把握，其實也正是羅蘭˙巴特在神話學中所欲建構的知識類化學的論述。

11　請參閱 Guerin, "A Handbook of Critical Approaches to Literature", New York：Oxford University Press,1992, p.161.

八種論述，自然有他先天具足的理由了。[12]

　　由於易經的類型學乃源自于易經思想與榮格原型，兩種思維體系的轉向與融合[13]，因此，此種類型學的應用可以拿來詮釋作家在創作思想上，捕捉其創作靈感的動向曲線。緣此，它不但可精確的解碼作家創作心靈的內在奧秘，甚至有必要時，亦可用來訂正或彌補作家在寫作上所發生的思維斷裂或意義謬誤。

（五）巴特神話學中摔角世界的十八種論述與易經坤卦的比較

　　從以上十八種摔角世界的論述，吾人可解析出羅蘭巴特在運用名相，也就是名物與象徵的技巧上，具有高度的精確性，大抵而言，均能把握住知識類化學上的準確性，譬如十八種論述中，（1）、（2）、（7）、（8）、（9）、（10）、（12）、（13）、（14）、（15）、（16）、（17）、（18）項論述，均屬精確無誤。然而，在這當中，卻也有五項論述在名象的把握中，有失準確，甚至犯了較大的謬誤，這五項論述便是（3）、（4）、（5）、（6）、（11）項論述。茲詳述如下：

1. 精確的論述

（1）縱　欲

　　巴特對於摔角世界乃屬傾力演出的縱欲論述，其內在想象

12　當然，本論文的前提假設除了得自邏輯上的推論之外，更須透過全篇的論證之後，方可以得到精確性的證明

13　這便是本人所獨創之易經類型詮釋學的特色：從本質主義的角度而言，此種詮釋學乃綜合了西方的榮格心理學與東方的易經符號學思想而成。

邏輯是可以接通的。這個道理首先可以從坤卦的大自然啓示得
到理解。因爲摔角是角力比賽，而角力比賽的重點正如上述，
強調的乃是坤卦之大地的概念，由於大地之自然老母親，無所
不生也無所不長，這不正是縱欲的象徵嗎？再者，從易經天、
地、人的角度來看，大地與地下之水在廣義的三才類別上，又
可相通；而水容易令人聯想到道教中的地母娘娘。地母娘娘在
宇宙渾沌時，孵育了這顆地球之蛋，而當綿延的水流出時，也
正是萬物誕生的時刻。況且，在希臘神話中，象徵人類愛欲情
懷的正是美神維納斯，她不恰恰誕生於漫天愛液的泡沫中嗎？

（2）誇　張

　　有關巴特所謂摔角因重視表演效果，所以乃屬誇張的論
述，在此處神話學的演繹中，也具有其高度的正確性。這個理
由必須從易經太極乾坤的類化談起。吾人皆知，兩儀中乾卦代
表的是氣，而坤卦則代表具象的形體。坤卦所代表的女人，本
質上對於形體的彰顯，先天就具有較高的天份，也就是說，女
人天生便具有比男人更加誇張的美好曲線，更具有先天的愉悅
人的特質；再者，女人先天便善於捕捉內在的情感，她們細膩
的情愫往往更懂得將她們心理的喜、怒、哀、樂，用更加戲劇
的方式，也就是如修辭學上「誇大其詞」的方式將它表達出
來。所以此處以誇大的特質來探索描述摔角這種特殊的運動，
自然有它在隱喻學上高度的精確性。

（7）痛苦的表演

　　巴特有關摔角世界乃屬痛苦表演的論述，認爲選手們刻意
誇張戰鬥時的掙扎痛苦；從神話的類化角度而言，具有高度的

合理性。因爲坤卦所象徵的乃是一種死亡的欲望，正如佛洛依德心理學所言，人類先天便受到兩種趨力的影響：一種是生的本能；另外一種則爲死亡的本能。許多人在無意識之中，都會去追求滿足死亡本能的衝動，譬如從事登高山、涉深水或高空彈跳等冒險的行徑，甚至於男女在從事親密行爲時，不僅在女方方面，會極度的誇大表態，有些男女甚至於會冒著生命的危險，去實驗如窒息式的親密行爲，以便達到男女歡樂最高的境界。如此看來，痛苦的表演應是符合此處神話類化學的概念意義。

（8）表現姿態非取勝

巴特認爲摔角時，選手們展現的重點並非關勝敗而乃姿態，這種神話學的名象取義也具有顯然的真確性。因爲在易經坤卦的卦辭裏，對於坤卦的讚頌便是「无成而有終」，換句話說，坤卦的特質便是象徵爲人臣屬或妻妾者，無論其聰明智慧或能力學養有多麼高超的表現，卻都必須將其成就歸功於自己的主上或先生，這便是坤卦六三爻辭所謂「含章可貞。或從王事，无成有終。」的謙虛美德，正宛若女人由於溫柔謙遜，所以往往將其一生，奉獻給自己的伴侶，無怨無悔，卻因此成就了自己的夫君，而達到的相夫教子的美名，這正如同摔角的重點不在勝敗，而在表現姿態上。是以此處神話學的論述取象，可說具有高度的吻合性。

（9）服裝表態

巴特認爲在摔角世界中，選手們透過面具和服飾，以服裝表態做爲神話學論述，在此處有其合理的條件，因爲在摔角的

過程中，選手們將自己打扮成各種不同身份、不同特質的人物，一方面除了可以吸引住觀眾群之外，另一方面，則可以傳達自己所要表現的摔角風格，這跟易經坤卦所內涵的女人的象徵，在特質上有很大的相似處。因爲在兩性中，女人更擅長于透過服飾表態，來呈現自己的內心世界、喜怒哀樂或目前所處的情境。再者，女人更常透過挽髮或特殊的服裝打扮，來呈現她現有的身份。

（10）好惡情緒清楚

巴特以好惡情緒做爲神話學的論述，在此處可說合情合理，因爲在摔角的活動中，選手們爲了製造比賽中的激情與精采，自然會刻意地透過挑釁對方的動作，來製造更大的衝突，引發更激烈的觀眾投入與相互較勁。這點與易經坤卦所代表的大地有雷同的關係，因爲在山河大地上，各種花草鳥獸、鳶飛魚躍在品類的範疇上，自然都存在著極大的區隔與差異。這也和易經坤卦所代表的女人有相應之處，因爲女人天生比男人更容易將自己的情緒自然的抒發出來，當她們痛苦的時候，她們會在大庭廣眾間流淚或哭泣；當她們憤怒不已的時候，她們會忍不住地咆嘯與咒罵；當她們高興的時候，則會手舞足蹈、樂不可支。所以這樣的比喻性寓言，當然具有神話類化學上的準確性。

（12）苦難、挫折與正義的對比

巴特認爲神話學中的摔角世界，無論觀眾參與的是哪一方的選手，在比賽的過程裏，自然便會形成勝方與敗方的激戰與糾葛，對於這樣的衝突兩方世界，從觀眾的角度而言，自然所

看到的，便是苦難挫折與正義之間的對比關係；要嘛便是自己
所支援選手遭逢挫敗，陷入苦難困境；或者便是自己所支援的
人終於正義昭彰，獲取勝利。如此一正一反的對比形式，陰陽
二元對立的比較情緒，正符合易經坤卦所象徵數「二」，也正是
陰陽兩儀、二元對立的世界。所以，這裏苦難、挫折與正義的
對比，可說全然符合易經榮格原型的自然書寫。

（13）攔拍胸膛

　　巴特認爲從神話類型學的角度來看，摔角過程中，選手將
自己的對手扔向周圍的繩索，而透過反彈力，在藉由借力使力
的方式，猛力的用手肘去攔拍對方的胸膛，如此一來，肌肉與
肌肉之間所產生的擊打與張力，便會在空中發出帕啦的聲響，
觸發觀眾的心弦，這種特殊的二元對立的景觀，陰陽交戰的人
際現象，自然讓人心生憐憫與不捨，而聯想到易經坤卦六爻的
爻辭「龍戰於野，其血玄黃」。換言之，易經坤卦六爻所書寫的
景象，正如同摔角競賽裏，選手們相互攔拍胸膛時，所呈現出
來的滄涼地如同日落黃昏、夕陽西沈時，大地覆上一幅靄暮一
般，那般蕭條、淒涼，充滿了生之輓歌、英雄末路的情調，是
以巴特此處的比擬用語完全符合神話學的解構原理。

（14）公平、正義、道德美學

　　巴特在這裏的神話類型比喻，以公平正義道德美學來書寫
摔角世界所欲追求的價值標準，和易經坤卦有密切的關係。易
經坤卦六二爻辭說：「直、方、大，不習無不利」，也就是坤卦
的內在卦德本身便具涵直、方、大，也就是與公平、正義、道
德完全相符合的美德；其原因便在於心直方能公平；行事守規

矩，才能謹守一切合宜的正義，至於有道方能大，也就是悟通道德天理的人，方能成就天地間的大事業。所以，公平、正義、道德做爲摔角的類化論述，可說完全符合神話解構學的原則。

（15）狂亂與暴虐的延展

巴特在這裏以狂亂與暴虐的延展來書寫摔角的世界，具有比擬上的精確性。因爲在摔角當中，爲了吸引住觀衆們的注意力，選手們在表演過程裡，往往特意設計非常暴虐的動作，還有不斷行險的作爲，來引發觀衆們著迷狂亂的情緒，這在神話類型上與易經坤卦有密切的關係。因爲易經坤卦在大易哲學的系統中，其後天卦便是坎卦，而坎卦《象》辭曰：「習坎，重險也。」它的意思是說，所謂“習坎”便包含了險象叢生。可見，在創作的無意識地蠢動中，當巴特解構神話學的摔角世界時，他所思維的，便是集體潛意識中的坎卦所象徵的不斷變化以及險象環生。因此，這裏的神話類型書寫自然具有高度的準確性。

（16）華麗概念的規矩，重建與破壞

巴特應用華麗概念的規矩，重建與破壞來書寫摔角世界，是非常精確而有創意的思維。在摔角的世界中，由於雙方選手在格鬥的過程裡時有勝敗，隨著勝敗的輪替，在觀衆的心目中，自然輪迴在希望與絕望，或者勝算的重建與破壞中。這樣的概念，與易經符號詮釋學中的坤卦有密不可分的關係。因爲從本體論的廣義角度而言，坤卦除了代表陰之外，自然也象徵陰陽兩儀所建構出來的，隨時陽盡陰生，陰盡又陽生的二元對立，而又相互互補的世界，也就是說，在二元對立、互補的世界裏，

陰陽二氣便迴圈在不斷的相互重建與破壞中。從這角度來看，這樣的神話比喻書寫，果然具有集體潛意識思維上的高度精確性。

（17）大自然的呈現

巴特認為摔角的世界，沒有灰色地帶，每一種動作都展出了相互寄生的意義，而且對著公眾儀式性的呈現純粹而完整的涵意。這樣的行為，如完美的大自然一般，這樣的神話學類化論述，不自覺地令人想到易經坤卦所具涵的卦德「直、方、大，不習無不利」，正是與文明對立的原始自然生命。這也令人聯想到路卡契（Lukacs）在他的《小說理論》[14]一書中所說，在荷馬的史詩書寫，是一個充滿了明心見性的世界，始民們的思想在原始文學的作品中，幾乎透明無疑，任何一個行為其背後的意義均昭然若揭，無需任何的反思或質疑，巴特心目中的摔角應該便是展現了如此像大自然一般的行為意義模式。因此，這樣的神話類型書寫，自然是精確無誤的。

（18）擁有蛻變的力量

巴特認為摔角擁有蛻變的力量，因為無論在場上是英雄或惡棍，無論幾分鐘前是個贏家或充滿義憤，時為英雄，旋為狗雄，離開摔角場時，有的是冷漠無名，或拎著小手提箱和妻子會晤。他所展現的是宗教般的神，甚或自願恥辱，他們開啟自然的鑰匙，劃分善惡的知識，甚至揭開最後顯現的正義形式。質言之，這和易經坤卦及其後天同位的坎卦均有密切的關係，

---

14 同上，頁259

坤卦所象徵的女人或母親，不正擁有最高的蛻變力量，正如人們所說「女人善變」或「女子荏弱，爲母則強」，均是這個道理。再者，坎卦所象徵的水的力量，不正是宇宙間最大的變數嗎？足見，巴特這裏已擁有蛻變的力量做爲摔角世界的神話類型演繹，確有其獨到而準確的見地。

2. 屬於論述錯誤的部分

（3）競技場

羅蘭巴特在神話類型學上，探索摔角世界時，回想到古代羅馬競技場，認爲這才是此種競技比賽的發源所在地，這種論述，從潛意識的流動而言，似乎具有相互矛盾或偏差的地方，因爲質言之，古代競技場的建築結構無論緣起於希臘或羅馬，往往均是屬圓形建構，而並非像今日摔角場的方形場構。從易經符號詮釋學的角度而言，圓形屬金；而方形屬土，五行金與土之間，顯然有極大的差別，所以從易經符號詮釋符號學的角度來看，巴特在締造其「摔角世界」的神話想像與論述上，似乎有些微的出錯與謬誤。

（4）表演場地

巴特認爲摔角爲一種室外的表演，但他又說馬戲團或競技場中崇拜的光線並不是天空，而是光線垂澈與穿透的品質，在這段論述理，他緊接下來卻是要去強調摔角的行爲屬於陽剛的品質。但從邏輯推論與事實的角度來看，他的論述顯然出錯，因爲綜觀今日，世界各國的摔角比賽，往往不在室外而是在室內舉行。再說，從易經符號詮釋學的角度而言，與摔角世界相

吻合的坤卦符號所象徵的並非室外，而是室內，這正如人們所說「男主外，女主內」便是這個道理。此處，巴特的比喻謬誤，可說顯而易見。

（5）燈　光

有關燈光的論述方面，巴特認為摔角世界會使用強量的照明來呈現競技場，他說：「即使是隱沒在最破落的巴黎劇場中，光線也會無折扣的照射，感情也會毫無保留的發洩」這樣的論述，顯然錯誤。因為摔角場上，真正的戲肉或精采度，並非燈光明亮；恰恰相反，在摔角比賽過程中，選手們為了讓展演達到高潮起伏的效果，玩弄觀眾心中的正義良知的執著，往往會安排一方選手在隱晦的燈光或為陰暗的角落，偷偷拿出自己身上的石頭或小鋼釘，而不顧比賽的規矩，去狠很的襲擊對手，以便造成巨大的戲劇轉折，及觀眾歇斯底里的猛叫和關切。如此看來，極度的光線應用，顯然不符合這種競技場的需求。再者，從易經符號詮釋學角度而言，與競技場相吻合的神話類型，其所相應的坤卦，便屬於陰暗而不是光明，而其後天卦位的坎卦，正具有盜賊的意思。這點可以看出巴特在神話類型思維的把握上，多少有其不周到的地方。

（6）陽　剛

巴特認為，摔角世界蘊含著的是陽剛之氣、希臘戲劇以及鬥牛般的特質。這裏，他要強調摔角的活動本質上屬於陽剛的行為，這一點似乎與摔角的本質有所出入。因為在其後續的行文中，他緊接著論述，在摔角的活動中，選手們盡其所能的將自己在肉體上的疼痛，毫不隱避的、完完全全表達出來，因此，

整個摔角世界所展演的正是「痛苦世界」。試問：一個陽剛的人，如會在遭遇痛苦時，便不加保留的、毫無英雄氣概的，將內在的痛苦完全表達出來呢？顯然，那種痛苦屬於操弄式的虛假。而且，這與摔角世界所吻合的易經坤卦所象徵的意涵，也有所抵觸，因為坤卦代表的並非陽剛，而乃是陰柔。足見，巴特的神話類型思維，在這點的論述上，難免有錯誤的嫌疑。

（11）古典藝術原則，精神狀態的呈現

巴特認為摔角的世界乃是燦爛的「古典藝術的真正原則」[15]，這樣的論述與事實間顯然有所錯誤。因為就實際而言，古典藝術的規則在於服從、簡潔、規矩，而這些在摔角的活動中，不但往往不存在，而且是被解了構的；因為摔角之所以對觀眾產生極大的魅力，乃是因為在這樣的競賽中，隨時都可以看到逾越規矩、舞弊偷襲、一點都不光明磊落的衝突行徑，隨時都在進行。況且，為了誇大內在痛苦與曲折的劇情，在動作表現上，不但不能像拳擊賽般果斷明確，或一擊便倒地般的立竿見影，所以一點也談不上服從簡潔、規矩的古典藝術原則。這也可以從易經符號詮釋學的觀念來看，坤卦與其說是古典主義的精神，毋寧說是自然主義或浪漫主義。足見此處，巴特在神話類型的演繹上，顯然欠缺反思的功夫。

---

15 請參閱：胡經之，《西方文藝理論名著教程》，北京：北大，2003，pp.180-195.

巴特十八種摔角世界的神話論述與易經坤卦類型論述比較

（表一）正確部分

	巴特論述	坤卦論述
1. 縱欲	傾力演出	子宮、地母娘娘、美神維納斯
2. 誇張	表演效果	女人的喜、怒、哀、樂
7. 痛苦表演	掙扎痛苦	冒險本能、女人性愛表演
8. 表現姿態	非關勝敗	無成有終
9. 服裝表態	面具和服飾	女人擅長打扮
10.好惡清楚	製造衝突對立	鳶飛魚躍、女人情緒
12.苦難、挫折與正義的對比	激戰糾葛	陰陽兩儀、二元對立
13.擱拍胸膛	憐憫與不舍	龍戰於野，其血玄黃
14.公平、正義、道德美學	價值標準	直、方、大，不習無不利
15.狂亂與暴虐的延展	製造著迷狂亂	習坎，重險也、險象叢生
16.華麗概念的規矩	重建與破壞	陰陽相克而相生
17.大自然的呈現	呈現存粹而完整	原始自然生命、原始書寫，如荷馬
18.蛻變的力量	英雄狗雄，身分遞變	女人善變、女子荏弱，為母則強

巴特十八種摔角世界的神話論述與易經坤卦類型論述比較

（表二）錯誤部分

	巴特論述	坤卦論述
3.競技場	源自古羅馬圓形（金）競技場	方形（土）場構、五行金土衝突
4.表演場地	室外的表演	室內舉行、男主外，女主內

5.燈光	光線無折扣的照射	隱晦陰暗、後天卦爲坎爲偷盗
6.陽剛	痛苦直接表達	英雄本不落淚、操弄痛苦
11.古典藝術原則	服從、簡潔、規矩	逾越規矩、舞弊偷襲、不光明磊落

三、結　論

　　從以上論述可知，羅蘭巴特的神話學其本質乃屬於解構主義的一種論述。他意圖透過一層一層的類化去探索一個固定的題材，本質上，他認爲那一切的話題均環繞在「中產階級」這個概念上，但本文更透過易經符號詮釋學的詮釋理論重新建構巴特他的神話學論述的最根源、最原始的意圖想象。其實他這種神話學論述，與其說是去探索圍繞在中產階級的範圍思想，毋寧說巴特試圖剝去一切既定的意識形態或歷史意義桎梏在任何事物的身上之意義，這樣的創作概念，本才是巴特在他的另一鉅著《寫作的零度》[16]，巴特在這本書中強調作家于寫作時應極力的地避免歷史繼承的意義或社會的意識形態所給予人們固有的意義模式，也唯有在這種解構的概念中，巴特才得以全然超越過去一切傳統，而獨創經由他的文化符碼推陳出新、變化萬端的疊盪出他的解構神話的世界。

　　再者，從以上的透過易經坤卦解構巴特神話學中的十八種

---

16 羅蘭‧巴特（R.Barthes），《寫作的零度》，李幼蒸譯，台北：時報文化，1991. 零度寫作反應了文學文本與現實重新建立的一種新型的「抵抗／顛覆」關係。請參閱 陳曉明《表意的焦慮——歷史祛魅與當代文學變革》，北京：中央編譯，2003，pp. 120-122

論述可知，巴特在他的神話學中所建構而出的語言的建構義上的成就，可說不言而喻，這可以從他在〈摔角世界〉中具有十三種相關的論述是純然正確可知。然而，除此之外，巴特的神話論述，卻也有其不殆之處，這可透過十八種論述中具有五種謬誤的論述可得到證明。綜觀全篇，巴特所以在神話解構學上會犯了謬誤論述的毛病，就其根本原因在於西方的解構主義，正如巴特的理論，為了避免結構主義在文本論述時，容易犯了機械化或局限性的毛病，故異想天開地想透過解構的思維方法，創造詮釋學上的多元論述空間，以便達到所謂的曲徑旁通或窮通達變的妙用，這在西方文學理論自五〇年代後，幾乎難逃走入死胡同的噩運的同時，提出這種嶄的方法論，無疑對當時荒漠的理論界有莫大的鼓舞作用，所以他的歷史性貢獻自然無須贅言。

然而，從以上的易經符號詮釋學對其神話解構學的析論可知，巴特在建構其神話解構理論時，由於欠缺一套他在《寫作的零度》一書中，所提出的一種超越歷史性，甚至超越社會意識形態的純粹想象或符碼系統，無法直接掌握到自然萬物的原始生命之內涵義，是以在其論述中，多少難免會陷入謬誤的迷思中。這種現象，應該不止發生在羅蘭巴特，甚至也會發生在其他的解構主義思想家像德希達或哈羅‧布拉姆身上，當然，這自然更突顯了華人的易經符號詮釋學在解構論述的打造上，無與倫比的重要性。

從反思的角度而言，易經符號詮釋學之可奇妙地應用在〈摔角世界〉這篇文章中，是否不過是個巧合呢?也就是這樣的易經符號詮釋學的解構思維，難道也可用在神話學中其他的

文本嗎？有識者如果能夠善用這種易經詮釋學，必能在巴特的神話學理論中找到數之不盡的詮釋洞見。譬如：如果能以易經中的乾卦來解析巴特的〈上流社會遊航〉[17]這篇文章，便自然可以明白爲何文本會環繞在加冕、皇家、幽默、理智、大膽、保羅王、名犬、諾亞方舟、哈巴狗、君臣關係，這一些不同類比的概念上。

　　吾人亦可應用易經兌爲澤卦來重新解構巴特神話學中的〈盲目無知的批評〉[18]，如此便可自然明白爲何文本會環繞在以下的概念上：難以言喻形容、不能開竅、以無知來詆毀他人、作者表達不清、知識等於邪惡、目的虛無與能力極限、甜蜜的言語源流、文化保存與恐怖份子。同理，吾人也可應用易經的澤山咸卦來解構巴特神話學中的〈葡萄酒與牛奶〉[19]的論述，如此，便能自然明白爲何巴特在文本中會從事以下的觀念論述：魔力、圖騰式的飲料、怡情養性、抽搐狀態中的物質、古老的煉金術遺傳、祛除他部分智識主義、春藥、強制性的集體行爲、救贖、犯罪。

　　總之，從易經符號詮釋學的視域，本文透過羅蘭巴特的解構神話學之再解構，逼出西方解構主義思想論述之欠缺一套清晰可用的符號之弊病。[20]這並非意味華人文化之神話類化解構

---

17 請參閱羅蘭・巴特，《神話學》，pp.25-26。
18 請參閱羅蘭・巴特，《神話學》，pp.27-28。
19 請參閱羅蘭・巴特，《神話學》，pp.67-70。
20 請參閱蔣永福，《東西方哲學大辭典》，南昌：江西人民，2000，p.40。巴特從結構語言學的觀點出發，強調符號學分析，忽略文學反應社會現實的一面，重視研究作品本身的結構和層次。他認爲作家的藝術作品是由能指，而非所指組成。他又強調，重要的是「怎樣」，而不是「什麼」。這種理論已經不像現實主義，以研究客觀世界爲主，也不像現象學純在

學便是唯一超越一切的方法論，更確切的說，這至少意味著，在華人向來以遮蔽的方式存在著的方法思維理論，可謂豐富而多姿，但有待華人窮精竭力的去加以論述彰顯、發現與闡揚。尤其在二十一世紀，這華人的世紀來臨之時，我們更當同心協力，承襲歷代先賢的道統，不斷的努力創新，為明日的大中華文化而奮鬥，重新打造一個前所未有的新易經文化詮釋學的大時代！

主義那樣，以研究主觀世界為主，而是著重於主客觀的中介地帶，即所謂符號學地帶。以及參閱 羅蘭・巴特《S/Z》，屠友祥譯，台北：桂冠，2004。質言之，巴特在符號學上有其一定的成就，在 S/Z 一書中便呈現了這種獨特的闡釋技藝。他將小說 "Sarrasine" 巧妙地切割成 561 塊片段〈基本語言閱讀單元〉，分 93 節〈旁逸的閒墨、仔細詮釋解析〉，用 5 種符碼〈情節符碼、闡釋符碼、文化符碼、意蕭符碼、象徵符碼〉，加以歸類評註以便建立他「符號帝國」的文本理論與閱讀理論。只是，他的理論雖然看似龐大，卻似乎落入後天的意義建構，且尚未達到他自己在零度寫作書中所欲闡揚──極其純粹而能擺脫掉任何意識型態的符號意義，而達到像易經類型符號學般，透過符號系統便能把握住宇宙實象之意義的特殊功用。

參、解讀蘇珊‧桑塔格之
《疾病的隱喻》

一、緣　起

　　蘇珊‧桑塔格乃是美國當代最偉大的評論家，她的知識涵蓋廣闊，她的評論縱橫藝術、哲學、文學、道德、音樂、電影等各個層面。她的評論犀利深邃，文字充滿神奇的魅力，廣受文壇及學術界的矚目，並曾獲美國文藝學會文藝獎、國家評論獎、麥克阿瑟獎金等種種殊榮。她的作品多元而豐富，除了評論集《反詮釋》（Against Interpretation）、《論攝影》（On Photography）外，更創作小說如《火山情人》（The Volcano Lover）、《在美國》（In American），此外她還編導無數的電影及舞台劇，如此充滿睿智而又多才多藝，難怪一直以來被人們視為美國當代最偉大的才女。

　　她不僅對社會、國家所發生的一切保持極度的關心，而更加重要的，她認為知識份子作為社會與國家的中堅，正是改造一切、創造一切最有利的動力，因此，知識份子不該保持冷眼旁觀事局的態度，而更應將一己的生命完全投入到社會的改造

中，是以，從知識份子的良知灼見上而言，她與沙特具有相似的文化熱忱與責任實踐，這樣的精神與努力，可以散見在她的《旁觀他人之痛苦》以及《疾病的隱喻》中。尤其是《疾病的隱喻》一書更是撇開了政治的關照與議題，直接切入人類疾病的核心，探索自古以來有關一切肺結核與癌疾病的隱喻之祕密，別開生面將這些疾病與人類的隱喻思惟，甚至於潛藏在兩者間的神祕關係做了徹底地、極富創造性地論述[1]。

　　本論文擬透過易經符號詮釋學的觀點，分析桑塔格所提出之反詮釋的真正內涵，再現其疾病隱喻豐富而多姿的隱喻藝術，窺視其全書中肺結核與癌疾病分類的局限性，反省其理性思維下之泛科學傾向之不足，藉此期望能為其痛苦美學重新整構出一套邏輯清晰、條理分明之疾病類型學，以便完成桑塔格心目中最終極的關切，有效地診斷生命的創傷與痛苦，更積極地提出解決生命痛苦的途徑，建構出一套完整的癌症疾病的診療密碼與方法。

二、本　文

（一）《疾病的隱喻》之優點

　　首先，蘇珊‧桑塔格透過豐富的文學涵養與高超的理性洞見，穿透漫長的疾病歷史，歸納兩種自古以來最駭人的疾病，

1　桑塔格在此書《疾病的隱喻》中，實踐了她所謂反對詮釋的理論。請參閱《疾病的隱喻》台北：智慧田，2000。

亦即肺結核與癌症。透過兩種不同的疾病所引發的隱喻，探討人類對於神祕的疾病世界所產生的聯想，透露在此種隱喻架構的書寫的背後，作者對於痛苦的疾病受害者所抱持的人本主義的關照。此外，作者在描繪疾病隱喻的同時，可謂高度的發揮其超越理性、甚至進入神話般的想像力，在潛意識的運作下，將肺結核與癌症相關的一切隱喻歸納成兩組截然不同的對立概念，如此，呼之欲出的表達了她對人間疾病之終極關懷。

其次，從文化的角度而言，桑塔格在《疾病的隱喻》中所真正要表達的似乎正是她所一再提出、最有名的"反詮釋"的立場，而這種反詮釋的立場，可借用英國大文豪勞倫斯（D. H. Lawrence）的《小說為何重要》（Why the Novel Matters）來加以解說。勞倫斯認為人們閱讀小說的真正目的，並非透過小說的內涵來探討其創造的藝術性，而乃是藉由小說的內容激發讀者內在情感的豐富性，換言之，閱讀小說的真正目的並非著眼於小說創作的藝術性，而乃是如何將小說的內涵透過閱讀而將它內化到自己的生命中。相同地，桑塔格所謂反詮釋的立場，無非是呼籲人們在從事閱讀的當下，該重視的並非透過自己的理性而再現文本的內涵，而是如何將閱讀的經驗活化自己的生命，將作品的精髓化成自己生命的養料，藉此創新並改造自己的生命。總而言之，桑塔格在強調反詮釋立場的同時，重點在於撇開文本與讀者之間的理性介入的障礙，而追求文本與讀者之間互為主體性的相互融入與結合。

再者，桑塔格在《疾病的隱喻》中，意圖解構人們長久以來對於疾病的迷思，她認為許多罹癌的人發現自己被親友排斥，成為家人隔離的目標，彷彿傳染病似的。而與害了神祕邪

惡疾病的人接觸，簡直有若逾越或觸犯了禁忌一般，她更舉斯丹達爾以及凱爾・門寧傑（Carl Menninger）的小說作品說明在過去癌這個名詞是如何地為人們所詬病，並令人們感到無比的畏懼，這便引發她認為解決疾病之道，不是不告訴癌症病患事實，而是矯正對癌的看法，以便解除附在癌身上的迷思。這種去神祕性的思考，在解構疾病的致命性上，可說是具有基本的效用，人們一旦脫離致命疾病所帶來的詛咒性的力量，便往往較容易從疾病的陰影中走出死亡的陰霾，所以在健康的獲取上具有正面的創造性意義。

　　桑塔格最具創意性的論述便是在第二章當中，她將肺結核跟癌症做了非常有系統的比較研究：1. 她認為肺結核屬於看得見的疾病－逐漸消瘦、咳嗽、疲倦、發燒或突然地吐血。而癌症則屬於肉眼看不見的，直到末期症狀才看得見，而且疾病往往在例行檢查中才會被發現，必須透過 X 光及專家檢驗才能定斷。2. 結核病會增強生命力－增加快感、增大胃口、增強性欲；而癌則減低生命力－缺乏食慾、欠缺性欲。3. 肺結核具有騙人的症狀，外表虎虎生風；內在衰弱虛羸、臉泛玫瑰色，其實來自發燒，活力爆發式的死亡前兆，而癌的徵狀則是真實不欺。4. 結核病是分解、發燒、去物質化；它是液體病，身體變成痰、黏液、唾沫、血及氣體病，也是需要更好空氣的病。而癌則是退化，身體組織變成硬物。5. 在結核病中，人被消耗被燃燒，而癌則是病患被異細胞侵入，異細胞繁殖而造成身體功能障礙。癌症病患枯萎或縮小。6. 結核病是時間的病，它加速生命、照亮生命、使生命充滿精神，譬如在英文及法文中，有肺癆「飛跑」的講法，而癌則有階段而無步速，它是終點的，

在緩慢不知不覺中發生作用，因此，乃屬於空間的病，它的比喻指向地心學的「擴散」、「繁殖」或「散佈」。而經由手術才能「切除」。7. 結核病是貧乏的病，單薄的衣服、細瘦的身軀、冰冷的房間、差勁的衛生、不足夠的食物；而癌症則是中產階級病與富足奢華相連的病。8. 結核病可經由環境轉變而得助益，醫生或建議到高乾的地方，如高山、沙漠去旅行；而癌則不能經由環境轉變而得益。9. 結核病被認為不給病患帶來痛苦，提供輕鬆的死；而癌則被認為給病患帶來無限痛苦，提供十分痛苦的死。10. 結核病被認為是有教訓意味的、精緻的病，其造成的死是崇高、平靜的，瀕死的結核病患被描寫為美麗有精神的；而癌造成的死則是卑賤、痛苦的，瀕死於癌的病患則被刻劃成被剝奪了一切自我超越能力、受恐懼和痛苦羞辱。11. 結核病屬於身體上半部的特質，而癌則以攻擊人羞於承認的身體部位，如結腸、膀胱、直腸、胸、子宮頸、前列腺、睪丸，而聲名狼藉。以上 11 種不同的疾病比較論述，可說是桑塔格在此書中最具有理性及創造性的分類探討[2]。

　　緊接著桑塔格更探討疾病神話的存在與消失的祕密，將肺結核與浪漫的痛苦（romantic agony）的文學隱喻結合在一起，認為結核病患具有浪漫人格，使人變得「有趣」，而且更具有「個體化」的特質，她甚至根據四體液論（theory of the four humors）提出結核病是「藝術家的病」的概念，認為他們往往是優越的

2　桑塔格所做的努力符合西方的想像及推理模式，卻欠缺東方直覺穿透的力量。更遑論建構疾病原型的思考，有關原型闡釋請參閱王輕鴻《漢語語境中的原型闡釋》北京：中國社會科學，2005。

人：敏感、富創造力、與人疏離；而結核病的逐漸消失，則造成了當前文學與藝術的衰退，她認為等到適當治療終被發展出，也就是鏈黴素在 1944 年被發現、異煙肼（Isoniazid）在 1952 年被引進，環繞這疾病的神話威力才告消失。

隨後，桑塔格更嘗試尋找引發人類疾病的原因，她認為在古代世界裡，人們常將疾病視為上天的譴責，譬如：伊底帕斯王中，由於底比斯君王伊底帕斯是一位弒父娶母的罪人，所以底比斯才會遭到瘟疫的懲罰，或者，疾病起因於心靈背叛了身體。她提到便是由於這個概念引導賴希建立了他提出癌與癌患者之間人格關聯的理論，譬如：薄伽丘在《十日談》頭幾頁對 1348 年大瘟疫的描述，其目的旨在呈現佛羅倫斯公民言行有多麼敗壞。更有趣的是，她還認為對於較平凡的人物，結核病被視為提供行善的機會，因為正由於災病才使人看透自己終其一生自欺欺人或性格缺陷的機會，譬如黑澤明的電影〈生之欲〉（Ikiru 1952）中的 60 歲公僕在得知自己患了末期胃癌後，便辭去工作，投入貧民區的服務，甚至不惜與他曾經效勞的官僚體系對抗，既然只有一年可活，渡邊要作值得的事，以便救贖他平凡的生命[3]。

桑塔格更探討疾病源起的理論，譬如對希臘人而言，疾病可以是源於個人的錯誤、集體犯禁或祖先犯罪而產生。到達基督教的時代，疾病則被賦予道德化的意涵，疾病變成了與懲罰相關的理念。到了 19 世紀，疾病則成為與性格相關的現象，病

---

3 疾病與歷史或疾病與疾病與道德的論述，也應該是文化主題學上值得開發的議題。請參閱本書實踐篇第伍章〈解讀 SARS：另一種新歷史主義的嘗試〉。

是沈默器官的反叛；病是透過身體說的話，戲劇化精神狀態的
語言，一種自我表達。至於在分類探討方面，結核病可能是亡
命之徒，或不適應社會的人；而癌症病患則被視為人生的失敗
者。譬如：佛洛伊德和維根斯坦，被診斷為受到癌的懲罰，相
對地，濟慈、愛倫坡、契可夫與愛蜜莉・勃朗特等人性命的病，
則被神話為對不適應社會的人之裁決。

　　接著，桑塔格更對癌與痛苦情緒間作出辯證的關係，探討
癌症與情緒苦痛是否有絕對的關係。就威權人士而言，憂鬱的
女人比快活的女人容易得癌；悲傷與焦慮是乳癌的最常見的肇
因，但她反駁道，沒有深信化學療法和免疫療法的腫瘤學人曾
對癌症人格的說法有貢獻[4]。不消說，「沮喪能影響免疫功能」
的假說與「情緒造成病」的觀點是很不相同的，更不要說「某
種情緒能造成某些病」的看法了。她更提出病由精神狀態造成，
能藉意志力治療的理論，無異告訴我們，我們對病的生理層面
有多麼不了解，所以病的心理學理論是要把責任推在病患身
上；病患被教導是他們自己造成生病，也被教導他們活該得病。

　　至於在疾病的幻想上，結核病和癌被用來表達對污染的幻
想，與對強、弱活力的複雜感受，結核病是曖昧的隱喻，既是
災禍也是細緻、優雅的象徵。癌則只被視為災禍，是內在的野
蠻人。桑塔格巧妙地將癌症的治療法用空襲作為隱喻，她說，
癌症的治療具有軍事風味，放射線療法使用空戰隱喻：病患受
放射線「轟擊」，化學療法是使用毒物的化學戰，治療的目的在
於「殺滅」癌細胞。癌是宇宙病、破壞力的象徵、侵入有機體

4　雷玖南博士甚至提出女性罹患乳癌者必源於人際關係的失調或男女關係
　的混亂。

的外力。結核病是自我的病；癌則是他者的病。結核病是呈現浪漫世界觀的病；而癌常被體驗為魔鬼附身，許多受驚的癌症病患想尋找靈療者進行驅魔[5]。

　　此外，在空間領域方面，肺結核被認為透過轉換環境，也就是遠離城市而接近南方山、沙漠、島等較佳氣候的地方，則有助於肺結核的治療，在此，茶花女這部作品即是好的例子。

　　桑塔格結論道，癌的語言會在未來數年內改變，它必須改變，當癌終於被了解，治療率變高，它也隨之改變。譬如化學療法已逐漸取代放射線療法，甚至於另一種有效療法，可能在免疫療法中尋得。她更認為我們對癌的看法，及我們加諸癌的隱喻，是如此承載著美國社會的大欠缺，我們對死的膚淺態度、我們對情感的焦慮、我們對成長問題的無先見之明的態度、我們無能力建構適當管理消費的進步工業社會，我們對日益激烈的歷史過程的恐懼，最後她甚至預言，在癌隱喻所反映出的問題被解決之前，癌隱喻就會被棄之不用[6]。

（二）《疾病的隱喻》之反思

1. 泛科學主義

　　綜觀桑塔格全篇的思維理路，隱約可以看出她的思想屬於典型的美國實用派，甚至於將一切的思惟建構在科學主義的論

---

5 電影"康斯坦丁：驅魔神探"正是探索癌症與靈界關係的具體寫照。

6 桑塔格此處所表現的思想正是典型西方學者崇尚科學主義的類型。這種說法就如同科學主義掛帥的精神分析師會說：「自從胃潰瘍找到治療的醫藥後，就再也沒有人用精神分析去探索胃潰瘍這種疾病了。」這兩種想法顯然都忽略了身、心、靈三位一體的全方位思考才是探索疾病學該有的態度。

點上，那便是為什麼她會提出肺結核的疾病在 1944 年找到解藥後，一切環繞在肺結核相關的疾病隱喻便剎那間灰飛煙滅，從這樣的的理路向下延伸，她更結論到當癌症找到解藥時，則一切環繞在癌症的隱喻，也將消失殆盡。此種論調顯然墜入了西方泛科學主義的窠臼，這一種思想最大的問題便出在疾病的發生其原因並非局限於肉體的成因，如果從當代的理論而言，疾病的發生所關係的乃是個人身、心、靈三個向度的問題。因此，一味地認為只要找到疾病的解藥，則一切相關解決疾病的模式便可全部廢棄，這顯然是極度地單向思考，欠缺全面地宏觀能力。因為，很顯然地，許多疾病的發生跟個人的心理問題有著極密切的關係，許多人便由於心理的不健康而逐步引發了身體的疾病，在這個問題上，如果能找到心理問題的癥結，則疾病便可隨著漸漸消除。比方說，佛洛伊德便曾經在他的著作中舉出：人們有時生病，其實來自於心因性的原因。譬如：有個人很討厭見他的一位朋友，但卻不得不接見這位遠方而來的討厭傢伙，這時候，不知為什麼，在到達見面時間時，突然間，這個人便罹患不知名的頭疼毛病。其實，個人在潛意識下所壓抑的感覺，便自然投射身體的疾病上，以便達到不想見面的目的。

其次，有些人之所以生病，乃起因於德行的欠缺。依照儒家的想法，人體身上的五行分佈與個人的心性相互呼應，譬如：欠缺仁慈心腸的人，他便可能會罹患肝功能的疾病；狠心的人，他的心臟功能便可能出問題；不守信用的人，他的腸胃功能容易生病；不講義氣的人，便容易生肺的疾病；濫情的人，便容易罹患泌尿、生殖系統的疾病。所以，先賢王鳳儀便

透過五行的性理心法，為罹患疾病的人點破並導正其德行的缺失，而神奇地達到治病的效果[7]。

再者，有些人之所以罹患疾病其終究原因則來自於靈界的問題。換言之，一個人可能因為無意間沖犯或得罪了靈界的鬼神，故而引發了身體的疾病，在這種情況下，很可能用盡各種科學醫療的方法，到最後終究還是無法解決掉這種疾病。但是，人們若能夠在這種時候選擇靈療的治療模式，則很可能在機緣適當之下，立刻解除掉那種令人難以了解甚至充滿恐怖的疾病。舉例來說，今天的台灣的本土心理學療域的研究，早就涵蓋了宗教靈療的範疇，他們研究宗教師或道教裡的乩身如何透過神聖的儀式如過火、淨身、持咒或禱祝等行持去治療被附靈的患者身上的疾病[8]。質言之，今天，身、心、靈整合的概念早已是全世界所了解的治療疾病的思想，而桑塔格的論述或許有她時間性上的局限，所以使她陷入西方唯理主義的泛科學沼澤中。

2. 零散的分類法

桑塔格在《疾病的隱喻》一書中，雖然充滿想像力，又具有無限創意的將疾病的隱喻分類成各種有形的、無形的、抽象的、具體的、時間的、空間的、崇高的、卑下的、身體的上半身、身體的下半身、熱情的、壓抑的、激進的、退卻的、放蕩的、閉塞的、文雅的、粗魯的、無理由的、懲罰的、空戰的、

---

7 請參閱：鄭子東《儀聖言行錄》，台中：聖賢雜誌，2005 年。
8 請參考：余安邦 "台灣民間宗教療癒社會網絡的生成與發展：以慈惠堂為例的探討"。發表於「第二屆台灣本土心理治療」學術研討會，國立台灣大學華人本土心理學研究追求卓越計畫暨臺灣心理治療學會共同主辦。花蓮：國立東華大學，2004 年 2 月 6-8 日。

魔鬼附身的等種種不同的書寫，然而，她這些林林總總的論述，充其量亦不過是零散的分類方法，在那當中，桑塔格除了舉証外，並沒有能力可以從中理出頭緒，甚而推論出任何類化的學說，這也是為何她終究無法透過前人們環繞在疾病周遭的隱喻智慧，學習到更廣闊、高超甚至神祕的治療學說。譬如：在癌症的類化中，她提出癌症的類化往往是用空戰的隱喻；癌是他者的病；癌常被體驗為魔鬼附身，許多受驚的癌症病患都想尋找靈療者進行驅魔，像這樣的案例，其實可以從他們彼此間的相關性找出合理而有意義的類化的可能性；可是，由於工具理性，也就是她個人思維方法論上的欠缺，使得她在提出各自不同的隱喻想像後，卻沒有足夠的能力完成更近一步、更具有建設性，可徹底的幫助到癌症病患的治療疾病的方法。譬如：如果從華人的易經五行方法論來看，這些所謂「空戰」、「他者」、「魔鬼附身」、甚至「靈療」等等隱喻書寫，其實完全環繞在五行中「火」的元素，因此，他們並非一群散亂無章、理不出頭緒的、隨意的隱喻；反之，他們完全縈繞在五行「火」的元素中，如此看來，若能善用這種五行的類化學，對於疾病的治療，當然會有前所未有，意想不到的效果了[9]。

（三）癌症疾病類化學的嘗試性建立

如上所述，桑塔格的《疾病的隱喻》一書，在西方的唯理主義與科學主義的視域下，雖成功地刻畫了環繞在疾病周遭的一切隱喻想像，卻未能精確地建構出一套疾病的類化學，本文

---

9 請參閱汪忠長《易與道》，北京：當代世界，2005 年，pp. 70122.

在此擬透過易經符號詮釋學的概念，嘗試透過易經姓名的奧祕，解析並建立一套癌症疾病的類化學問，藉此彰顯中西文化在疾病論述上所顯現的本質上的差異。

　　根據大易哲學的理論「火土焦躁，必生腫瘤」，這種說法正是易經哲學中闡釋癌症疾病罹患之源頭。換句話說，一個人的內在五行中，如果充斥著「火」跟「土」的元素，則往往容易罹患癌症或腫瘤的疾病。如果依照易經中五行自然性的概念來看，我們不難想像，在夏天炎熱的氣溫下，當泥土被太陽光照射的發燙時，我們若將一盆水潑洒在上面，那麼我們便自然會看到沾濕的泥土在大地上形成了到處是圓形的顆粒，這便是腫瘤或癌症的形象思考之緣起。如此說來，便意味著如果個人的八字中五行分佈均集中在火與土的元素，或是轉換成姓名學的理論便是名字中均是「火」或「土」的密碼組合，則此人便屬容易罹患癌症者。

　　至於火與土的密碼，當他出現以下名字中時，則有許多種轉換和變形。譬如：所謂火的密碼，所指的是文字中有「心」、「忄」字旁，如：「思」、「恩」、「慈」、「悲」、「情」、「悔」、「念」、「沁」、「快」、「忠」、「怠」、「怡」、「恣」、「恕」、「惜」、「慧」、「惠」、「蕙」、「想」、「愈」、「感」、「愚」、「意」、「瑟」、「戀」、「懇」、「志」、「誌」、「悠」

　　「日」、「火」、「灬」、「丙」、「丁」、「鳥」、「佳」、字旁或與易經的「離」卦相關的字眼，或數字中的「三」、「四」。譬如：「艷」、「美」、「麗」、「明」、「光」、「昆」、「昂」、「炎」、「易」、「旺」、「星」、「昭」、「昱」、「音」、「映」、「洵」、「珣」、「晃」、「炤」、「晁」、「晉」、「晏」、「宴」、「晟」、「傑」、「庶」、「晨」、

「昮」、「烽」、「烷」、「昆」、「昆」、「皖」、「晤」、「曼」、「鳳」「凰」、「章」、「場」、「堤」、「絢」、「晶」、「增」、「曾」、「晴」、「替」、「筍」、「景」、「混」、「昊」、「皓」、「間」、「普」、「量」、「暄」、「歆」、「詢」、「春」、「暑」、「署」、「琨」、「輝」、「煇」、「煌」、「暉」、「勛」、「薰」、「勛」、「熏」、「暢」、「曉」、「蔓」、「燁」、「熹」、「曦」、「燦」、「熙」、「燧」、「酈」、「仃」、「炳」、「玎」、「柄」、「旭」、「九」、「朱」、「姝」、「昶」、「晨」、「智」、「暄」、「暉」、「飛」、「鵑」、「鶴」、「只」、「鵲」、「鷺」、「鷹」、「鶯」、「鸚」、「應」、「鵠」、「鴻」、「雁」、「鵬」、「雕」、「觀」、

「馬」字旁：「驤」、「駿」、「驥」、「馭」、「騎」、「騏」

「目」字旁：「眠」、「睨」、「眼」、「眷」、「晦」、「眺」、「鼎」、「睦」、「相」

所謂「土」亦包含易經的「艮」與「坤」卦所象徵的「山」或「艮」字型相關的字眼與「扌」字旁，及「戊」、「己」、「辰」、「戌」、「丑」、「未」、「田」、「石」、「寅」字旁，或數字中的「五」、「六」。譬如：「良」、「銀」、「垠」、「浪」、「痕」、「郎」、「岑」、「汕」、「仙」、「訕」、「坡」、「土」、「峻」、「壇」、「地」、「圭」、「桂」、「吐」、「均」、「宅」、「坑」、「堃」、「坂」、「坊」、「坤」、「孝」、「考」、「岳」、「門」、「府」、「佃」、「沺」、「城」、「壘」、「信」、「峽」、「峨」、「畔」、「畝」、「埋」、「崢」、「珪」、「堀」、「基」、「崎」、「眼」、「堅」、「堦」、「崔」、「密」、「副」、「培」、「苗」、「場」、「堤」、「異」、「番」、「堯」、「涯」、「堡」、「嵐」、「蛙」、「窪」、「錡」、「畸」、「塔」、「鈿」、「煙」、「瑞」、「境」、「硯」、「磋」、「碩」、「磊」、「磐」、「堉」

（四）癌症疾病類化學的實証：

　　為了實證本文所提出之癌症疾病類化學理論，在此特別引用由"中國癌症網"[10]所提供之中、港、台三地罹患癌症之名人之案例來作為實證。其名單如下：

◎莊銘耀（肝　癌），前台灣國安會秘書長莊銘耀，肝癌病逝榮總醫院

◎曹又方，台灣一抗癌女作家舉辦生前告別式

◎馬三立，被確診患癌症，告別演出在天津舉行

◎李雪健（鼻咽癌），身患癌症堅持拍戲，心血鋪築《中國軌道》

◎李媛媛，我要重返銀屏：病中自述和癌症的頑強搏鬥

◎劉炳銀（胃　癌），新飛電器集團董事長，患胃癌在廣州病逝

◎馬　華（白血病），著名健美操教練，患白血病醫治無效去世

◎范徐麗泰（乳　癌），香港立法會主席，乳癌手術成功

◎蔣方良，蔣經國遺孀，肺部長腫瘤

◎陳文茜（肺腺癌），台政壇女名人

◎李笠農（肺　癌），網友"西郭"遇上癌症

◎羅　文（肝　癌），香港明星，肝病惡化

◎郭德潔，李宗仁夫人，患癌

◎馬寅初（直腸癌），我要與病魔作堅決鬥爭

◎黃　亮（食道癌），前乒乓國手，國治療癌症

---

10 請參閱中國網癌症。網址：www.cancersnet.com（備：2022 年，再復查此網站，已不復存在）

◎方季惟（乳腺癌），戰勝癌症返歌壇，演戲路上苦經營

◎柯受良（淋巴癌），淋巴腺疑有良性癌變

◎趙詠華（肺　癌），趙詠華婚後由老公掌廚

◎王鋒軍，亞洲第一巨人，患有腦垂體腫瘤

◎唐　飛（胸腺瘤），被證實患重症肌無力，併發胸腺瘤

◎陸幼青（胃　癌），送別陸幼青：生命因抗爭而尊貴

◎閔惠芬，奇跡：閔惠芬音樂治愈癌症

◎梅愛芳（子宮癌），癌病逝世

◎鄧稼先，兩彈元勛鄧稼先

◎李麗芳（乳腺癌），李麗芳帶病上陣穆桂英，英姿颯爽

◎金素梅，點燈充滿生機味

◎徐浩然（直腸癌），戰癌不息，筆耕不輟

◎趙麗蓉，從藝數十載，藝德傳天下

◎蔡琴，推展乳癌防治

　　莊銘耀：「耀」字內涵五行火的元素。

　　曹又方：「方」字五行屬火。

　　馬三立：「三」字數數字中五行「火」。

　　李雪健：尚看不出與五行火土的關係。

　　李媛媛：「媛」中之「爰」即「手」，故五行屬土。

　　劉炳銀：「炳」五行屬火；「銀」中的艮五行屬土。

　　馬　華：「華」五行屬火。

　　范徐麗泰：「麗」五行屬火。

蔣方良：「方」屬土；「良」五行屬土。

陳文茜：尚看不出與五行火土的關係。

李笠農：「農」中的「辰」五行屬土。

羅　文：由於單名的姓名，姓氏亦需列入考慮，而「羅」
　　　　中的「四」五行屬火。

郭德潔：「德」中的「心」五行屬火。

馬寅初：「寅」字五行屬土。

黃　亮：「亮」字五行屬火。

方季惟：「惟」中「忄」與「隹」五行均屬火。

柯受良：「良」中的「艮」五行屬土。

趙詠華：「華」五行屬火。

王鋒軍：「鋒」之「夆」五行屬土。

唐飛：「飛」字五行屬火。

陸幼青：尚看不出與五行火土的關係。

閔惠芬：「惠」中的「心」五行屬火。

梅愛芳：「愛」中的「心」五行屬火。

鄧稼先：「稼」為農作物，五行屬土。

李麗芳：「麗」五行屬火。

金素梅：尚看不出與五行火土的關係。

徐浩然：「然」中的「灬」心」五行屬火。

趙麗蓉：「麗」五行屬火。

蔡　琴：「琴」中的「王」五行屬土。

　　從以上"中國癌症網"的中、港、台名人罹患癌症的名單
分析可知，透過統計學的演算，在二十九位罹癌的名人中，

總共有二十五位名人在他們的名字當中，可以找到「火」、「土」的質數；而只有五位名人屬於例外，也就是無法在他們的名字當中找到「火」、「土」的質數。足見，易經中「火土焦躁、必生腫瘤」的口訣的理論，在此案例中，約略具有 86%的準確度。

三、結　論

　　本文檢視美國當代最有名之文化評論家蘇珊・桑塔格之代表作《疾病的隱喻》一書，再現桑塔格為疾病所做出的豐富的隱喻，驗證其個人所提出的 "反對詮釋" 的立場，點出其貫穿全文的西方理性主義及泛科學主義的傾向，並提出她在全書中所意圖分類的疾病種類，而卻無法完成科學化的歸納與原則原理性的提出與論述。於是為了解決桑塔格之西方唯理性主義與泛科學主義所無法解決的困境，作者在本文中遂提出以東方觀點，華人易經符號詮釋學作為詮釋方法論的視域，意圖釐清桑塔格疾病想像所產生之混沌原因，並有效地提出癌症類化學，作為疾病類型學的範例。作者更提出易經中「火土焦躁、必生腫瘤」的準則，建構出一套癌症類化學，亦即透過姓名中的名字部份，從名字的字型與字義便可檢驗出其是否身上帶著癌症的密碼病因。為了證明這項癌症類化學的理論之精確性，作者更隨機援引 "中國癌症網" 中所列舉的二十九位中、港、台罹患癌症之名人，檢驗其姓名中是否符合這種癌症類化學的理論，其結果證明約略有 86%的準確度，足見此種癌症類化學具

有相當高度的準確性，值得人們參考與關切。

當然，這樣的理論提出，似乎顯得過於粗糙，因為顯然在二十九位罹患癌症的病人當中，仍有四位病患尚且無法透過本理論加以解析清楚，而且單名之案例如羅文，是否即可將姓氏涵蓋在討論範圍內，可能有待更深入的研究。還有，本文僅處理癌症類化學中名字的字型、字義，尚未更進一步透過筆劃數而加以檢驗，從易經象數理一體的理論而言，自然有其不迨之處。再者，所謂「火土焦躁、必生腫瘤」是否可以僅僅單一藉由火與土的個別因素，便來論斷癌症的成因，當然也是值得更深入觀察與研究的議題。更何況，即使名字中含有「火」與「土」的字型與字義者，也未必然便會罹患癌症。換言之，本文所提出的癌症類化理論，顯然並非若且為若的原則；並非所有名字中有「火」「土」密碼者便一定會罹患癌症，而是罹患癌症者，檢驗他們的名字時，往往會發現「火」、「土」的密碼。進一步的說，罹患癌症的病患中，如果姓名裡查不出火土的符號，如李雪健、陳文茜、陸幼青、金素梅等人，可能並非表示他們不符合這項學理，而表示他們在罹患癌症之後較名字中有「火」、「土」者更容易康復。因此，本論文乃屬易經癌症類化學的芻議，將來有機會將加以更嚴謹的展開與完成。

本書旨在透過易經符號詮釋學，亦即易經類化學的智慧，檢驗當代西方最具影響性《疾病的隱喻》文論，透過文化追溯的原理，在最根源處做中西文化的對話，至於易經癌症類化學的提出，與其說是為了解決桑塔格在疾病分類上無法完成的歸納困境，毋寧說是透過東方大易哲學的視角，提供出一套迥然不同於西方文論般充滿理性、泛科學、甚至於天人決裂、身心

靈不統一的學說。如此，更能展現易經符號詮釋學之大易哲學的智慧，乃是統天蓋地，無所不包、無所不及；它既是宇宙論、本體論、又是功夫修養論，甚至也是方法論本身。這是在全世界的古文明當中，唯一不被淘汰與滅亡的，本身具有自我創造性，而且又具有全方位生命關照的大學問。孫中山先生曾說過：「二十一世紀是中國人的世紀。」百年來，華人在思想上長期的被西方文化所殖民，今天，將是我們華人文化重新再現的時刻，華人文化將以特殊的風貌重新詮釋二十一世紀。期待二十一世紀華人詮釋學時代的來臨，華人文化宏揚於全世界！

肆、解讀同性戀

另一種酷兒文學理論

一、前　言

　　晚近酷兒文學興起，同性戀現象霎時成為社會上時髦的文化。在這種資本主義掛帥，流行時髦藉由今昔之比，品物雜沓，引發內在潛意識無比的嚮往與欲求，非理性的追逐，感官的沈溺與麻痺，充斥在都市叢林中人們的想念與夢境，這一切煥發著布爾喬亞的癡心貪婪，倘佯在世紀末多元、雜混、自由、絕望的氛圍中……。

　　佛洛伊德揭露人類性慾的百寶箱，性學三論前所未有的剖析了人間男女人體慾望的地景美學，開啟了人們性學的殿堂。拉岡潛入鏡象的理論，欲圖尋找自我飄渺的本體，為男女性別劃分了想像與象徵兩種不同的生命境界。維吉妮亞‧吳爾芙更提出了「雌雄同體」理論，透露男女兩性陰陽共存的完美想像，與作家的理想想像。但卻無法為同性戀世界真正找到具象的符碼。

　　而少女杜拉的故事（Fragment of an Analysis of a Case of 過

Hysteria）可說是佛洛伊德（Sigmund Freud）精神分析個案中最聳人聽聞也最具有代表性的案例了。佛氏在文中討論其應用替代轉化法，試圖解決少女杜拉所患的歇斯底里性咳嗽，釐清少女與其父親之間曖昧的關係，進而探索杜拉與其父親之情婦，甚至與其情婦丈夫間之錯綜複雜糾葛混亂的心理關聯。雖然在這個個案上的努力，佛氏終歸徒勞，少女杜拉最後甚至放棄佛氏的診治，但佛氏在此個案中所提出的少女歇斯底里現象，在病理學的類化上有很高的啟發作用，甚至他所牽連的戀父情結與神經質的咳嗽，以及其後他所使用的替代轉移精神治療法，在同性戀類化的角度思考上卻有很大的啟示作用[1]。

　　質言之，從歷史的角度來看同性戀這個問題並非前所未有，早在西方的希臘羅馬時代及中國漢代，同性戀早就成為一種普遍的存在，甚至是官方或非官方所允許而存在的社會普遍現象[2]。只是中西兩方在社會文化思想的變遷上經歷了保守的中古世紀及宋明理學的思想轉換，期間此種現象確實受到極大的壓抑與埋沒，直到晚近的思潮，人們打破了啟蒙運動以來的理性主義思維，逐漸走向中心瓦解的後現代語境後，多元文化的呼籲及論述提供了同性戀思維合理的生存場際，是以酷兒文學理論方順理成章地誕生在這種充滿非理性及虛無主義的時代之氛圍中。

---

1 請參閱佛洛伊德，《少女杜拉的故事》，文榮光譯，台北：志文出版社，1971。佛氏在此個案中所使用的替代轉移法雖然終歸失敗，但在心理類化與器官疾病的論述上確有相當的啟發意義。不過佛氏學問論述上最大的缺憾仍然在此文本中處處可見：過於重視日常生活瑣碎事物的相關性，雖有其再現夢境般非理性的優點，卻也較難達到如榮格般世間萬象之類化學的建立。
2 參閱潘綏銘，《性的社會史》，河南：河南人民出版社，1998，p.p172-217。

　　當然自古以來探索同性戀的文學及藝術眾多，比如英國二十世紀小說家福斯特（E. M. Forster）的小說《莫利斯的情人（Maurice）》及台灣當代作家白先勇的《孽子》即是最好的例子，這兩部作品均透過戲劇化的形式深度地探索了同性戀在人類心靈的發展史上之所以形成的根本原因；福斯特甚至在作品中引用精神分析術的辯證法而點出有些同性戀者根本打從生理上便註定是不折不扣的同性戀，也唯有活在同性戀的國度才能找到真正快樂的事實。不過和一般探索同性戀的理論一樣，他們大體上均認為同性戀形成的原因不外乎源自於當事者出生於破碎的家庭，父母離異而導致父親角色或母親角色的認同錯誤。抑或來自於諸如身處男子（女子）學校或監獄修道院等這些失去自由，喪失自主性的外在環境之逼迫，亦或有過被同性強暴的經驗，這在當代法國最有名的文化批評大師傅柯（Michel Foucault）的著作《性學史（The History of Sexuality）》中有最清晰而徹底的論述。不過這些努力在同性戀形成論述上雖有不錯的成績，但自然也有它難以避免的盲點。

　　英國的名女性主義者維吉妮亞・吳爾芙（Virginia Wolfe）更從寫作觀點探索同性戀現象，而提出人類本具有雌雄同體（androgyne）的本質[3]，更進而提倡偉大的藝術家均具有陰陽同體的雙性想像之能力，這種思考無疑地具有實證性之極高的睿智及穿透真理的能力，它不但一方面再現了人類內在兼具陰陽兩性的本質，而在另一方面則可說為世上的天才為何具有特

---

3 此種雌雄同體的理論與榮格的心理學中所提出人類本具涵男性潛能與女性潛能的特質，可相會通。而且與易經類化學中的陰陽兩儀學說對於人性的看法相符合。

殊之熱情及想像力提出了卓越的論證。但是這樣的理論雖具有
形而上推理的優點，卻也欠缺更細緻生理上及外在觸因的探
索。

　　本文擬以佛洛伊德在性學三論中所提出的人類性慾發展
演變理論為基礎，透過榮格（C. G. Jung）人類集體潛意識
（collective unconsciousness）的類化概念，會通華人周易類化
學的病藥理論，試圖演繹推斷同性戀發生學的心理成因並藉由
中西兩方的文學藝術家及其作品做為思考上之具體的論證。

二、本　文

（一）佛洛伊德的原初性學理論

　　佛洛伊德在他的性學三論中提出，人類從嬰孩時期到性意
識的全然覺醒可說經歷過四個階段的心理演化。這四種階段便
是所謂的前性慾期（pre-sexual phase）、口腔性慾期（oral
phase）、肛門性慾期（anal phase）和性器性慾期（genital
phase）[4]。

　　前性慾期發生的階段介於嬰兒與母體中至口腔期之間，這
時候的嬰孩直接從內在的生命感受而得到高潮或滿足，這亦稱
為自體性慾期。換言之，在這個階段中嬰孩的性慾感受並沒有
兩性的分野與差異。至於口腔性慾期則發生在嬰孩於襁褓中吸

---

4 請參閱 Elisabeth Young-Bruehl, "Freud on Women", New York:W.W.Norton&
　Company,1990,p.p89-145.

吮母體乳頭時，這種吸吮的行為會為嬰孩帶來生命最大的快感。依照佛氏的看法，如果小孩在這個階段期間能夠順利的過渡，則不會為他帶來任何心理上的障礙而影響到未來的生命。反之，在這段期間過渡不良的孩童，比如被父母強迫斷奶者則會在將來的行為上產生偏差傾向，會無意識地喜歡咬手指，不自主地咬原子筆或耽溺於吸煙的行為上，當然這些行為均可視為潛意識的壓迫行為。

至於肛門性慾期基本上發生於口腔期到性器期的過渡。也就是孩提時期當嬰孩便溺時，在舒解內在壓力期間，身體自然會產生愉悅的感受。小孩如果在這段期間有很好的調理與過渡，則會自然在將來演化出健康的心理。反之，如果小孩在大小便溺時因為耽溺期中而遭到父母無謂的斥責與打罵，則無形中便會在個體生命潛意識中注入了障礙生命成長的密碼，而對於健康的成長有很大的阻礙。罹患這種心理癥結的小孩，長大後會無形中養成挑剔的習慣，不但會在日常起居或穿著打扮言談寫作上，刻意地講究或吹毛求疵，並且做起事來龜毛囉唆，說起話來像老太婆的裹腳布又臭又長。

這是佛洛伊德在人類性慾發展史上重大的發現與論述，這種進化的理論幫助我們瞭解人類原初性慾能量區位的轉變，也讓我們更容易明白為何人類會發生怪異的無意識行為，其背後真正的原因。當然這種理論根本上是建立在理性主義的懷疑論述上。

（二）佛洛伊德理論的延伸與轉向

在閱讀佛洛伊德解析杜拉個案的過程中，最令人感到震慽

的不外乎佛氏提出杜拉之所以產生歇斯底里式的咳嗽現象，乃由於她壓抑了內在想要與男人口交的慾望。這樣的詮釋理論再加上杜拉複雜的情慾關係，從小被父親禁止咬手指的習慣，甚至她與 K 之間又有同性戀的傾向……突然之間令筆者靈光乍現，霎那間筆者彷彿洞悉了同性戀世界的神祕意義[5]……。

　　如果從大易哲學的角度來看，陰陽五行分佈在人體的內宇宙與外宇宙之中，而五行金、木、水、火、土在人體中任何一種成份若產生過多或過少的現象，則往往會導致人體的病變。而病變的種類則自然將會使五行中任何過多或匱缺元素相對應的器官產生疾病。換言之，五行的固著（fixation）與失衡（unbalanced）正是引發人體疾病主要的原因[6]。如果將這樣有趣的易經類化概念套入佛洛伊德的性學理論，則男女同性戀的成因，這個亙古以來人類欲想揭發的原因便隱然若現矣！

　　從易經符號詮釋學的概念來看，女同性戀產生的原因顯然是由於口腔性慾期發展的失調。由於嬰孩長期耽溺於吸吮母奶的快感狀態中，而又不幸如杜拉一樣遭遇嚴厲的父母強烈地斥責與阻礙，造成口腔性慾期適應的失調，如此她便停滯於將性慾的對象停留在女體（母親的乳房）上，這樣的小孩在長大後自然容易產生同性戀的傾向，無法成功地演化一般觀念下健全

---

5 東方式思維乃是透過直觀的形式而達到思想的洞見，與西方重視論述呈現的方式，兩者間有極大的差異。本論文其實便是透過直觀靈視的觀照所締造完成。

6 這便是易經類化學詮釋人體病藥關係學說的主要概念，總之人體中任何一項內在的五行只要違反了自然平衡理論，便會出現與之相應的疾病現象。比如五行土氣過多或過少則容易發生腸胃的病變，金氣不平衡便容易罹患呼吸系統疾病，水氣不平衡便容易罹患泌尿血液之疾病等。

的男女性愛關係[7]。

反之，男同性戀產生的原因，如果從易經符號詮釋學的概念來看，則顯然源自於個體生命在肛門性慾期發展的失調。耽溺於大小便溺排泄快感的小孩，突如其來遭受父母嚴厲的斥責與阻礙，往往無形中影響到小孩在自然性慾期中的發展過渡，如此的生命缺憾所帶來的固著與耽溺，遂阻礙了他演化下一階段性器性慾期的自然發展，造成他無法與常人一般擁有異性戀的男女關係。這應該才是男同性戀發生的真正主因[8]。

（三）從易經符號詮釋學觀念透視同性戀者及同性戀文學的語音奧祕

如果以上論述有關男同性戀之心理學成因，果真源自於心理現象上所謂孩童在成長過程中肛門性慾期之不良過渡，那麼從易經符號詮釋學的觀念自然可以推知，「有諸內必行於外」，男同性戀患者由於其內心固著於肛門期的心理慾望，而從易經的本體論觀念可知，這股固滯的內氣必然會與外宇宙的生命實相相應。再從聲韻學的角度而言，與肛交的肉體慾望相應的聲音在中文當中應是ㄤ、ㄣ、ㄥ、ㄢ這四個韻母音，而在英文當中則為 M、N 等兩個音。這種中英文中的鼻音與男性戀者肛交的慾望之氣相應。

至於女同性戀患者的心理成因如果果真是源自於心理現象中之口腔性慾期之不良過渡，如此從易經符號詮釋學的觀念

7　這種論點似乎與佛洛伊德所提出之女同性戀成因乃源於女孩停留在自體性慾的滿足理論，兩者間有所差異。

8　此種嘗試性的理論推斷基本上源自於易經類化學上之合理化推理而得。

可以推知，女同性戀患者由於內在情慾固著於以母體做為慾望對象，從吸吮的動作中獲得快感慾望的滿足，這樣的內宇宙心弦的振盪必與外宇宙的生命實相相呼應。緣此，從語言聲韻學的角度而言，以這種凝滯的內在慾望相應的聲音在中文中應偏向ㄗ、ㄘ、ㄙ、ㄐ、ㄑ、ㄒ等唇齒的磨擦及壓迫的聲音。而在英文中則是 ʤ、ʧ、ʃ、ʒ、θ、ð。

（四）中西文學藝術家與其作品的實證

如果以上推論屬實，那麼中西方男同性戀的作家或藝術家的姓名中，甚至於他們的作品的名稱，以及作品中的關鍵文字應該都以內涵同性戀氣場相關的音韻，也就是中文中的ㄤ、ㄣ、ㄥ、ㄢ這四個韻母音，或英文中的 M、N 等兩個音。

比如當代台灣文學中可以比美西方喬也斯（James Joyce），擅長描述台北新公園內之青春鳥之最著名的同性戀小說家白先勇先生、言辯滔滔的名主持人蔡康永先生，甚至前陣子自殺身亡、演技出神入化的影帝張國榮先生，他們幾乎都坦承過自己同性戀的身份，而他們的名字中便都是以中文當中的ㄥ做為結尾。更甚者，白氏探討同性戀主題的代表名作「孽子」，其小說的主角名字就叫阿青與阿鳳；甚至於在最足以代表中國小說美學的「紅樓夢」中，最為多情唯美的男主角賈寶玉所青睞的角色，身具同性戀傾向的秦鍾，這樣的小說中虛構的同性戀人物，其名字卻顯然也都以ㄥ作為結尾。

至於當代台灣舞蹈界神奇奧妙地融會中西舞蹈美學於一爐，最有成就的舞蹈藝術家林懷民先生，與最著名的穿透中西文化美學的藝評家蔣勳先生，以及最天才洋溢的畫家席德進先

生，他們的名字則顯然都是以ㄣ做為結尾。

　　有關西洋文學中最足以代表同性戀文學創作，書寫因同性愛戀而殉美之小說《魂斷威尼斯》（Death in Venice）的德國大文豪湯姆斯・曼（Thomas Mann）、美國最偉大最具有民主同胞愛的同性戀詩人惠特曼（Walt Whitman）和英國最偉大的同性戀文學作者福斯特（E. M. Forster），他們的名字中顯然都有具存同性戀符旨的 M 和 N。

　　另一位被精神分析派評論家視為陽萎而有同性戀傾向的美國小說家愛倫坡（Edgar Allen Poe）不但在名字中有 N 的符碼，連他的作品也到處充滿了同性戀的重要象徵。比如他最足以代表他的創作美學一百行的詩作《大鴉》（The Raven）其標題顯然也是以 N 作為結尾。除此之外，這一首充滿同性戀意謂的傷懷之作，其不斷重複的韻尾便是隱藏男人雄風不再的"Never-more"[9]，顯然亦難逃 M 與 N 的文化符碼系統。

　　另一方面，由於中西兩方長期以來大抵蒙受父權意識的掌控，女人長期以來遭受禮教規範或道德成規、社會論述的宰制，因此罕見任何女性文學藝術家敢勇於承認自己同性戀的身份，故而筆者在取樣驗證上亦自然面臨較大的困難與阻礙[10]……。

　　但就現有的資料可知，西洋文學中最有靈性最具才華，也最典型具有同性戀傾向，甚至還提出「雌雄同體」理論作為文學藝術家特殊想像力之論述的英國小說家維吉妮亞・吳爾芙

9　請參閱 Baym Franklin, "The Norton Anthology of American Literature", New York:W.W.Norton&Company,1999,p.p701-704.

10　本論文有關女同性戀之案例部份有待後續努力增建，如此方可完全地再現易經文化類型學，其在文化詮釋現象上的無與倫比的優勢。

（Virginia Wolfe），她的名字中便是允滿了 V、F 等唇齒壓迫音。至於因同性之愛而殉情，轟動文壇的台灣當代著名的同性戀作家邱妙津，她的名字裡亦顯然具有ㄐ的唇齒壓迫音。

足見，古今中外中西方文學藝術家，甚至於文學作品中與同性戀相關的虛構人物或事物，他們的身上都難逃易經文化詮釋學下既定的符碼系統。這種無法透過西方文學理論能加以釐清的奇異文化現象，究言之，恐怕也只有藉由榮格的集體潛意識學說，和易經文化詮釋學的理論洞見才有辦法加以清楚地解釋明白。

三、結　論

本論文透過易經符號詮釋學思考，探索中西兩方同性戀的美學思想，提出男同性戀文學藝術家所共有的文化符碼，亦即中文中的ㄤ、ㄣ、ㄥ、ㄢ這四個韻母音，或英文中的 M、N 等兩個音；女同性戀文學藝術家所共有的文化符碼則是中文中的ㄗ、ㄘ、ㄙ、ㄐ、ㄑ、ㄒ等唇齒的磨擦及壓迫的聲音。而在英文中則是 ʤ、ʧ、ʃ、ʒ、θ、ð等聲音。文中並加以驗證此種文化現象甚至包涵了文學藝術作品中的虛構人物與事物。

這種論述乍看間頗有文化結構主義的況味，而且這種純華人式的思維模式顯然更可以把握住文學創作這種非理性，由繆司女神所主控的潛意識的躍動。然而這種理論提出並非數學上若且為若的論述。換言之，並非只要擁有以上同性戀符碼的作家或藝術家便是同性戀者，也並非擁有以上同性戀的符碼標題

或事物，便意在指涉同性戀的主題。

　　反之，這種論述不但具有高度的宏觀視野，又有神妙的微觀效用，而且更具有高度的開拓性及延展性。正如任何周易思維下的理論一樣，它不但可以用來處理文化時空的議題，也同樣可以用來詮釋現實界的人、事、時、地、物等各種不同的層面。因此，這樣的同性戀文化論述其可用的範圍，及其可伸展的領域可說是無遠弗屆。這便是周易這門學問有別於西方文化最明顯的地方。因為它既是本體論、宇宙論、又是認識論；它既是科學、哲學、又是玄學──也就是未來的科學。這樣的最具涵融會性、共通性及詮釋性的學問便是周易思想的特色，也正是二十一世紀面對全球化挑戰時，華人文化所最需要加以闡揚，也最值得闡揚的學問。

伍、解讀 SARS

另一種新歷史主義的嘗試

一、源　起

　　SARS 可說是二十一世紀初最聳動聽聞、令人聞風喪膽的疾病！從發病到死亡，短短不過數天的時間，發病時呼吸急促、肺部纖維化，人體組織瞬間敗壞，從病人到醫生，從醫生到護士，從醫院到民間，甚至從都市到鄉間，這種瞬間爆炸、無限摧毀的力量，簡直像及了古代的瘟疫或黑死病。

　　當然，對這種恐怖的疾病來襲，科學家及醫生們莫不即刻展開日以繼夜的研究與追蹤，依照他們的發現，他們認為 SARS 的病毒像極了帶上玫瑰皇冠的美人，因美而毒，科學家何大一更透過三方圍堵策略法來驅除病毒，而台大醫院更發明了“台大防 SARS 一號”，想徹底滅除 SARS 在週遭的感染……。

　　在政府方面，執政黨與在野黨，更由於防 SARS 工程的陌生與困難，發生諸多的口角與衝突，雙方聲討對方、嚴厲訴求負起抗 SARS 不利的責任。執政黨方面不但被迫撤除了衛生署長涂醒哲，改從體制外召集所有上下防 SARS 人員一同對抗，

台北市長馬英九亦因此而痛失愛將邱淑媞……。

　　在民間方面，各種不同的防 SARS 方法此起彼落，除了 N95 乃是此次抗 SARS 最大的英雄外，民間更相信中藥素材如當歸、黃耆、枸杞，亦可透過滋陰強肺，而達到抗 SARS 的功能。傳聞中，紅糖綠豆湯才是 SARS 的主要剋星，而這道神奇的藥方，卻是由一位剛出生的嬰孩所道出。一時之間，綠豆湯成為華陀靈藥，甚至一帖難求。南部更盛傳吃鳳梨可以抗 SARS，此起彼落的靈藥傳說，一時之間彷彿使得台灣寶島頓時進入了古代中藥盛行的時空中……。

　　質言之，對於一個普通的事件，如果從晚近新歷史主義的角度而言，吾人在解讀事件的當下，不僅要對這個事件本身做深入的探索，也要將一切與這個事件平行的所有的同時代議題當做是共存的文本，而加以分析與解讀；除此之外，更需要將此事件的歷史性沿革做一個直線式地全面追蹤與探索。換句話說，新歷史主義教導人們用平行與垂直，也就是同時兼顧經線與緯線，或是歷史性與當代性的眼光去看待一切的萬物。[1]

　　本文擬從易經符號詮釋學的角度，探索 SARS 的源起及其在神話學上所代表的意義。文中並透過神話性與新聞性雜陳的方式，探索 SARS 在文化深層意義上的影響意涵，剖析人們在理性世界與非理性世界，可見世界與不可見世界之間，所有一切對付 SARS 的策略，背後所隱藏的神祕意義。藉此實驗性的解讀當代的文化現象，更彰顯大易哲學所具涵的無所不包的方法論上的卓越之處。

1　Keith Green and Jill LeBihan,"Critical Theory & Practice: A Coursebood", 　London:Routledge Composition Ltd,1996,pp.111-116.

二、本　文

　　無可諱言地，這次 SARS 的肆虐可說為全球的人類帶來莫大的震驚與恐懼。由於它的傳播方式人們並不熟悉，它的致命力量人們也無法掌控，甚至於它感染的途徑宛如是全方位，連醫護人員甚至於聯合國專業的醫療代表來到台灣，都只弄得灰頭土臉，鎩羽而返。被感染的家屬無奈地在隔離的環境區域下，哀哀叫苦。還未被感染的人則震懾於 SARS 的陰影下，疑神疑鬼，草木皆兵。至於搭乘火車與台汽的乘客，則狼狼地被身家調查，不忘口唸阿彌陀佛，不斷地祈神禱祝，深恐厄運女神突然降臨，無緣無由惹來隔離之災，或殺身之禍。

　　更嚴重地，SARS 的摧毀力宛如摧枯拉朽般無堅不摧，連最熟稔疾病防治的醫護人員——也就是病人的守護者，許多人也都棄守崗位，為了保命而逃之夭夭。台北市和平醫院的案例就是最好的例子。面對強大而不可知的敵人，再加上微薄無力的防範設備，有些醫護人員竟然陷入心靈的黑暗漩渦中，霎時罔顧自身的職責，丟下需要照顧的病人，逃向他們心目中可以提供他們自由與平安的地方。當然這種似乎極其不義的行為，隨後難免帶來四方充滿質疑地強烈而嚴厲的撻伐與指控。這種恐怖血腥，慘絕人寰的景象，人類為了追求個人生存本能所表現出來的窘境，可真像極了作家錢鍾書筆下的現代版之「圍城」。

（一）SARS 與黃帝：蚩尤在神話上的類比

　　其實，就易經神話學的角度而言，這一次 SARS 的襲擊兩

岸三地以及新加坡加拿大的華人區，這種駭人恐怖的疾病流傳
方式，表面上看似乎是華人難以逃避的災厄。然而從究竟的意
義上而言，它卻可說是中華文化復興的前兆。這樣的說法乍看
之下確實聳人聽聞，令人難以置信。要想了解這個問題，首先
必須回到九天玄女的神話中方能釐清。

　　依照九天玄女經的記載，中原文化的首位皇帝——黃帝，
與蚩尤的戰爭，可說決定了中原文化的命運。換言之，沒有黃
帝的聖戰，就沒有今天的中華文化。話說當初黃帝與蚩尤力戰
於荒野時，由於蚩尤善於巧佈迷霧，黃帝及其部屬深陷其害，
幾難脫身，幸好九天玄女即時從天而降，授與黃帝雌雄寶劍一
對、步罡踏斗之數、指南針、奇門遁術，及貼身愛將風伯與素
女。受教後的黃帝，在風伯神通廣大的協助下，終於擊敗了蚩
尤，將他活活生擒。無奈蚩尤早已煉得金剛不壞之身，無論風
伯如何砍殺，均無法傷其身。所幸九天玄女見狀默運神功，化
出一縷白色光芒，瞬間但見蚩尤人頭墜地、血染五步。其血即
為人們今天所食用的食鹽。[2]這便是 SARS 在神話學上原初的想
像意義。

　　然而，從新歷史主義的觀點而言，若想知道未來必先解讀
過去的歷史。尤其是對華人來說，時間不像西方人所認為的屬
於直線，歷史毋乃屬於循環論，也就是歷史其實是一連串事件
的循環。並且從易經三元地理的角度而言，從 2004 年開始，天
運恰巧正式進入了八艮左輔明龍星主運，也就是跨入了中原文

2　請參閱《黃帝之師九天玄女》，台北：九重宮忠孝堂，2002 年；及《九天
　玄姆治心消孽真經》，台北：九重宮忠孝堂，2002 年。

化即將當道而影響全世界的全盛時期。[3]而就常理而言，每當文明即將進入新世紀的草昧渾沌中時，必然會引發一場新舊氣場交戰而帶來的血腥的文化衝突與浩劫；正如同 14 世紀十字軍東征的時期，那場衝突的戰爭同時亦帶來了人類的一場大浩劫——黑死病席捲全球，恰似戰爭為人類打開了地獄之門一般地恐怖。

緣此可知，今日的 SARS 從新歷史主義的角度而言，其重要性可視為蚩尤的魔氣反撲。在這文明的交替，沉浸於一片渾沌的邊際時刻，陰陽勢力相互搏鬥較勁而光明即將戰勝黑暗的時刻，這股魔氣妄想乘機反撲，一口氣殲滅中原文化，使得中原文化無法在 21 世紀如同 國父與英國歷史學家湯恩比所言，成為主導世界的文化。這便是為什麼如果我們仔細觀察就可發現，這次 SARS 所主攻的國家大抵以中華文化為主體，譬如：中國大陸、香港、台灣、新加坡、多倫多等，均是華人所最匯聚的地方。

是以，如果依照黃帝與蚩尤的神話典故這條文化脈絡來看，其實抗 SARS 最好的妙方，莫過於鹽巴了。只要人們能夠保持早晚喝一杯鹽巴水，這便正如服用了 SARS 的疫苗抗體一般，自然可以遏止 SARS 對人們的殘害。如此，疾病便不只是如同西方當代文化評論家所言，僅是一種隱喻的象徵；而更可透過疾病的易經類化，而找到其最適合的藥方。[4]

---

3 國父孫中山先生曾預言二十一世紀是中國人的世紀，這與此處中國天運理論所言公元 2004 年起整個世界將走入中原文化為主導的世代，可謂不謀而合。

4 請參閱蘇珊.桑塔格，《疾病的隱喻》，刁筱華譯，台北：晨星出版社，頁11-106。桑氏以其天才過人直覺敏銳的超越式洞見穿透疾病的外衣，分析

（二）SARS 與封神榜間的神話類比

從第二種易經神話的脈絡而言，這次 SARS 的襲擊所演出的可說是現代的封神榜。在封神榜中，有句話說「腳踏西岐城，封神榜上便有名」，這句話正演繹了 SARS 在今日所帶給人類的死亡陰影之特質。況且演化整個封神榜故事的其實亦來自九天玄女的同一元靈分化—女媧娘娘。沒有她的介入，整個封神榜的主要劇情——也就是紂王的興衰史也就無緣而起了。[5]

封神可說是這條神話脈絡的源頭主戲。話說商末紂王無道，一日行至女媧娘娘廟，睹見其神像風采多姿，一時淫心四起，遂提下一首輕佻的詩，詩中傳達出他個人褻瀆神祇的意向。女媧娘娘返回神廟一見此詩，怒從中起，遂招來千年道行的九尾狐狸，命令其下凡以美色誘惑、敗壞紂王的江山，以便洩其憤恨。這便是封神榜的首部曲。後來姜子牙在終南山下學成武藝後，奉師命下山協助武王完成伐紂的大業，並肩負起前所未有的盛功——封神。

從新歷史主義的歷史循環論而言，今日不計生死，英勇對抗 SARS 的醫護人員們，正如古代封神榜中的英雄豪傑一般，為了天下蒼生不惜拋頭顱、灑熱血，在人們面對如此絕症的時候，他們勇敢的奔向了第一線，完成了他們救渡人類的神聖使命。雖然他們血肉之軀終因不敵 SARS 的侵犯而毀損了，但他

疾病與病人間奧妙的關係。直言之，其視野之廣闊，角度之周全，令人懾服，但究言之卻仍流於直覺式分析，欠缺明確方法論之提出，更遑論疾病治療之方法了。

5 這便是為何 SARS 在台灣的終結日正是農曆五月五日。因為從易經的角度而言，五月五號乃是二五之神的符號密碼，而二五之神又正是河圖二七同道火的顯象。至於南方離火則正是九天玄女所座落的宮位。

們的熱血與精神，卻成為人們千百年後所景仰的對象。所以在他們死後，他們一一被供奉在忠烈祠，永享眾生的香火，完成了他們的封神。這種神聖的封神儀式，也唯有在這種歷史的平行閱讀上才會具有真正的意義。

　　從易經類化神話學的角度而言，這種封神的神話，可說正演繹著易經風山漸卦的卦象。[6]因為從字源學的角度而言，所謂"風山"，由於山學通向神學，故"風山"亦可視為"封神"，也正是古代封禪的類似意義。這便是為什麼在這段 SARS 肆虐的時間，人們為了對抗 SARS 不得不紛紛戴上了口罩，蓋住了相學中象徵山脈的鼻樑。而且，從現實層面上來看，報紙上亦紛紛報導佛教團體如靈鷲山與佛光山等修道團體，果然為了對抗 SARS，以及達到示範群眾的效果，而均紛紛舉行封山的活動。[7]

　　再者，N95 口罩之所以成為此次抗 SARS 的最佳利器，其實亦有其額外特殊的意函。因為從總體神話學的角度而言，95即是59，在易經密碼學上同屬於飛龍在天，或九五至尊的屬性，也可視為中原文化始祖之一：周公的象徵。當孔子說：「久矣！吾不復夢見周公矣！」這句話時，其真正的意涵並非表達孔子對周公的思慕而已，其真正的內涵更在於他所承繼的道統文化其實可說全然來自周公。所以，N95 的盛行，不正意味著周公

6　這風山漸卦不但代表中原文化的主體，更深深地牽動著整個世界文化的脈絡，內藏著文化史上的一大玄機。比如四月八號正是佛佗的生日；中華民國國歌正好共四十八字。其同時性巧合下所蘊藏的玄機，可謂不言而喻。

7　風山漸卦的卦象，也就是易理在文化現象上的流動，既可是文字上，亦可是音韻上，當然也可以是數字上，是以對於文化現象的解碼，其在指涉性上更可說是無遠弗屆。

文化的復興，也就是中原文化復興的前兆。其實，從新歷史主義的平行閱讀概念出發，我們亦可在最近的並存資訊文本中找到相應的證據。也就是，這樣的概念亦可從當今的流行文化中看出。近日以來流行的曼特寧咖啡廣告，其中一位白髮髯髯的老人從車上飛出再飛入，從易經的意象解讀上，正意味著周公文化的"飛"與"伏"，意即周公文化的"顯"與"隱"的文化徵兆啟示。

（三）SARS 與楚漢相爭之神話間的類比

此次 SARS 的流行亦牽連著另一段歷史的掌故，從這段歷史掌故可以使我們得到另一種神話的啟示。秦末時，劉邦與項羽逐鹿中原，當時兩人各得不同門派之風鑑高人之助。劉邦受助於九天玄女門下之黃石公、張良與孟姜女之助，而另一方的項羽則受助於呂不韋之師徐真人之助。徐真人於風鑑術上擅長借氣法，他使用道術、符咒，以三面圍堵的方式將劉邦祖墳之旺氣提攝而去，遂使得原本攻無不克戰無不勝的劉邦之大將韓信頓時失去旺氣，而導致兵敗如山倒，趨勢頓時為之下墜。幸好八仙之一李鐵拐及時提醒黃石公，黃石公遂透過九天玄女所傳下之風鑑絕學，以其人之道還治其人之身，巧妙反轉三方圍堵的氣流，破去徐真人的邪術。劉邦便這樣在九天玄女之天機門的指引下，反敗為勝，順利的登上了漢朝開國皇帝的寶座，延續了我大中華文化的道脈。[8]

這段楚漢相爭的歷史典故，不但提供了我們在 SARS 的歷

---

8 此段歷史請參閱蕭玉寒，《黃石公傳奇》，臺北：泉源，1996 年。

時性閱讀上豐富的深刻意涵，亦可透過這種先驗性的歷史模式解讀策略，啟發我們當下面臨 SARS 的襲擊時，可供對抗的最佳途徑。這便與近賢何大一醫師竭其努力終於發明出特殊的抗SARS 方法，在醫學上達到了極大的突破，在文本上具有平行穿透，相互驗證的意義。這便是為何他所運用來對抗病毒的治療方法，正是採取三方圍堵的策略。而民間傳說的紅糖綠豆湯，可用來制 SARS 之中醫偏方，質言之，乃是透過五行之北方水〈湯水〉、東方木〈綠豆〉、南方火〈紅糖〉，三者來加以夾殺西方金之 SARS 的力量，也跟楚漢相爭的歷史文本完全符合。換言之，人們對抗 SARS 所展演出來的種種現象，與九天玄女門下之維護大漢的文化爭奪戰，可說在文本的平行閱讀上，有異曲同工之妙。而後來媒體廣告中，時常播出孟姜女哭倒萬里長城之京都念慈安川貝琵琶膏的廣告，亦屬於楚漢相爭歷史文本的重要神話證據。總合以上可知，隱藏在 SARS 流行的背後，實乃一場血腥而激烈，詭詐而離奇的文化保衛戰哩！

（四）SARS 與同時性流行之文化現象間的平行閱讀

從新歷史主義的角度而言，解讀歷史不應該僅偏限於原來傳統歷史上的文本，意即歷史解讀不僅該做到 context（文脈）的解讀，亦應重視 co-text（文本外的平行）解讀；不僅該重視歷史之同時性（synchronic）意義，亦應重視歷時性（diachronic）意義。如此方能掌握歷史的縱軸與橫軸，為每個歷史事件重新定位，再造歷史，而完成其文化究竟義之"正名"的使命。

從水平思考，亦即歷史同時性的巧合而言，SARS 攻佔台

灣尤其是台北的同時，恰巧也正是「莎士比亞在台北」的戲劇演出活動如火如荼地展開的時候。也正是這個時候，中視六點半閩南語連戲劇則正上演「劍俠呂洞賓」的戲碼。而到了六月十九日，中正紀念堂國家戲劇院則亦開演「劍神呂洞賓」，扮演呂祖的正是明華園劇團的當家小生孫翠鳳，而也就在這個時候哈利波特第五級更推出《鳳凰令》。其中，莎士比亞與 SARS 的諧音相同，而從神話角度而言，在無形界中對抗著 SARS 這魔頭的可正是呂洞賓與九天玄女，這可從呂祖戲碼的演出時間，以及象徵九天玄女的神獸之鳳凰鳥——孫翠鳳之鳳字，及鳳凰令可隱約得悉。

這裡新歷史主義所提供我們的易經符號詮釋學平行閱讀，不但讓我們看到人類生命現象背後，在先現密碼系統上的精密配置（Constellation），也讓我們知道天下無巧合，任何巧合的背後其實乃是一連串的因果效應。[9]同時我們也可透過神話與文本間的平行閱讀，看出過去與現代間，超越東西兩方，甚至於超越了一切時空侷限的奧祕！

三、結　論

本書透過西方新歷史主義的精神及華人大易哲學的類化概念，重新審思及分析 SARS 這一種窮兇極惡的當代流行疾病，探索其在神話學上的歷史淵源—黃帝與蚩尤、封神演義與

9　常若松，《人類心靈的神話-榮格的分析心理學》，湖北：湖北教育出版社，
　　1999 年，頁 186-190。

楚漢相爭等文本，藉與平行閱讀當代不同的，與之相應的文化現象——N95 口罩、綠豆湯、曼特寧咖啡、莎士比亞劇場、劍神呂洞賓與鳳凰令。透過跨文化的文本並行解讀策略，穿透 SARS 疾病與時下流行文化及社會現象間，其密不可分的神祕而先驗的關係。

　　傳統的歷史主義者勢必認為此種平行閱讀的見解似乎純出於想像，其立論根據宛如天馬行空，信口胡謅，而所得的結論，從歷史傳統的角度而言，簡直荒腔走板，令人無法置信。誠然，傳統歷史主義者在資料蒐尋及歷史的考證上，其追根究底，汰蕪存菁、嚴密考證的學問態度上，實乃令人欽佩。但由於解讀策略上過於集中在作家與時代或事件與時代間的解讀，忽略了同時代間其它作家或其它事件與它相關的同時性概念，更罔顧其歷史源頭上更重要的相關之歷時性脈絡。故其侷限性，自然不言而喻。

　　理性主義者定然會認為本論文的平行閱讀策略，其立論的方式似乎虛無飄渺，無中生有，存屬幻想，簡直難以通過理性思維嚴格的檢視。誠然，啟蒙運動以來的信念，堅持知識與資訊，脫離個人的經驗範疇思維，來強調以人類的智慧經緯天地，改造人類的世界。此種思想在人類文明的開展中有其不可磨滅的貢獻。但究言之，世間一切的現象並非純粹透過唯一的理性便可完全檢驗，理性科學雖然有它在真理透視上的成就與必要性，但人類的思維、社會的現象、文化的流行，其所牽扯的不僅是理性的層面，有許多根本屬於非理性、無意識、甚至於根本必須由至今人類無法可解的集體潛意識的角度才有辦法清楚的掌握到它完整的脈絡，也才有辦法達到無所障礙的穿透式解讀其息息相關的符號意旨。

　　西方的新歷史主義者在文本的解讀上提供了平行閱讀的超越性策略，也解決了傳統歷史主義者所無法顧及的歷時性及同時性層面。但他們卻無法提供人類一套屬於自己的系統結構思想，作為跨文化閱讀時可茲運用的解讀策略。本論文引用西方新歷史主義的歷時性及同時性兼顧的解讀優勢，再加上華人文化獨一無二的思維系統，也就是易經符號詮釋學的文化解讀模式，正可避開西方新歷史主義在方法論上先天的不足，如此便可超越新歷史主義的先天侷限，穿透一切古今中外中西文化的一切現象及文本，而為二十一世紀的文本詮釋學開拓出一個前所未有的超越性境界。

　　近日來，由於龍應台文化評論的效應，台灣文化的興衰遂成為學術界眾所矚目的焦點，有些學者提出文化的枯竭主要原因來自於五四運動。由於五四運動在文化的本質上乃屬於叛逆的反傳統文化思想，如此如何能為中華文化再添新枝。也有學者認為文化喪失理想，知識份子流於功利，甚至無法達到該有的理性思維，如何打造承先啟後的未來。更有學者提出資本主義的商業性才是腐化文化生機的殺手。這些學術的先進所提出的看法就易經的類型學而言，均屬於天、地、人，也就是他們分別就文化的理想面、社會的真實面，及生存的根本面來為文化的疾病把脈，故均有相當程度值得參考的卓越洞見。

　　但筆者認為今日文化創造力之欠缺，其真正的原因，更源自於忽視了本書中所探索的 SARS 之流行所提出之最重要的文化契機，那便是華人文化，尤其是易經思想所主導的華人文化即將成為二十一世紀最重要的主導全世界的文化。如果我們能善用大易哲學所能提供人類之最具有穿透性也最具有文化解碼

性的思維系統，發揮這一種華人才具有的文化優勢，必可以在二十一世紀這一個文化轉型的年代，擺脫掉百年來西方文化的桎梏，在全球化的時代裡不但不至於被淘汰，反而可以反敗為勝，重新為華人文化開創另一個燦爛而光明的里程碑！正如同華人文化之師—九天玄女，祂的座騎鳳凰鳥之浴火重生象徵一般，百年來泯沒在西方文化陰影下的華人文化，終於可以在二十一世紀的 2004 年重新起步，也正是代表著華人文化逐漸將會主宰全球時代的來臨，風起雲湧、雷霆萬鈞地邁向一個充滿愛與光輝的新世紀！

陸、解讀他者的美學觀

一、序　言

　　易經乃大宇宙體之總體電腦，舉凡世間一切有形、無形、有為、無為、意識、潛意識，均涵納在這一部宇宙共有的大電腦中。文學藝術之結構思想，其美學模式之形成原理，當然亦可以透過易經的思維模式來加以穿透。換言之，吾人以易經原型的模式思維來詮釋一切文化的活動。這種超越一切思考模式而能穿透一切文化行為的易經文化詮釋學之確立，更突顯易經在人類思維方法論上無與倫比之重要性矣！

　　本文擬以易經符號詮釋學的方法，透過易經的「坤卦」來省思人文世界中的他者美學，推演他者美學形成的原因，探索他者美學的哲學思維模式，並以現象描述的方式觀察他者美學的多重面貌，藉以實證易經文化詮釋學無限開展空間的可能性！

　　依照易經的詮釋法而言，「道生一，一生二，二生三」。[1]此處道生一的「一」在詮釋系統中，我們可以把它了解成一種「自

1　參閱曹展碩《易學世界》，九龍旺角：中國哲學文化協進會，1991 年，頁26。

我（self）」。而「二」則是「他者（other）」的意思。如果我們從哲學的角度來講的話，那麼，人間的一切無非談的是，我們的自我（self）跟他者（other），與這個世界之間所整合的關係。那便是所謂「一」跟「二」跟「三」之間的關係。[2]所以這個「二」就是「他者（other）」，正是這個所謂他者哲學的美學觀裡所代表的文化深層內涵下的象徵符號。

我們知道在華人的《易經》裡，「二」可以是「坤卦」，坤卦卦辭曰：「利牝馬之貞」；顯然「坤卦」坤為母、為陰、為大地的內涵意義；就是它可以是女性、是女人、陰性的。女人是神祕的，是一個比較屬於內斂及內存或是比較不可捉摸、較含混的一個概念的東西。易經坤卦《象》辭曰：「坤厚載物，德合旡疆，含弘光大，品物咸亨」。換言之，就像大地一樣，大地之母它蘊含萬物，廣闊無限，不可捉摸。

其次，坤卦亦蘊含高度之自然美學，強調自然品質，反對虛偽矯飾，正如大地柔順之道所發展出的自然光輝，亦即坤卦六二爻爻辭所言：「直方大，不習旡不利」，強調不假營造而功自成的特質。[3]

本文擬從易經坤卦所衍伸出的概念，透過不同知識領域的論證，來展現他者美學的可能性，從鏡子的隱喻，再從心理學

---

2 本文所運用之易經坤卦詮釋美學方式，乃是本人在易經概念運用學上嘗試性努力。至於坤卦作為詮釋美學的可能性，請參考陳秋菊《易眼看文化：中國文化中的「易經」影像》，台北：松樺，2001 年，頁 100-104；陳氏於〈逍遙遊與先後天八卦〉一文中，透過先後天八卦詮釋莊子〈逍遙遊〉全文之美學結構，論點精闢，創見別具。

3 此乃王弼之詮釋理論，參考蔣凡《周易演說》，河南：文藝，1998 年，頁16。

他者的概念，也就是佛洛伊德（Freud）、榮格（Carl Jung）跟
拉岡（Lacan）的心理學概念來看這個「他者」到底有何不同？
然後，再探討列維納斯（Lévinas）所謂的他者倫理學，並析論
兩性觀他者論述上，女人即為魔咒的角度，再現文化交錯底下
異文化這個他者，然後從羅蘭巴特（Roland Barthes）文字虛構
跟真實的概念，最後再從莊子的顛覆美學及語言美學裡全面來
思考他者美學之多重面向，及其整體建構。

二、本 文

　　從發生學的角度而言，自我與他者的關係形式，實有賴於
視覺的中介力量。亦即「一」與「二」之間端賴於「離卦」的
視角轉化力之成全。換言之，從經驗論的角度來看，我們人類
之所以得到自我，能夠照見自我，是從鏡子的反射裡達到的。
基本上，鏡子的隱喻，它是一種反射；人類獲得知識主要的經
由模式，是透過鏡子裡視覺官能來了解他者的存在。這便是為
何有人會著眼於視者的角度，從感官意識的角度來探索整個異
文化裡的陌生人。[4]其實如果從易經詮釋學的角度來講，他的論
述重點，其靈感不外乎源起於易經坤卦的源起論，亦即我們知
道從易經類化學的角度而言，坤屬土，土是從火來的，而離為
火，所以離生坤，從整個文化生成的概念詮釋裡面，便是眼睛

---

4 參考陳吉思＜從陌生人的觀看到觀看陌生人＞，東吳大學 2002 年「異文
　化裡的陌生人」學術研討會，台北：東吳大學外語學院，2002 年 3 月，頁
　113~135。

這樣的一個視角讓我們看到了我跟別人有什麼樣的差異，而在整個知識的建構上，我們亦是透過鏡子的反射來獲悉自我以及他者之間的差異性。易經符號詮釋學，有助於釐清一切文化思維的概念，於此證明。[5]

鏡子作為他者的隱喻，其理由顯而易見。鏡子的作用正如同月亮般，它反射太陽的光芒，而自身卻不發光。然而，鏡子與自我間所引發的辯證過程，所帶給自我的迷妄虛幻及交錯意識，卻益加彰顯易經坤卦之母性、陰性、他者所蘊含之更廣闊浩瀚的意涵。

鏡子它可能讓我們感受到的是人的多重分際，究竟我們到底是誰？我到底是誰？當我們看著鏡子我們便開始有很多的想像，這在很多文學作品或電影當中都可以看到。比如像＜哈利波特＞裡，他當哈利波特對著鏡子時，在鏡中他看到自己死去的父母其實還在那地方，其實還是充滿了溫馨，那個生命的原鄉，那個來自或許跟天國很接近的自我生命的力量，其實一直在那個地方。或是你看在＜魔戒＞裡面也是一樣，透過了水鏡的世界裡面，仙后讓小男主角看水鏡裡面的自己，以及他者的旅程，讓他明白這樣生命的旅程裡面，到底他個人在完成把魔戒丟回到它原來的地方，毀掉魔戒來破壞魔的侵犯世界這股力量底下，他應該扮演什麼樣的角色，以及這一群朋友們事實上跟他的關係又是什麼？我跟世界的關係是什麼？在未來世界裡我應該如何掌握？所以鏡子它可以讓我們看到的是非常複雜的東西，那裡有慾望、那裡有未來，那裡有你生命中交錯紛雜的

---

5 質言之，一切文化思維，文明的創建，概念的衍伸，均以易經卦理有密切的關聯，這正是易經文化詮釋學的珍貴所在。

部分。

　　其實，鏡子它可以引發起非常多神秘的力量，一種超自然的力量，不僅是讓你活在你的慾望、理想目標之間，產生又愛又怕的那種感覺。所以當我們一般人面對鏡子的時候，我們常有非常多的幻想或是有很多的感覺會出現。比如說在民俗裡面，我們會聽到有人說，在半夜 12 點削蘋果，一直削不要削斷的話，你就會看見你未來的伴侶，你的配偶就會出現在鏡中。所以他是透過鏡子，從自我出發穿透到他者世界的整個神秘力量整合的隱喻的概念。

　　除此之外，面對鏡子，人往往都會有或許是一種焦慮，或許是一種迷惑，或許是一種失魂的現象。那麼自我跟他者之間在鏡子中會產生一種非常複雜的糾葛的力量，或許人對著它搔首弄姿，或許鏡子讓人產生了情色的幻想，所以你看電影「布拉格的春天」裡面的 Sabina，她就活在自己鏡子的世界裡面，無法完全掌握他者，在自己的生命裡面，她很想跨出自己的世界跟他者的鴻溝，而又不能超越出去，祇好把自己困鎖在自己的世界裡。這有點傳奇故事裡面 Lady of Shalott[6]一樣，她沒能真實去觸摸到外在世界，她以為自己只能活在一個被禁制的魔鏡當中。透過易經坤卦美學的主體他者辯證結構，吾人更能看清無論在現實人生或文藝作品中，鏡子均充滿豐富的隱喻內涵，更扮演著自我認知他者的過程中最重要之轉換中介。

　　從心理學的角度而言：當佛洛伊德（Freud）提出了所謂的戀父情節（Oedipus Complex）這個概念時，他者又具有什麼樣

---

6 參考 Alfred Lord Tennyson, "Lady of Shalott," The Norton Anthology of English Literature, Volume II, ed., M. H. Abramas, New York, PP. 1100-4.

的角色呢？一個小孩的成長過程中，都是把父親當作是一種
「他者」的模仿。所以在他整個生命裡，一方面對於父親產生
敬畏的心態，就是所謂陽具羨慕（penis envy），也就是對整個
父權力量的一種崇敬。可是在某些層次裡，他又很想取代他的
父親。所以在一方面崇敬，一方面又畏懼下，他害怕被父親發
現後，可能會把他的陽具割除，便產生一種被去勢的焦慮。這
種父子之間的關係，就是佛洛伊德（Freud）建構心理學美學概
念下，對整個生命思考下的「他者」與「自我」之間的一個辯
證過程。

　　所以，佛洛伊德（Freud）甚至在他的《圖騰與禁忌》裡
面，把這樣一個引伸意繼續再衍伸下去，認為我們人類文化裡
面所有的圖騰與禁忌，比方說：對死亡的禁忌、對女生月經的
禁忌、對鬼神的禁忌，這些都是佛洛伊德（Freud）他把它內化
成一種「心理強迫症」，是一種強迫的觀點。他把一切心理作用
開始內化成內在的觀念用來解釋外在的世界，他否定、不採取
外在世界的理性思維。他用科學的角度來思考，如果是用意識
的角度來看待我們這樣對於死亡、對於鬼神概念的害怕，其實
是來自於我們心裡的強迫，一種制約的概念所產生。比方說，
開始的時候，我們可能是對於鬼神的崇敬以及地位較高者如國
王、神父、祭司這些人的力量對於民族的制約有影響力，他把
它內化成一種強迫性的希望自己能夠對他產生景仰，但是在某
個層次裡面卻又產生仇恨的心態，就好像小孩子對自己的父親
既愛又恨般。這樣既模仿又想要擺脫，就像亞當跟夏娃他們既
崇仰神，想要跟神一樣偉大，卻又想擺脫神的禁制，用偷吃知
識的禁果這樣一種背叛的行動來走出自我世界的這樣一個概

念。如此，佛洛伊德把人類文明的這種特殊的概念全部制約化，全部把它侷限在所謂父子的兩層關係，也就是「自我」及「他我」的「他者哲學」上，將這樣一個文化現象全面書寫詮釋。[7]

　　至於榮格（Carl Jung），他的「他者哲學」則是另外一種方法。榮格把整個人類所有一切的行為當作是跟我們過去歷史上所有一切的偉人或是神話裡的人物有密切的關係。榮格（Carl Jung）的「他者美學」就是透過了過去的歷史文化來賦予現代的文學作品一個嶄新的意涵。所謂的集體潛意識（collective unconsciousness）的概念便是把「他者」，「文化的他者」，事實上指的是我之外的過去所有人類一切的行為模式，跟今天所有當代的藝術都產生了一種穿透時空的連結，來賦予人、現代文化、現代文藝更加深刻的一個深層結構的意涵，這就是榮格（Carl Jung）的努力。[8]

　　拉岡（Lacan）所提出的心理學又從別的角度來抒發「自我」跟「他者」的一種美學概念。拉岡（Lacan）認為每個人在整個成長的過程裡面，在小朋友的階段（6~18個月的階段）裡面會產生一個鏡像期（mirror stage）。小朋友從原先自我的渾然一體的活在媽媽的懷裡，天天膩在一起，那種感覺非常親密的感受，那種生命原鄉的真實世界裡面。6個月後他開始照鏡子之後，就從鏡像裡發現反射出的自我，他開始透過鏡像照

7　參考佛洛伊德（Freud），《圖騰與禁忌》，楊庸一譯，台北：志文，1975，頁153-231。

8　參考榮格（Carl Jung），《人及其象徵》，龔卓軍譯，台北：立緒，1999，頁49-183。

射，想要去認知我之外還有別人。別人對我跟我的關係，別人便反射了我的存在。所以從一個真實的世界墜入到一個想像的世界，在這想像的世界鏡象期當中，他開始認知了自我的一種本體，從想像界再進入象徵界，來透過語言，這種所謂的「道之他者」的另外一個意涵來了解這個世界。所以我跟人、跟這個世界之間整個把它建構下來。鏡子對拉岡（Lacan）來講就是結合了鏡像世界跟象徵世界的這條跨越的鴻溝裡面，一個書寫整個人類成長過程的一個隱喻的意像。[9]

　　所以，如果從「心理學他者」的角度來看的話，佛洛伊德（Freud）、榮格（Carl Jung）跟拉岡（Lacan）他們都以不同的方式來提出他們的「坤卦他者」的美學概念。而易經坤卦之他者美學的思維模式更提供人們批判、歸宗或定位心理學之方法論。

　　列維納斯（Lévinas）的「他者的倫理學」：他的「他者的倫理學」裡，自我（self）跟他者（other）是成為「面對面」（vis-à-vis）的一種關係，所謂的「面對面」就是當我看到一張臉，當我面對著我所見到的人的時候，列維納斯認為我們就會不忍心見到他受苦、痛苦，我們就有責任來讓他得到幸福、遠離困境而得到快樂。[10]所以，列維納斯這樣一個倫理學概念的提出就好像是易經兩儀「負陰抱陽」的結構。亦即宛如母親懷抱著嬰孩。對一個母親而言，母親如果作為「一」的話，小孩子就是「二」，這便是這樣一個他者，類似易經的「兩儀」的對

9　參考王國芳、郭本禹，《拉岡》，台北：生智，1997，頁 128-84。

10 參考 Sarah Harasym, "Levenus and Lacan: The Missed Encounter,"New York: State University of New York Press, P.P. 79-101。

比關係下的「face to face」,「面對面」的他者跟自我的完整性（totality）跟永恆性（infinity）的描述。其實在列維納斯倫理學的建構下,自我就是他者,他者就是自我。所以,這正好像母親孕育了小孩,小孩跟母親的關係是一體的,如果小孩死了,母親也會痛苦而死。所以他用這樣一個「自我」跟「他者」的對應概念來講所謂儒家裡「人溺己溺,人饑己饑」的一種文化的信念。這裡不難看出易經兩儀觀詮釋列維納斯他者倫理學之思維美學之可共量處。

　　從性別論述,「他者」即為魔咒的角度來看的話。那麼,我們可以看到的是,男人世界的傳統價值觀會認為一個很漂亮的女人,所謂的「尤物」,她很可能會帶來的是禍水或是變成妖姬的概念,這樣一個概念其實在傳統的華人文化裡面,比方說妲己或是楊貴妃或是像希臘神話中的海倫 "Was this the face that launched a thousand ships" [11],不愛江山愛美人;男人把自己的無能推託給女人,認為是女人尤物的魔力特質使他變成了無能,或是影響了自己的事業的開展。在整個文學裡面有所謂的致命的吸引力（feminine fatal）的女人的概念,正如在電影〈柳巷芳草〉這部作品它所提出,這裡面女主角布麗的一個角色,她變成神話中的一個魔女（Siren）,美麗的女人會使男人失去了自我,亦即男人的自我被象徵他者的女人所吞沒,再來就是帶來滅亡以及毀滅的一種命運。

　　此乃傳統兩性論述下男人對女性非常偏激的一種概念。但

---

11 參考 Christopher Marlowe," Dr. Faustus," The Norton Anthology of English Literature,Volume Ⅰ,ed., M. H. Abrams, New York, P.P. 797.

是反過來也是一樣，新女性主義者尤其是新女權主義者[12]，往往會把男人當作是一種野獸，是一個不進化的他者，把男人當作是一個帶來悲劇的人物，認為男人大體上都是沒有理性、認為男人大體上都是沙文主義的豬，認為愛情其實就是悲劇，因為男人就是悲劇。這是非常嚴重對男性他者的一種控訴。這個概念常見於現代新女性主義者，尤其是當他要開展新的女權概念的時候，想要以自我來取代他者一切的地位以及一切的論述空間的時候，都會產生兩性論述間，他者即為魔咒的錯誤謬誤。易經坤卦美學中，「自我」「他者」對位省思及正位思考在此為我們釐清兩性論述時常犯「妖化他者」或「拷貝他者」的迷思或謬誤。

　　異文化裡面的他者：「他者」這概念在文學作品當中往往會形成一種很特殊的情感，或是往往會被人們以一種錯誤的角色來加以看待。在主客概念裡，人們往往會把客體當作是一種外來文化，當作是一個他者文化，往往會有一種錯誤的見解。很有名的例子當然是薩伊德（Said）他所提出的東方主義（Orientalism）中所提出的問題，如果我們用康拉德（Joseph Conrad）的《黑暗之心》（Heart of Darkness）裡面的剛果之行為例，剛果這一段旅行在康拉德（Joseph Conrad）的書寫當中是把它當作走向一個黑暗的世界的旅程。很明顯的，剛果這樣一個異文化，在康拉德（Joseph Conrad）以英國作為一個主體的思考下是一個黑暗的世界，男主角造訪剛果途中所遇到的土

---

12 台灣的女性主義者，大抵均是女權主義者，這些女性作家的書寫與思維，大抵亦延循男性模式，欠缺真正易經坤卦美學所指涉的真正充滿陰柔特質的陰性書寫（Feminine writing）。

人的世界，在他的書寫當中，不管是人物或者是感受的的書寫，都是偏向非常負面的、黑暗的，甚至於是落伍的、不文明的一種意像。那麼，同樣地在福斯特（E.M. Foster）他的小說《印度之旅（A Passage to India）》裡面也是一樣，我們可以看到的是，福斯特他把整個東方世界的代表，那種神秘的不可知性、甚至於是充滿威脅恐怖性的，那種類似像潛意識的黑洞，他把它當作是一個 Marabar Cave，這個象徵性的洞穴本身就變成了一種東方世界在整個西方文明下的反照，它是一個深不可測、伸手不見五指、它是一個充滿雜音，甚至於沒有意義之嗡嗡的聲音，在整個異國文化交錯的思考下，我們很明顯的可以看出福斯特對東方文化的了解或態度。而且他筆下所書寫的，比方說印度人像印度阿三，像猴子在火車上跑來跑去的意象，甚至於印度人是很落伍的、很骯髒的、很窮困，就像黑鬼般充滿破壞性、暴力性概念，所以在無明的山洞裡面他書寫了女主角 Adela 在黑暗世界裡可能受到男主角 Dr Aziz Ahmed 的強暴，所以這部作品可說充滿了暴力、充滿了黑暗、充滿了負面、充滿了不可知、充滿了恐怖威脅的一種書寫。

在整個文化的隔閡上，也讓小說中費爾亭（Fielding）校長他對整個原先跟異國的印度醫生所建立起來的友誼，也在異國的有色眼鏡，及錯解疏離的概念下，當醫生在法庭上被判無罪的時候，把他當作是他很想看到自己的好友，校長過來擁抱他或是來跟他一起去慶祝喝酒，可是發現校長竟然走向控告他自己本國白人的女主角，讓他覺得是一個異國的他者，讓他覺得自己受害於背叛及見色忘友的朋友，這樣的一個異國他者的形象書寫。所以，異文化裡的他者透過康拉德或是福斯特不同的

作品當中，我們就可以看到在這個文化交錯（cross-culture）不同的文化關係底下，其實緣於一種不同文化的偏見，或者是視野的侷限，容易產生比較遺憾的疏離或是一種錯誤的認知。易經坤卦的他者美學，在此讓我們明白文學作品中文化交錯下之自我與他者融會衝突或理解等不同的心靈向度、對待關係，其辯證結構的可能性。

從結構跟解構的概念來看，巴特（Roland Barthes）所謂日本的符號學，他到日本去就找到了日本很特殊的一種文化現象，他看到日本的習俗，比方說送禮，這個禮物不見得非常的珍貴，可是這個禮物層層包裝下，有點像華人的禮薄情意重，因此這個送禮者跟接受者的關係經過了這個「包裝符號的延宕」之後，那就開始變出了所謂的意符（signifier）跟意指（signified）之間一種流動的變異概念出現。

所以巴特從這種文化的他者的視野產生其他一種個人的疏離的東西。或許巴特有些部分是錯覺，但是站在語言文化的隔閡底下，他看到了一種符號本身一種流動的差異性。因此，巴特開始定義，認為這個禮物的大小已經不能代表絕對的意義，而是要看禮物跟接受者之間可能經過了主體跟客體，能指跟意指之間的轉換關係就會變成另一種符號意涵，甚至可能會代表多重意涵。此外，同樣是一個禮物，可是它包裝的不同，它的不包裝跟包裝的複雜性就會產生在同樣一個主體下，但所代表的意義已經產生了流動性，所以巴特就找到了流動意義上，也就是易經所謂的變易思考下，從簡易到變易思考的另一套，他原先想要顛覆，想要達到的自我批判下的另外一種可能性。

　　第二個層次，所以巴特認為語言也是一樣，他進入了一個他對語言完全不能認知的東西，所以對他來講語言已不造成任何意義，巴特拿出在日本的能劇裡面，你可以看到那些動作，它不是用語言來抒發它的意義而是用「默」，也就是像我們禪宗所謂的「語默動靜」的「默」，亦即不是透過語言來傳達真意，而是透過默的概念來突破語言的侷限。因此巴特在禪宗佛法的概念下，對能指跟所指的符號意義上的詮釋做了一個很大之變動意義上的思索。所以，從這種語言的生命到語言的死亡，他看到的是一種語言符號轉換，一種全新的，全面性的文化符號學的詮釋空間，所以他名之為「日本」。可是有人認為，如果巴特不是到日本而是到台灣或東南亞，它也一樣會完成同樣的論述。因為質言之，巴特是來自於從自我到他者的建構下來反思，就好像東方文化跟西方文化的交錯下而產生反照的功能，使自己建構出在變易思考上另一種可能的空間表現。

　　所以巴特以文學作品為代表，就是日本的俳句，任何的俳句都非常的精簡，比如「一隻青蛙跳進千年古甕所發出的響聲啊！」就這麼精短的句子，或是「多少人來往於麥田橋上在紛紛秋雨中」，這原本只是一個非常簡單的意像，不太賦予他邏輯概念，然而在意像的排比下，讀者卻可以透過想像來跳躍到一個更普遍性的現象的體會。所以這是非常傑出的一種類似經典式的一種文學模式，當然也使巴特肯定日本文化、日本符號學文體上的代表建構。也因為如此，所以巴特的這趟日本之行終於為他締造了他的日本符號學，走出了原先他從結構學走到

解構學的一條不同的途徑。[13]易經坤卦美學的簡易、變易邏輯思維，幫助吾人會通並理解巴特在文學上，藉由文化上的他者另闢蹊徑，脫胎換骨，完成結構及解構的思維。

再如，莊子的他者美學，則不但建構在其語言的層次分析中，亦表現在其怪誕主義的顛覆美學上。質言之，從語言論道的角度而言，莊子的《南華經》可說建構在三種不同的語言論述中：寓言、重言與卮言。而這三種語言各自在自我，他我的辯證上均呈現不同的關係。

所謂「寓言」，可說是「自我觀物」的境界，莊子透過動物，植物及人物的比喻而論道，如〈逍遙遊〉中的「鵬鳩之志」，或如〈齊物論〉中的「莊周夢蝶」，〈人間世〉中的「不材之木」。在這種論述中，他者往往成為思考的客體。

至於「重言」，可謂「道我交涉」；莊子藉哲學人物、神學人物、傳說人物的言論來停止爭論。如〈大宗師〉中，孔子不知顏淵「坐忘」的境界，〈養生主〉中文惠君從"庖丁解牛"悟養生之道。自我與他我透過對話而達到交涉。

最後所謂「卮言」，則是「無我入道」的境界，莊子「他我兩忘」地透過沉醉的語言，走出了主觀性，承認萬物的共在性，避免了人的主觀性，以達到自然的均平，而契入了如宗教般之集體神秘經驗。如莊子〈寓言〉篇所言，「言無言，終身言，未嘗言；終身不言，未嘗不言。有自也而可，有自也而不可；有自也而然，有自也而不然。惡乎然？然於然。惡乎不然？不然於不然。惡乎可？可於可。惡乎不可？不可於不可。物固有

---

13 參閱蔡秀枝〈異文化裡的陌生人：羅蘭巴特在日本〉，東吳大學 2002 年「異文化裡的陌生人」學術研討會，台北：東吳大學外語學院，2002 年 3 月，頁 84-93。

所然，物固有所可，無物不然，無物不可。」，因為他「萬物皆種也，以不同形相禪」。

其次，莊子更提出了「醜之美學」，特意刻畫世上諸多得道高人，卻儘是缺齒〈天地篇〉，形體支離〈人間世〉，拐腳、駝背、無唇〈德充符〉者。藉此「美固然美，醜亦很美」，如此，莊子以批判式的肯定來翻轉世俗的美學標準。[14]正宛若其在儒家「修身、齊家、治國、平天下」外，再造另一個「清靜、無為」，不以外在努力之成就，或他人的眼光而完成自我，而著眼於自身內在生命與自我天趣完成與實現之唯美主義式的美學觀。

從易經坤卦的美學之自我與他我的主客二元，互為主體，到主客合一辯證過程之關照，莊子的怪誕及顛覆美學提供人們另一種價值理論及美學關照，如此的價值美學方能統合六合宇宙，超脫世俗狹隘的名利價值觀，而達到心靈境界想像領域方能迄及之絕對的齊物與逍遙矣！

三、結　論

從以上的論述可知，易經坤卦美學提供吾人檢視得悉自我與他者的差異，源起於眼睛凝視之究竟原因；鏡象乃聯繫自我與浩瀚神秘，無可掌握之他者，界定彼此之鴻溝或相互辯證不可或缺之中介；釐清佛洛伊德的精神分析，其戀父情節，圖騰與禁忌，所內涵之自我與他我的論辯，及自我成長過程所必經

---

14 參考趙衛民，〈莊子的風神〉，第六屆文學與文化學術研討會論文，台北：淡大覺生國際會議廳，2002 年 4 月 11、12 日。以上有關莊子之美學論述，大抵採自教授之精闢觀點。

的排他陣痛，剖析榮格神話學實乃透過過去人類文明之他者排
比自我的生存場境，而賦予現代文化的深層結構意涵；衍義拉
岡鏡像理論中自我透過鏡像反射之他者，完成生命之成長三
部曲：真實、想像、及象徵之隱喻；更以兩儀「負陰抱陽」概
念，詮釋列維納斯的他者倫理學；更以自我、他我的正位觀，
批判兩性論述時，常犯的迷思與謬誤；探索異文化裡的他者為
何往往在文化交錯的誤解下，被扭曲、醜化或疏離曲解；論述
羅蘭巴特如何反而透過文化疏離的他者，在語言符號學上，建
構其由結構到解構的書寫策略；最後，更透過莊子的語言邏輯
及顛覆美學，解析莊子之「道之他者」，也就是超脫「定於一
尊」價值觀的自然派存在美學內涵。

　　誠然，易經坤卦美學的自我他者之論述及衍伸，決然不僅
涵蓋以上有限之觀念思維及範疇。然而，質言之，本論文旨在
拋磚引玉，嘗試將一般世人所認知之死板或刻板之易經學術，
開拓成華人式思維方法論之努力，其中過於疏漏或有待細論者
顯然多矣！是以，吾人期待一個新易經文化詮釋學時代之來
臨，華人能走出文化後殖民之噩夢，開拓一個嶄新而充滿創意
的文化詮釋學的新紀元！

柒、解讀安徒生童話與迪士尼小美人魚的變形比較研究

一、序　言

　　安徒生在童話世界王國中可謂是家喻戶曉，最具有想像力及創意的童話作家。在他的童話世界裡所創造出的人物，比如：賣火柴的少女、天鵝公主、國王的新衣、拇指公主、醜小鴨、冰血女王、勇敢的錫兵，可說為後世的讀者開拓了一個無垠無涯的童話世界。更重要的是，他為整個童話藝術締造了豐富的人物類型典範。提供後世的童話學者取之不絕，用之不盡的神話研究靈感。[1]

　　在安徒生童話中最具有代表性的作品莫過於充滿愛情悲劇意味的《人魚公主》了。人魚公主奮不顧身的拯救巧遇遭逢暴風雨襲擊下的王子，枉顧其父王的嚴苛禁令，甚至冒著生命的危險，勇敢的奔向她與王子的婚姻殿堂，最後甚至放棄自己唯一的生存機會，為了追尋真愛而化為泡沫，飛灰湮滅。這般

---

1 安徒生的童話作品包括詩歌短文共 168 篇，收集成冊的故事共 156 個之多，可謂多元豐富，創作力俱足。

纏綿動人的愛情故事，可說是純潔天真少男少女情愛的最佳典範。

這種隱含著神話意圖的民間故事——安徒生《人魚公主》的傳說，其不惜犧牲性命而完全付出的真愛精神，在一切愛情的文藝類型中，其纏綿悽美、雋永動人，自古以來打動了成千上萬多情讀者的心；從文學類化的觀點而言，顯然俱涵了特殊意味的愛情典型。文學餘風之下，是以乃見莎士比亞《暴風雨》中的愛情試鍊故事[2]，甚至當今的華德狄斯耐影片亦將這永恆感人的愛情故事，轉化為聲光音效，繁複糾雜的現代愛情史詩。

本論文擬以易經符號詮釋學的詮釋角度，分析比較安徒生童話與華德狄斯耐電影裡小美人魚的變形差異[3]。透過神話派批評祖師榮格（Carl Jung）的精神分析理論，檢視華德狄斯耐電影所呈現的現代愛情世界中的四大女性潛能：意即夏娃型、海

---

2 暴風雨一劇中的女主角 Miranda，姓名類化學的觀點而言，顯然脫胎自童話裡的 Mermaid 原形。

3 請參考蔡勝德＜安徒生童話的戲劇與電影藝術表現＞，台北，安徒生童話之藝術表現及影響學術研討會論文集，2002 年 7 月，頁 142-149。蔡勝德教授認為人魚公主轉變成華德狄斯耐的小美人魚後竟然變成只有真誠與奉獻式的愛並沒有追求靈魂的主題，這種討論比較偏向抽樣式的內容探討而欠缺作品內涵結構的真意研究。另參考邱凡芸＜安徒生海的女兒與狄士尼的影像話＞，台北，安徒生童話之藝術表現及影響學術研討會論文集，2002 年 7 月，頁 151-162。論文中，她引用西方學者 Cashdan 的理論，提出為何小美人魚在十六七歲要急著長腿，是象徵小女孩想要脫離家中的束縛，去談戀愛。象徵小女孩想要急著長大，想要擁有性。所以她從情慾的角度出發來談肉慾的問題。再者，她認為安徒生童話中的人魚公主沒有選擇殺害王子，其究竟原因乃為不想返回父母的庇護，想要自己獨立。她另一個結論認為改編的小美人魚有點商業化遺忘了原來人魚公主較深刻的主題，此結論似乎不夠具體。

倫型、瑪麗亞型、蒙娜麗莎型等四大女性潛能類型[4]，演繹此四種女性潛能在現代文本中如何類比弗萊（Northrop Frye）《批評的剖析》（Anatomy of Criticism）中，所提出的春夏秋冬四大文學情懷與特質，超越原始文本——安徒生童話中《人魚公主》的故事。

　　藉此文學人物的變形研究，本論文擬透過小美人魚今古文本的比較分析，探索隱含在童話故事中人類亙古以來共同擁有之行為模式，其背後所蘊含的深度結構意涵，彰顯人類內在世界的密契經驗。甚而透過易經類型學中之四象概念，意即元、亨、利、貞思想結構模式，穿透榮格心理學的神話概念，修訂並補足人類學結構主義學者李維史陀（Lévi-Strauss）所詬病之榮格神話學，其詮釋意義上的單一指涉之侷限性。[5]突顯東方思維易經詮釋學在當代之重要性。

二、本　文

　　質言之，從榮格神話原型的批評角度而言，安徒生的人魚公主與華德狄斯耐的小美人魚這兩部作品，在結構內涵上俱涵著極大的差異。透過榮格理論中的女性潛能學說便可針對這個

4　請參閱榮格著，龔卓軍譯《人及其象徵》，台北，1999 年 5 月，頁 185-286。
5　李氏認為榮格所提出的所謂原型神話類型擁有固定之意涵，此種論調正宛如語言中一音僅擁有一意同樣之謬誤。《The Structural Study of Myth》，p.p 809-822。

議題作出精確的分析與辨別。所謂女性潛能（Anima）意指提升男人、使男人心中會有一種向上追求理想或是生存意志昇華的一種力量。榮格提出四種女性潛能的類型，第一種類型為夏娃（Eve）型，代表最原始的女人，擁有最原始的慾望，就像 Bitch 一樣，覺得男人每個都好，對每個男人都有強烈的色慾，並意圖竭盡所能的去掌握與補捉男人。第二種是海倫（Helen）型，海倫是傾國傾城型的女人，因為被喻為是希臘最美麗的女人，所以代表浪漫與美麗，帶給男人羅曼蒂克的想念與摯愛。第三種是聖母瑪麗亞（Maria）型，在榮格的理論提到聖母瑪麗亞往往會帶來死亡，因為耶穌被釘上十字架，背負了人類的罪過，選擇死亡，以便完成人類的救贖。而且她代表一種精神聖潔的層次，無須經過肉體上之男歡女愛就生下了耶穌，是屬於精神性、理想犧牲、奉獻型的女人。第四種類型是蒙娜麗莎（Mona Lisa）型，蒙娜麗莎微笑，乃因她身上孕育了全新的生命，故展現出生之喜悅的境界。「生」是宇宙創化最偉大的動力，那是一個最完美的類型，宇宙人生如何創化，它就像春夏秋冬般順暢的循環、內涵萬物滋長的力量，也幾乎是代表著魔法完成、一個生命全然完成之完整性的女人類型。我們若從這四大女性潛能類型的特質來檢視《人魚公主》和《小美人魚》，就可看出前者與後者，互含的結構變形上，其所要傳達的究竟意涵。

　　就神話類型學的結構內涵而言，此二版本最大不同在於傳統之安徒生童話的《人魚公主》，其所展現的重點可說全然侷限於女性潛能中的瑪麗亞類型，也就是榮格所提出之女性潛能四

大類型中第三類型的女人。[6]《人魚公主》為了王子不惜犧牲性

6　其餘仍有以下之差異：一，若以主題性而言，迪士尼小美人魚中，呈現出
　　來的愛情已不再是一種純粹的空靈情愛的追求，一個少女在十六、七歲的
　　時候她可能追求的是空靈情愛，愛是不斷犧牲，愛是不講條件，愛是不計
　　一切，愛是對抗一切，像泡沫一樣，只是虛幻，一戳就破，愛就是追求靈
　　魂，只要理想不要現實，這是童話原來想表達的愛情世界。可是到達了迪
　　士尼的小美人魚已經不是這樣，而是另一個豐富的世界，是善惡對立的世
　　界，是一場情愛的爭奪戰，就如現實人生，情場上我們會遇到敵手，就好
　　像 Ursula，同樣是魚類所轉化出來更龐大的力量，甚至有魔法並帶領一群
　　魔子魔孫去弒殺小美人魚的魚族世界。自然世界跟魔法世界對立了起來。
　　第二，安徒生童話的人魚公主中，不太強調聲音的重要性。反之，我們在華
　　德迪士尼的小美人魚中看到電影中強調了聲音的重要性。因為八爪魚要小
　　美人魚把美麗聲音借給她，所以她就將小美人魚的聲音割除，轉化到自身
　　中。為什麼要強調這個聲音呢？後來我們可以看出，當假小美人魚因被狗
　　咬而被識破時，海鷗群族飛過，一緊張而現出原型時，美麗的聲音又再度
　　回到小美人身上，所以它所要談的是，在象徵性的語言裡，真正的愛情世
　　界中並不是人魚公主世界中無聲、無條件的忍讓犧牲，而是把父王、父母
　　對自我的壓抑能夠解除，不僅是去將接納自己的父王、父母給你的東西壓
　　榨成一個無聲的世界，更是自我解放，走出自我世界，擁有自己的「聲音」，
　　自己獨立的生活。
　　第三，聲光的效果。從敘述學的角度而言，童話故事在電影中變成一個多元
　　的世界，有歌唱、舞蹈，大自然變成如協奏曲般的方式來歌頌小美人魚的
　　愛情故事。基本上是因為時代性的關係，從過去的口述文學、童話世界的
　　傳述到今天充滿現代性的電影媒體書寫，其文本的選擇上自然會有很大的
　　差異。
　　第四，如果以文類而言，安徒生的人魚公主選擇的是悲劇而迪士尼小美人魚
　　是以喜劇來作為電影處理的模式。就一個愛情成熟度來說，由悲劇轉化到
　　喜劇當然很明顯地是一種情愛特質的轉化。在所謂十六、十七歲的情愛世
　　界，像莎士比亞《羅密歐與茱麗葉》裡的情愛，少男少女對於現世的了解
　　不深及經驗不深，所以往往因危機應變的能力不足而帶來悲劇。安徒生的
　　人魚公主碰上假人魚公主時，不知如何應變而選擇退讓、犧牲自我，和迪
　　士尼更加成熟的女人，當情逢敵手時也能懂得抓其破綻、攻其弱點，達
　　到情愛策略上的成就，可看出情愛世界從青澀之愛（Innocent Love）轉化
　　到成熟之愛（Mature Love）的呈現手法的轉變。
　　第五，安徒生的人魚公主和迪士尼的小美人魚所面對的是不同的世界。人魚
　　公主本身的處世態度是較少和社會產生關係，她獨自面對父母和社會給予

命，她不去追求個人幸福而願意去成全王子的心意，寧願自己
化為灰燼、泡沫，顯然是一種棄絕自我，絕對理想、犧牲、奉
獻、空靈情愛的一種典範。而當她轉換成華德迪斯耐的《小美
人魚》之現代文本後，其所關注的重點便截然不同了。其最大
的差別是她宛若俱涵三位一體的特質，就像我們在神學神話裡
所稱的三位一體（Trinity）概念一般。吾人在《小美人魚》電

的壓力及禁忌，這種社會的禁忌就是當一個魚類愛上人類而又得不到真愛
時就會化成泡沫，這樣的禁忌無法得到任何人的幫助，所以她是在獨自奮
戰下來完成她的愛情悲劇。可是，在小美人魚中，她不只是單純的面對代
表她的情敵 Ursula 所轉化出的女巫所帶來的惡靈、殺人魚、烏鴉所帶來的
殺戮力量，而是擁有一群支持她的朋友，比如：宮庭作曲家 Sebastian、可
愛比目魚 Flounder、海鷗 Scuttle 等的所有動物都是群體力量來協助她。可
看出，人魚公主中所描寫的少女不懂得社會族群的力量及人與人之間的相
處之道。而轉化成迪士尼的小美人魚中的少女是已具有社會性，很懂得群
體互動的重要性，來完成群體作戰的愛情計畫。

第六，安徒生的人魚公主中，老婆婆代表的是 Good Mother，可是到達小美
人魚時，已轉化成 Bad Mother。從神話學的角度來看的話，人魚公主的
Good Mother 所提供的是一種智慧，教她如何才可擁有自己的靈魂，教他
如何用刀將王子殺死，而殺死王子就可擁有自己的靈魂，就可返回大海、
返回生命的原鄉。可是進入了迪士尼的小美人魚人之後，已變成巫婆（bad
mother），然後再變成小美人魚的情敵，所以在整個題材的轉化是有很大
的不同。至於意義上一個 Good Mother 和 Bad Mother 的轉化有什麼意義
呢？對一個小女孩的成長來講，忠言往往逆耳，或許負面的母親形象可以
帶給小美人魚更高的智慧。我個人覺得這有點像童話中《白雪公主》的母
后。在《白雪公主》的另一個版本中寫母后是一個太聰明的女人，她為什
麼想和白雪公主爭奪父親的情愛呢？是因為白雪公主太笨了，所以為了教
化這個女兒，而轉化成了壞媽媽的形象來教育她。當一個小孩學不會東西
時，媽媽有時是要變凶一點，所以從好母親變成壞母親是具有轉化型的力
量。想像一下，像安徒生童話中的人魚公主那種空靈的愛情觀，如果你老
是給她忠言是沒有用的，有時候要變兇一點懲罰她，轉化成一種魔的力
量、一種強大的壓制力量，或許在一個逆轉情況之下，有辦法使一個充滿
叛逆性的少女，由於這種惡母親的形象，像《白雪公主》裡母后這樣的魔
法力量，使她可以從愚昧轉為睿智，這可能也是有它的涵義。

影中看到的不再只是一個單一的女人，而是兼具另外三種女人特質的類型。《小美人魚》電影的文本中，仍然保留了《人魚公主》中瑪麗亞型理想、犧牲、奉獻的瑪麗亞型女性潛能特質，她必須為王子做很多犧牲，比如她長腳的時候其實是很不痛快，因為肉身的轉化是一個極大的痛苦，成長是一個極大的痛苦，而她又必須去對抗整個八爪魔及其黨羽的力量，突破外在的困境、測試，而表達她的真心來完成和王子之間的情愛理想。因而，她自然代表理想奉獻型的女人。但在這部影片中，我們還可看到其它不同象徵形式上的分身變形。比如在某個角度裡，我們可以把 Ashela，亦即原先安徒生童話《人魚公主》中充滿智慧的智慧的老婆婆（Old Wise Woman）視為《小美人魚》電影中的 Ursula 這個八爪魚、女魔頭的人格投射變形。她意圖佔據龍宮並奪取小美人魚父王的三叉戟。她追逐權力、慾望，甚至想把小美人魚的王子也騙走，像極了充滿著肉慾和現實面的夏娃魔女原型。此外，她更轉化成假的小美人魚，用肢體美感曲線和美麗的歌聲吸引王子，設法博取王子的青睞。這女人擁有小美人魚的浪漫式美感特質，深深吸引著王子，俱足了海倫型女性潛能的特質。換言之，迪士尼的小美人魚的女性可說是轉化自人魚公主故事而來，她融匯了三個女人夏娃、海倫、聖母瑪莉亞三種特質，而再將其整合，就轉化成了蒙娜麗莎，一身兼具了既肉慾現實，浪漫理想，又犧牲奉獻的完整女人類型，亦即女性最崇高的完美人格體現，來贏得並轉化了這場情愛風波，而締造一個完美的愛情及婚姻，成就了小美人魚

整個人格類型上的轉化。[7]

其實，榮格的四種女性潛能概念與弗萊的神話理論有異曲同工之妙。同時俱涵原始的、浪漫的、犧牲奉獻的、及圓融的四種特質。弗萊的神話類型理論提出，文學中俱涵春夏秋冬四季不同情調的文類作品，春天代表喜劇，夏天代表羅曼史，秋天代表悲劇，冬天代表諷刺劇。[8]若以弗萊的標準而言，則安徒生的童話與華德狄斯耐的電影文本，顯然亦俱有不同的強烈意涵。安徒生在他的文本中，選擇以人魚公主到最後為愛犧牲而化為泡沫，以悲壯的愛情作為故事的終結，顯然充斥著秋天蕭瑟悲涼的光景。反觀電影中小美人魚，起初未涉人間情事，逍遙自在地遨遊於水晶宮中，輕歌慢舞，水榭涼亭，徜徉於清純少女的多情幻想，春日遐思的境界，無疑地展現了電影想像世界中，抒情詩般春意盎然的喜劇文體風格。其次，公主與王子所展開的田園情愛（Pastoral Love），可謂充滿高度的浪漫情懷。海上驚艷，歌聲迷情，搭救船難，泛舟呢喃，海霞滿天，和風飄香，群蛙齊鳴，水鴨和唱，樂聲飄揚，共奏一曲熱情奔放的夏日交響樂。至於小美人魚與八爪魚之間的情愛搏鬥，無異是一齣人間悲劇的縮影。經驗世界中難免充滿了競爭、仇恨、欺騙、搏鬥、陷害與苦難，隨時置人於生死的邊緣。正如秋日來臨，萬物凋零，百物不興，死氣沉沉，蕭條無依，絕望悲痛。最後，美好的結局中，隱含著反諷的況味。無所不能，呼風喚

---

7 質言之，小美人魚人格類型上的變身轉化，實可視為一切女性奔向圓滿的婚姻聖殿途中，所必須經歷的人格體現課題。

8 "A Handbook of Critical Approaches to Literature," Guerin ed., 4th ed., Oxford University Press, New York, 1999, p.166.

雨的魔女八爪魚，終因不智地追求「他我」而完全地喪失了「自我」；純潔天真的小美人魚，卻因「無我」的真愛追求，而成就了魔法師般的「真我」金身。此種變形書寫，可謂妙筆靈思，巧妙絕倫。

弗萊的四季神話原型學說，似乎成功地沿承了榮格最著名的神話原型模式。然而，在晚近的結構派神話大師李維史托的眼中，卻仍嫌簡化與偏限。在《神話的結構研究》（The Structural Study of Myth）這篇文章中，李氏提出榮格所認為的神話原型俱涵其特殊意義的說法，正如同一個字音（sound）往往對應其所指涉的單一字義（meaning），這種論調，顯然偏限了神話原型結構，本身原本可包含的多重指涉意義。[9]和弗萊相同，李氏也認為神話是一種集體的夢，一定可透過外在缺乏理性的結構，探索其內在非理性的邏輯，進而加以闡釋其可揭露而隱藏的意義，只是神話的結構意義絕非僅限於單一指涉的概念。[10]

質言之，榮格的神話原型學說，基本上與華人的易經原型理論有非常貼近的類比關係。比如，榮格的女性潛能四大類型的說法與易經類型學所提出的四象概念，亦即元、亨、利、貞，所俱涵的春、夏、秋、冬四德的說法可說完全符合。甚至根本可說是脫胎於易經的原始概念。因為在易經中，元、亨、利、貞正是震、離、兌、坎等四卦的基本卦德。震卦屬木，位於東方，象徵東方之生氣的力量，正如一日之晨，又如一年之春，

---

9 "The Structural Study of Myth," Levi-Strauss, *Critical Theory Since 1965*, Hazard Adams and Leroy Searle ed., University Press of Florida, 1986, p.810.

10 《結構主義之父》艾德蒙・李區，黃道琳譯，台北：桂冠，1976 年，頁68。

故俱涵元氣凜然，原始創力的自然能量。榮格女性潛能之第一種類型－原始性女人發揮本能的慾望實現及控制他人之佔有力等特質，不正符合象徵東方木，充滿春意的易經震卦的卦德特質！離卦屬火，位於南方，具有明麗、光華、美艷、紅鸞、浪漫的特質，正如人間四月天般百花齊放，燦爛動人。所以榮格女性潛能之第二種類型－浪漫型女人透過女性的曼妙身軀，款款軟語，喚起男人無限的柔情與纏綿的情愛幻想特質，恰巧符合易經象徵南方離火，浪漫熱情的基本卦德特質。至於，兌卦屬金，位於西方，象徵金戎、武力、戰爭、殺氣，正如蕭颯、沉寂的八月天般淒涼、孤獨。而榮格女性潛能的第三類型－自我犧牲之毀滅型的女人，聖潔而完美，往往透過全然的付出與無我的奉獻去成全所愛的人，但卻突然換來滿身的落拓、悲苦與絕望，這正是易經象徵西方兌卦肅殺、蕭寂及孤絕的特質。坎卦屬水，位於北方，具有聰明睿智、超越困境的特質。而榮格之女性潛能之第四類型的女人－智慧圓融型女人，則正如歲月將盡之老人，領略過人情冷暖，世間滄桑，鍛鍊出了克服逆境，解決困厄的圓融智慧。這正是易經坎卦所俱涵的，透過人間的歷劫而成就高超的智慧之基本卦德。

　　從文獻上看來，榮格除了承受西方文化的傳統之外，他身受華人的《易經》及西藏密宗的傳承影響甚深。[11]此足以證明為何榮格所開創的神話原型理論大抵逃不出易經類型的方法論之陰影。比如：《易經》的整體概念建構在「類化學」（Typology）上，而榮格的整個神話原型學說，顯然亦建立在類型學的基礎

---

11 請參閱《東洋冥想的心理學 —— 從易經到禪》，榮格著，楊儒賓譯，北京：社會科學文獻出版社，2000 年，頁 1-31；205-249。

上。《易經》中言兩儀思想，而榮格的神話原型便將自然世界分為陰陽兩種神話原型。[12]《易經》中有四象的說法，而榮格的男性、女性潛能便有四種變形的說法。《易經》中有八卦的結構，而榮格的人格類型學說便俱涵八種分類的模式[13]。《易經》中有同時性巧合的說法，而榮格的神話詮釋學不但具有歷時性（Diachronic），亦具有共時性（Synchronic）的特點，這與同時性巧合的概念不謀而合。[14]吾人或許不可遽下論斷地認為榮格的思想全然承繼自華人的道統易經文化，但無可諱言其思維的模式或多或少地受到了《易經》基本之類化思想的影響，此乃必然。

　　易經的整體結構思維，要比起榮格的類化概念繁複的多。就基本的架構論而言，易經將整個人類世界的現象分成六十四種基本模式，而每一種基本模式又俱涵六種變化的進程，換言之，整個世間的現象，也可以將它視為具有三百八十四種類型的可能性。此外，在易經的世界觀下，宇宙萬物的基本模式，組合成萬物的基本資料可視為五種基本的類型，亦即五行金、木、水、火、土等五種基本的組成因素，而且《易經》中天、地、人等三才的結構思維，乃是中華文化中截然不同於世界文化的特質。《易經》中的卦序思維也是文化思維中的重大建構體系。至於對於世間每種事件的看法，《易經》又提供了錯、綜、

---

12 "A Handbook of Critical Approaches to Literature,"Guerin ed., 4th ed., Oxford University Press, New York, 1999, p.162.

13 《榮格人格類型》，達瑞爾‧夏普(Daryl Sharp)著，易之新譯，台北：心靈工坊，2012 年

14 請參閱《東洋冥想的心理學－從易經到禪》，榮格著，楊儒賓譯，北京：社會科學文獻出版社，2000 年，頁 208-201。

互、雜等四種看待萬物的視角，經此四種視角的轉換，《易經》
卦序的思維或易卦的本體思維便全然開展出一片嶄新的天地。
此外，《易經》對於宇宙萬物的規範更提出了十天干、十二地
支、九宮、二十八星宿等範圍的數碼理念，這些概念又各自形
成一一不同的結構思維。而對於世間真理的捕抓，《易經》更
提供了簡易、變易、不易等三易的總體思維方法論，作為檢驗
真理模式的範疇依據。此外，大易哲學體系所開展出來的其他
易學理論，比如山、醫、命、相、卜等，更各自形成自給自足，
亦或相互交錯的思維網絡，演繹了這三千大千世界一切零零總
總的現象……。以上所提出的任何概念及思維模式卻都可以開
展、演繹成為文學類型研究的方法論，而這些對榮格而言，顯
然超越了他對《易經》不論是影響式閱讀或創意性閱讀的範圍
了。

三、結　論

　　本論文以易經符號詮釋學及榮格原型平行對比的思維模
式，詮釋小美人魚從安徒生的童話轉變為迪士尼的電影文本，
其基本內涵上的意義轉化。透過此神話類型的人物轉化研究，
本論文試圖彰顯一切人類想像世界的文本，其內在結構背後的
深層文化意涵，解碼一切偉大作家所共有的集體潛意識的密碼
符號及結構意義，強調易經在破譯宇宙大電腦的全息思想的獨
一無二的優越性。易經類型的文化思維，不僅超越李維史陀的
神話結構學，弗萊的四季文學類型說，甚至涵蓋了榮格的神話

類型理論，可說是具有無遠弗屆的影響性。其全面穿透無所不包的結構系統概念，在當今的世界文論上可說具有無與倫比的超越性。

在西方的文學霸權理論縱橫天下，百家齊放，甚而窮思竭慮之世紀末輓歌聲中，後殖民、後結構、後現代等充滿自我批判，甚至自我毀滅之西方文論崛起之時，中心已然瓦解，文以載道的思想早已崩垮，作品失去了作者，文本失去了意義，在史賓格勒《西方的沒落》如魔咒般的預言籠罩在西方的天空下，薩伊德的東方主義的呼籲，與其說是及時雨的當頭棒喝，反照傲視他人的文化霸權主義者的宿命，毋寧說是提供了一條以文化的他者為師的救命仙丹……。

誠如 國父與英國歷史學家湯恩比所言，二十一世紀乃是中國人的世紀。華人在百年來，西方文化霸權主義的宰制下，於二十一世紀之初，赫然乍現諾貝爾文學獎的文化曙光。在這全球化時代來臨的同時，吾人理當回返我大中華文化的母體，攝取一切需要的靈感與養分，深入一切的文化正典，粹取一切往聖先賢的智慧，建構一套俱涵文化主體性的文學理論，這樣不但能在瞬時多變的網路時代中，與西方文論作平等的對話，更能夠展現我大中華文論思想的精妙絕倫與奧義多姿。期待一個新易經文化詮釋學時代的來臨，華人文化能夠擺脫後殖民的陰影，走向一個全新的美麗文化新世界！

捌、解讀《論語‧學而》篇

一、前　言

　　孔子的《論語》開篇第一章便是「子曰：學而時習之，不亦說乎？有朋自遠方來，不亦樂乎？人不知而不慍，不亦君子乎？」自古以來，對於這段文字的詮釋，可謂眾說紛紜。有些學者從文字學的觀點詮釋「學」的意義、範圍、多重內涵義；亦或探討「時」的重要性與究竟義，分析「有朋」的考證意義；總之，透過文字學的知識，深度分析這篇破題的章節，在孔子《論語》中的重要性。更有些學者從義理的層面探討這段文字所兼俱的表層義與深層義的內涵。至於〈學而〉篇之置於《論語》之首，有些學者認為這種安排不過純屬偶然，沒有特殊的意涵；然而，更有學者認為這種安排不但是刻意的，更具有結構學上內在性與超越性的雙重意涵。[1]

　　質言之，無論從文字學或義理學的角度去詮釋《論語‧學

1　本論文之撰述，緣自於筆者參加的 2006 年 2 月 24 日中研院文哲所所舉辦"儒家經典之形成"專題演講。演講中北京清華大學廖名春教授以《論語》"學而時習之"章新探為題，展開了精彩而詳盡的論述，此外，李明輝教授也提供他個人獨到的詮釋見地。他們的想法提供個人極大的啟發作用，在此一併謝過。

而》篇，主要乃應用了中國六書象形、指事、會意、形聲、轉注、假借等文字學的知識，透過哲學義理的前後辯證推論，在詮釋學上雖然也做出一番成果，引發學人進入〈學而〉篇更深度地理解與認識。然而此詮釋方法除了望文生義、想像推理之外，似乎欠缺更直接、更俱有符號邏輯的證據，是有今日的詮釋學上，似乎有所不足。

　　本書擬透過易經符號詮釋學的角度重新詮釋〈學而〉篇。分別從易經的坎卦詮釋「學而時習之，不亦說乎？」藉以探討學習的精神與對象；易經的山雷頤卦詮釋「有朋自遠方來，不亦樂乎」，以探討學習的重點與內涵。最後，再以易經水風井卦詮釋「人不知而不慍，不亦君子乎？」來探討學習的目的與態度。期望藉由易經坎卦、頤卦與井卦的分析視角，重新解碼《論語‧學而》篇，透視其文字與文字間，段落與段落間相互穿透辯證，更揭露其在孔子的論語學中無與倫比的重要性。

二、本　文

（一）「學而時習之，不亦說乎」之易經詮釋

　　從易經先後天八卦的角度可看出〈學而〉章第一段文字「學而時習之，不亦說乎？」其背後的深層意涵，乃是孔子認為應該以易經的坎卦作為學習的精神與對象。其原因在於，「說」者「悅」也；而「悅」者「兌」也。從易經的角度可知後天八卦

的兌卦即是先天八卦的坎卦。[2] 孔子在《論語》中，有「逝者如斯矣，不捨晝夜」的慨嘆，並且在《論語》〈學而〉篇破題章句便提出向水學習的法，更隱涵老子"上善若水"的智慧，以水作為宇宙間自然生命最俱有神秘性，也最能帶來人類智慧的象徵。[3]

換言之，孔子認為學子在求學時，該以水作為榜樣：（一）水就下，是以學子在學習的過程，永遠該保持求虛心謙卑的態度。（二）水不拘泥於形式，是以君子不器，也就是學子抱持為學問而學問的態度從事學習，不可侷限於任何功利的目的。（三）水能穿透萬物，是以學子在學問上必需先求一門深入，再求他門旁通，不可侷限於單一的知識領域或洞見。（四）水利萬物，是以學子求學當抱持己利利人，己達達人的生命態度，不為滿足個人的慾望，而在利樂眾生，造福黎民百姓。

其次，從易經坎卦六爻的內涵義來說。「初六，習坎，入于坎窞」意指"活水通源，一貫誠意"。也就是說，學子在求學過程中，尤其在學業未成時，最容易因為自己的根基淺薄、性情浮露、約束不足，或誠信欠缺，而墮入學習的陷阱，或因而學習中斷，或改投他師，或放棄理想，不能把握當前已有的資源、良師、或既定的目標與方向，這是學子在求學過程中最容易犯的第一項通病。

「九二，坎有險，求小得」的重點在強調學子在求學過程中千萬不可好高騖遠，因為一粒粒的沙可積成高塔；一滴滴的

---

2 請參閱南懷瑾《易經雜說》，台北：老古，1999。
3 古今中外聖賢以水作為宇宙生命最高智慧的象徵。中國的孔子與老子，甚至西方的 Thales 亦然。

水可匯成江河。換言之，學問乃是積漸而成，學習不但有既定的次第，更需要學習等待與火侯的完成，如果一昧的好高騖遠，根基尚未穩固便自視卓越、已迄大成，那便宛若追逐建高塔於浮沙之上，終究會被無情的潮水所衝擊而崩毀。更何況，萬丈高樓平地起，未能經歷次弟的工夫與學問，便意圖企及高峰的境界，那便宛若耽溺於自我幻念而追逐海市蜃樓罷了。

「六三，來之坎坎，險且枕，入於坎窞」的重點在強調學子於學習的過程中，必須珍惜處於困境的挫敗經驗。因為正如同基督教中的神為了拯救世人，便必須道成肉身，具備了人類血肉之軀的侷限性，穿透人間的苦難經驗之後，方能成就其既存在又超越的，救贖人類的聖德大業。再說，擁有挫敗的困境經驗，方可培養與別人之間的同理心，增進轉化人間苦難的大智慧。

「六四，樽酒，簋貳，用缶，納約自牖」的重點在強調學子在文學中必須建立如宗教般強烈的生命信念。所謂“為學日益，為道日損”，真理的追求者必須抱持摒棄自我的精神，捐棄一切個人的執念，全然貫注到自己所認定的最終的生命意義的追尋中，唯有在此種誠信不移，絕對專注的生命情境的投入時，方能剎那間直透學問的本然，靈光乍現，而抵達成就大學問的契機。

「九五，坎不盈，祇既平」的重點在於強調學子在成就學問的過程中，千萬不可高傲自滿或目中無人，而要隨時保持流水而不滿盈的生命態度。因為畢竟天下之大，強中自有強中手、一山還有一山高，過分的狂妄自大只不過凸顯自己識見與器量的狹窄罷了。更何況，學問的進境可說永無止境，唯有學習乾

卦「天行健，君子以自強不息」的精神，不斷的努力求進步，以便達到所謂苟日新、日日新、又日新的境界，這才是真正的讀書人該有的胸襟與器識。

「上六，係用徽纆，寘於叢棘，三歲不得」的重點在強調學子於求學過程中必須敢於冒險犯難，發前人之未敢發、行前人之未敢行。真正的學者必須穿透所謂的天險、地險與人險，理解天、地、人三才中，天時於人類之氣數上的侷限，地利對人類之環境或形勢上的影響，人和在人類行事上成敗的關鍵。心懷正氣，內心保持亨態，謹守一貫的真心，以便達到履險如夷，穿越苦難，而成就最終的智慧。

（二）「有朋自遠方來，不亦樂乎」之易經詮釋

從文字學的角度而言，朋者，鵬也；朋者，申也，而申者神也。[4] 所以顯然的孔子〈學而〉篇「有朋自遠方來，不亦樂乎」在文字的深層結構上，其實隱含學問的成就不僅在於個人孜孜不倦的學養或躬親實踐的精神而已，更在於同好或師友之間相互的討論、辯難。更有甚者，於其基本上牽扯到的似乎是來自天界的訊息或是來自神國的福音，也就是類似西方神話中繆思女神或赫密斯的奧秘。換言之，唯有當個人在學問上的專注或師友間激烈的思辯論戰能通達高度的神思領域時，真理的奧秘才會在剎那間向人們顯示，這其實才是千古以來孔子在〈學而〉篇中所謂「有朋自遠方來，不亦樂乎」其背後的所隱藏的神聖意涵。[5]

---

4 請參閱有易書房主人，《易眼看文化》，台北：松華，1999 年。
5 直言之，這也是為何孔子強調君子以朋友講習，或君子以文會友，以友輔

　　其次，這種將內在的真理彰顯於外在的生命，從易經的智慧而言，則必須透過山雷頤卦的蓄養智慧。《易經‧頤卦》探索的正是"食色性也，人之大義存焉"，也就是扣緊天理人欲的主題。換言之，從修道的角度而言，如何自養養人、如何養身養德、是否養正存正，正是學子存天理去人欲、勘破情慾性命之分際的大學養。

　　此外，人類一切吸納的食物，無論是物質的或精神的，從究竟意義上來談，都附和著某種訊息。因此，孔子學而篇開張首句所謂「學而時習之，不亦說乎」，其真正的意涵，其實乃指涉"食息"。亦即學子在求學過程中，最該重視的不外乎是如何運用智慧，在眼、耳、鼻、舌、身、意識面對外界之六塵薰染時，調動個人最高的轉化能力，將一切外在的"食息"攝取進入自己的生命而創造更高的智慧及體現。[6]

　　再者，從《易經‧頤卦》六爻的內涵意而言，「初九，舍爾靈龜，觀我朵頤」意味著學子在食息的過程中，切莫過於重視世俗諦而忽視了神聖諦的追求。知識份子最大的悲哀莫過於放棄一切追求理想的初衷，而一昧的媚俗為了討好群眾，追求名聞利揚，而捨棄一切對真理與理想的堅持。綜觀一切世間法，在一切理想尚未打造成就之前，人們往往抱持崇高的信念，然而一旦人們獲取實踐理想的機會時，便往往扭曲了原先的理想性。[7] 所以，隨時耳提面命地回歸追求食息的神聖意義，

仁，背後所隱藏的秘密。

6 此種食息觀的理論乃是文明歷史中的一大秘密。

7 反觀當代台灣的宗教問題，許多大教派往往在追求宗教的現代化的同時，卻不知不覺的喪失了宗教精神中更重要的神聖諦的追求。

顯是首要的課題。

　　頤卦「六二，顛頤，拂經於丘頤」的重點在指出食息上的逆勢而行。一方面，學問之精進與成就不僅仰賴於知識與智慧的不斷地累進，更在於理論與實際的調和與修訂。另一方面，學問的成就不可建立在一成不變的概念上。因為人們常犯的毛病正是越是熟稔於自己精湛的學問者，往往更容易綁困自己於既定的成見與思維模式。因此，為了追求學問的不斷創見與再生，不可畏懼於打破自己既定的學問見地或成就，隨時能因事制宜、因人而變，依勢而行，如此，才能永遠保持食息上的活水源頭，不斷的在不同的時代中展開新意。

　　頤卦「六三，拂頤，貞凶，十年勿用」則指出違背頤養常病，亦即學子於日常食息中必須做到“慎言語、節飲食”。所謂病從口入、禍從口出，食息者在日常生活中必需懂得飲食男女，適得其份，既不可少又不可過之，否則便會直接傷害到色身的安危與健康。此外，不健康或負面的訊息在攝取的過程如欠缺智慧的轉換，則容易停格在意識檔案中成為他日災厄的病根。所以，如何善用正確的食息觀念，隨時強調易經的正位觀，完成“轉識成智”的過程，才是一切追求真理與理想的人所必須具備的能力。

　　頤卦「六四，顛頤，吉，虎視眈眈，其欲逐逐」的重點在強調食息觀中的”以欲助道”。換言之，學子必須明白追逐慾望乃人之常情，正確的食息觀並非一昧的強調泯滅常人的七情六慾，而是如何利用人類的慾望之觀照，而達到究竟的修持與真理的瞥見。而在達到這種究竟之前，學子難免會耽溺於不盡的無明煩惱、恐怖與憂慮，這也這是佛經所謂“煩惱即菩提”

的真正意涵。質言之，從食息觀的角度而言，不應只停留在"存天理、去人欲"的境界，而是趨向"天理即人欲、人欲即天理"的不可說意涵。

頤卦「六五，拂經，居貞吉，不可涉大川」強調的是食息觀中的"有容善受、取人裨我"。換言之，在此學子之食息重點，則在於學習他山之石可以攻錯，意即透過他人的經驗之借鏡反照自己學習的功過或缺失。此外，食息的重點更擴展到知順知逆、知有知無、知進知退、知陰知陽，甚至人溺己溺、人飢己飢，從個人到團體、從自我到民族、從物質到精神、從已知到未知、從意識到無意識等。也就是全面的穿透意識變現的總和認知，而達到真理大道的容受與証驗。

頤卦「上九，由頤，厲吉，利涉大川」所強調的則是食息觀中，知止自反的頤養大用和知危能慎。換言之，學子於大道趨於成就的同時，必須學會止所當止，不可過份的冒進，亦即所謂中道精神的追求，在於正中鵠的，反之則過猶不及。或所謂練精化氣、練氣化神、練神還虛而藏巧於拙的境地。在食息功夫的修為上，則必須歷盡由高明以入於深淵、由虛冥以覆照于無垠的反璞歸真的境界。

（三）「人不知而不慍，不亦君子乎？」的易經詮釋

從易經的角度可以看出〈學而〉篇的第三段文字「人不知而不慍，不亦君子乎？」其背後的深層意涵則是，孔子認為為學的態度應該以易經的「井卦」作為參考值。其原因在於求學正如井卦的卦象所顯示，宛若跳入井裡，取水而上，或是跳入

學問之井而攝取無上的智慧。更重要的是井卦的繫辭上說，「改邑不改井，无喪无得，往來井井」這句話的重點當然也與孔子論語中所說，「古之學者為己，今之學者為人」相通。質言之，學子在求學上所應抱持的態度，不正是毫無條件，不計較任何成敗得失而完全投入到學問追求的場際。唯有為學問而學問的治學態度，方能達到為學最高的境界。

．此外，井卦的初六，「井泥不食，舊井无禽」的重點在於強調學問的成就有大小之別，格局有高低之分。因此，學子於學問未成之時，切莫躁進，必須耐心等候，假以時日，靜待個人的生命經驗與功夫學養臻於成熟時，方能夠真正地發揮經世致用的能力。這就宛若廢置不汲的舊井，不汲則井旁無餘瀝，不但無人一顧，連就井啄飲的鳥類也沒有的了。

井卦「九二，井谷射鮒，甕敝漏」，這一爻的重點在於強調學問的完成必須抵達最高的究竟，也就是趨於學問無漏的境界。學子於求學的過程中，由於個人才質的因素，或由於個人生命體驗的極限，或由於個人在知識上的偏執，甚至更由於個人所知障的局限，使得個人在學問的開展上，或智慧的成就上遭逢極大的阻礙與困厄，因此，個人在智慧學上只能達到有限的進境，而無法真正達到無漏的境地。[8]

井卦「九三，井渫不食，為我心惻，可用汲」這一爻的重點則在於強調學問既成，則當善加使用，而不可荒廢正如同已經修好的井，如果不拿來供路人使用，這樣就連行人都不免感到可惜。換言之，任何學問也唯有在反復使用，不斷的嘗試去

8　此點與佛教中之羅漢與和菩薩之境界差異可相會通。

解決各種問題時，才能發揮它真正的效用。而且，不能拿來真正使用的學問，便宛若空談，跟自我妄想的結果沒什麼兩樣。[9]反之，任何出神入化的學問也都是在經常演練，熟能生巧中達成。所謂理通即神通是也！

井卦「六四，井甃，无咎」這爻的重點在強調就如同井水須要經常補修，才可以承受泉水的流動。就像成就井水的功用一般，學子在求學問道的過程，必須懂得時時迴光返照，回首來時之路，以便檢驗自己的真心。正如同佛家有云，"念佛三天，佛在身邊；念佛三年，佛在天邊"。換句話說，修行者的起心動念是非常重要的，一點也不可以疏忽，因為只要稍微掉以輕心，很可能便會墜入永遠無法挽回的境地中。佛家又云，"不怕念起，只怕覺遲"也正是這個道理。

井卦「九五，井洌，寒泉食」這爻的重點在強調，正如好的泉水啜飲起來，清涼乾爽一般，讀書人的學問涵養如果達到如火純青，出神入化的境界，智慧如果達到無所不知，自在無礙的境界，他們的功德便能夠廣披流傳，造福廣大的黎民百姓，甚至達到立德、立功、立言等三達德的境界，而名揚青史，流芳千古。

井卦「上六，井收勿幕，有孚，元吉」，這爻的重點則在強調正如井水乃為人們而設，故應該汲水不閉，往來井井，也就是說，應該讓開採來的井水提供大眾使用，不可讓它白白浪費。亦即，知識份子除了追求個人在學問即涵養上的成就外，更必須肩負薪火相傳，推動文化的神聖使命。讓淵源流長的文

---

9 中國的學問本來是有體有用，卻因落入形而上的空談，而失去了它原先生機蓬勃的本質。

化歷史在通過個人的生命內涵和當下時，發出異於過去任何時代的響聲，並且，隨著自我生命的對真理的躬親實踐，將文化的聖火傳遞給下一代，以便完成文化傳承的神聖大業。

三、結　論

本論文透過易經符號詮釋學的角度重新詮釋孔子《論語·學而》篇，分別從易經的坎卦詮釋「學而時習之，不亦說乎」，探討學子學習上的學習精神與對象。再透過易經的山雷頤卦詮釋「有朋自遠方來，不亦樂乎」，探討學習的重點與內涵。更透過易經水風井卦詮釋「人不知而不慍，不亦君子乎」，探討學習的目的與態度。然而，質言之，此三段文字的論述之所以透過易經坎卦、頤卦與井卦的分析視角，就結構上而言，乃是大易哲學天、人、地的三段論述，也就是井卦探討的是屬天的目的論；坎卦所探討的是屬人的方法論；至於頤卦探討的則是屬於地的本質論範疇。而這三種論述，則完全統御在華人文化的特殊的食息觀的哲學中。

換言之，從方法論的角度而言，《論語·學而篇》「學而時習之，不亦說乎」的食息觀之深層文化結構內涵，所指涉的乃是學子於求學時應當：一、去除根基淺薄，性情浮露，出爾反爾，不能堅持的毛病；二、不可好高騖遠，學習積漸篤實，次第完成的精神；三、珍惜挫敗經驗，轉化人間苦難，增進同理心而心而超越一切的困境；四、拋棄自我成見，捐棄個人執念，貫注生命意義，直透學問的本然；五、持而不盈，自強不息，

日新又新；六、冒險犯難，言所未言，穿透天險、地險與人險。

從本質論的角度而言，《論語・學而篇》「有朋自遠方來，不亦樂乎」的食息觀之深層文化結構內涵所指涉的乃是：一、避免媚俗，追求神聖諦，完成真理與理想的堅持；二、避免學問的滑溜，跳脫既定成見，因事制宜，開展新意；三、慎言語、節飲食，調整負面訊息，完成轉識成智的睿智；四、不廢人欲，善解天理與人欲的差異，而達到天理即人欲的超越境界；五、借鏡他人，知己知彼，知有知無，穿透意識變現的總合認知；六、知止知返，藏巧於拙，而達到反樸歸真的境界。

從目的論的角度而言，《論語・學而篇》「人不知而不慍，不亦君子乎」的食息觀之深層文化結構內涵所指涉的乃是：一、切莫躁進，養氣待時，靜待功夫學養臻於成熟；二、超越個人生命體驗極限，避免知識偏執，以達到無漏的境地；三、學問切忌空談，唯有學以致用，經常演練，方能熟能生巧；四、迴光返照，檢驗真心，以避免掉舉的弊病；五、爐火純青，自在無礙，功德廣傳，名揚千古；六、肩負使命，薪火相傳，推動文化，傳揚聖業。

本書探討《論語・學而》篇的起首之三段簡單的文字，卻將它演繹為十八個大項的層次思考，堂堂皇皇，浩瀚無邊，就結構與範疇而言，似乎有點鬆散，甚至宛若犯了借題發揮的傾向。況且，看來似乎任由想像力的趨策，自由騁馳，無由法度，難免令人覺得與原作之間有太大的出入。再說，食息觀的提出，與多重境界論的探討，多少讓人覺得牽強突兀，匪疑所思，而且似乎時有天外一筆，難免令人有不知所終之嘆。

然而，本文之所以堂而皇之，揚揚灑灑地運用眾多的文字

來鋪陳詮釋孔子〈學而〉篇首篇之深層結構意涵，其實完全建立在 "符號主體論" 的觀念上。在《易經·繫辭傳》中談到：「書不盡言，言不盡意……聖人立象以盡意」。其背後的意義毋寧告訴我們，一切語言文字都難免承載了人類後天意識型態下的思維，所以人們唯有回到符號的觀念，以符號作為推論宇宙間萬事萬物道理的依歸，如此才可以避免人們習慣性的受到既有的語言文字，或意識型態的侷限與操弄。透過這樣子的符號觀點所建構出來的本體理論，便是所謂的 "符號主體論"。也唯有在此種 "符號主體論" 的視域下，一切人間的真理才可以得到該有的安排與安頓。

更進一步的說，本論文撰寫的精神則完全秉持 "詮釋循環" 的道理。所謂 "詮釋循環" 指的是作品詮釋的內容，在文本的前題中，具有足夠的立論依據，非憑空而來或無的放矢的意思。亦即本論文中所開展出來的三段論述或十八種演繹詮釋，在本質上完全依賴上述所謂的 "符號主體論" 的規則，從深層文化的角度去思維建構一切符號體系下，作者可能要傳達的，而千古以來卻一直被隱藏住了的真正意涵。

總之，在二十一世紀，西方的詮釋學逐漸走向式微的時代裡，正是華人詮釋學崛起的大好時機。華人的知識份子在這種時代的契機中，更應該多識前人往行，回到自己文化的寶典中，攝取智慧的源泉，打造出一套又一套的，純粹屬於華人的詮釋方法論。換言之，這種詮釋方法論，勢必是結合中西文化的優勢，在和而不同的前提下，創造出來的原創性詮釋學。筆者在此，僅是拋磚引玉，誠願有志之士，同心協力，共同為打造二十一世紀新華人詮釋學而奮鬥。

玖、解讀錢泳的筆記小說
〈八月十五哺〉裡的火災原型

一、前　言

　　依照西方心理學者榮格的理論而言，古今中外任何偉大的文學藝術作品，從深層結構的意義來看，都是意圖去表達一種生命的原型[1]。這種理論，放在中國的筆記小說、章回小說或神怪小說中而言，更是具有高度的真確性。譬如西遊記，從本質上而言，根本是描繪修道者在靈修過程中如何鎖定自己的心猿意馬，去除無名與知識障，更甚而戒除貪、嗔、痴的修煉原型寫照。至於像《聊齋誌異》中的顏如玉的故事，則是透過諷喻的筆法，寓言性的書寫讀書人在學而優則仕，或知識的獲取累積與轉化運用上的原型結構。或如《搜神記》中，各篇故事更是與標題及篇序有密切而神秘的結構關係，在綿密的佈局中透

---

[1] 質言之，從狹隘的比較文學觀念而言，唯有透過原型的思考，也就是深入人類潛意識的結構，方能為世界文學找到比較的空間與條件。否則，各自的文本均有其既定所屬的理性結構，如此，比較文學便會落入「公說公有理，婆說婆有理」的窘境。

露出特定而無可取代的生命原型意義。這便是中國經典小說在深層結構意義上的超越性；它往往在藝術上具有自給自足、無可取代的精確特質。

火災原型一般而言在文學論述中往往被忽略，縱觀古今文學作品中，鮮少特別就火災的主題成功的轉化為藝術的題材，即或偶爾出現在災難文學中，亦往往僅成為作品裡故事主線的背景元素，譬如：《三國演義》中的火燒連環船、章回小說裡的火燒紅蓮寺或是《西遊記》中的火焰山之災劫關卡，它們雖然也具有火災的書寫，然而在藝術創作的深層結構意識中，卻往往不具有主體性的意義，換言之，它們在文學創作的國度中往往擔任的只是配角而不是主角。相反地，錢泳的筆記小說〈八月十五晡〉則是火災文學中的異數。貫穿全篇短篇故事的架構，火災在此已然不僅僅是小說發展中的背景質素，而乃躍然成為全篇作品的主導力量，唯有透過火災的主體性及本質上的探索，才能全然了悟作者在整部作品中的原始創意構思。[2]

首先我們就錢泳〈八月十五晡〉的故事[3]，作個簡單的介紹：嘉慶乙亥年八月初，福建省城南門外，地名南台的地方，人潮

---

2 本論文乃筆者易經文學詮釋學在火災原型裡的嘗試

3 原著如下：嘉慶乙亥八月初，福建省城南門外地名南臺，人烟輻輳，泊舟甚多，大半妓船也。衢巷間呼有兩童子衣朱衣連臂而歌曰：「八月十五晡，八月十五晡，洲邊火燒宅，珠娘啼一路。」閩語謂夜為晡，屋為宅，妓女為珠娘，以方言歌之，頗中音節，連歌三日，不知其為誰氏子也。居人以其語不祥，遂告鄰近，於中秋夜，比戶嚴防，小心火燭。至期，絕無音響。至次年丙子四月二十九日夜半，洲邊起火延燒千餘家，毘連妓舟，皆為煨燼。至五月初一日晡時始熄。計上年八月十五夜，再數至八月又十五日，適符「八月十五晡」之謠也。吾友王子若茂才在福州親見其事。源自 錢泳《履園叢話》。

聚集，停泊的船隻眾多，大半多屬於妓船。陸地小巷中突然來了兩位童子，身穿紅色衣服，手挽著手齊聲歌唱道：「八月十五晡，八月十五晡，洲邊火燒宅，珠娘啼一路。」從福建話來說，所謂「晡」就是夜晚；「宅」就是屋宇；「珠娘」則是妓女的意思。用當地的福州話唱出音調還蠻符合韻律。這樣子連續歌唱了三天，也不知道他們是誰家的孩子，鄰近的人由於這段文字語義不吉祥，便互相告誡周遭的人，在中秋夜特別要謹慎小心，嚴防火燭。不過，到了八月十五時，卻什麼事也沒發生。反倒是第二年，也就是丙子年的四月二十九日夜半時，洲邊果真起了火，延燒了千餘家，而停泊在周邊的那些妓舟，都被燒成了灰燼，直到五月初一的晚上，火才停熄。總計從上一年的八月十五夜，往下數八個月又十五天，剛好正符合歌謠中〈八月十五晡〉的說法。我的好友王子若當時剛好就在福州，也親眼目睹了這件事情。

　　這篇筆記小說，典型化地具涵了神怪小說的兩大特質：它不但令人讀來毛骨悚然，而且在術數的預言上，具有令人驚悚的真確性[4]。故事中所描繪的兩位童子，竟然均身著紅衣而連臂唱出不祥的預言，這種鋪陳方式自然引發讀者驚悚的效果；預言中的八月十五日的災禍定數，先是使人們做了錯誤的預判，而最後竟告訴讀者所謂的八月十五並非中秋節的八月十五，而乃是算數中的「八個月又十五天」，這種數算上的懸宕安排與事後的精確證明，更在在的令讀者對於無常的命運安排產生無限的敬畏之心。然而，這樣的詮釋分析，也僅止於作品閱讀的表

---

4 此論點乃參考自台大教授王文興先生於 2004 年 9 月 6 日，在中央研究院的演講內容。感謝王教授精闢的言論，賦予本人探究本篇小說原型結構之靈感；再者，亦要感謝王教授的啟發與鼓勵，本論文之完成方成為可能。

面認知，錢泳的〈八月十五晡〉這部筆記小說，其實在整個文學藝術的創意上，有其更加深刻、更加複雜的美學面象。

　　本書擬透過易經符號詮釋學解讀錢泳〈八月十五晡〉中的火災原型主題，藉以看出錢氏在神怪小說文學創作上的成就，更透過易經中的河圖洛書「二七同道火」、「二五之神」的易經數碼觀念，會通轉譯易經中「火澤睽卦」的象、數及理、氣上的火災原型意涵。緣此，則錢泳在文學創作上其想像力之豐富、美學架構之精確性及其在數算小說上的努力，均得以合理地彰顯。而中國文學中火災原型的文化脈絡亦可透過本篇論述而得以窺其眉目。

二、本　文

（一）從易經「象」的角度分析

　　從易經五行類化的角度來看，五行金、木、水、火、土各自具有不同的顏色，代表著他們在宇宙中所擁有的能量，其內涵是不同的。譬如:五行「金」的顏色屬白色；「木」的顏色屬綠色；「水」的顏色屬藍色或黑色；「火」的顏色屬紅色；而「土」的顏色則屬於黃色，這種五行所具備的不同顏色特質，有助於人們去掌握宇宙間萬事萬物的五行本質之所在。

　　錢泳的筆記小說〈八月十五晡〉裡，在陸地小巷中突然出現的兩位童子，手牽著手，齊聲歌唱:「八月十五晡，八月十五晡，洲邊火燒宅，珠娘啼一路。」在這段描述中，作者刻意的

透過紅色衣服的描寫，來點出故事中這兩位童子可能與火神有密切的相關性，如此，作者便成功的為後來故事所說洲邊果真起火，延燒千餘家，甚至停泊在洲邊的妓舟，也都燒成灰燼，埋下了充分具備亞里斯多德在詩學一文中所說的「一切文學創作當具備合理性」的條件，也就是為後來小說的發展找到適當的伏筆與註腳。

（二）從易經「數」的角度分析

質言之，吾人若由形式主義或結構主義的角度來審視錢氏這篇作品，必會驚訝地發現貫穿全篇的書寫，連續不斷的出現與「二」的數碼相關的結構。譬如：故事中，陸地小巷出現的童子數目是「兩位」；這兩位童子口裡所齊聲唱到的歌詞「八月十五晡，八月十五晡，洲邊火燒宅，珠娘啼一路。」顯然也有重複了〈八月十五晡〉的結構；前面預言火災的降臨，後來果然發生了嚴重的火災；預言的時間是八月十五晡，後來發生火災距離預言的時間果真是八個月又十五天；前面孩童歌唱了三天，後來火災時，果然連續燒了三天；故事前半段敘述者講說這個火災的故事，後半段則由作者的好友王子若確証親眼目睹這個慘劇。這一連串巧妙安排之「二」的數碼結構，顯然是這篇筆記小說最大的特色。如能揭開這個作品中神奇的「二」的數碼結構，或許便能窺伺作者錢泳在創作這篇小說時，其潛意識下的真正意涵[5]

---

5 本論文有關小說中「二」的重複出現結構，大致乃採用王文興教授在演講中所發表的見地，但筆者則在下文中進一步的探究這種「二」的美學結構，它所代表的內涵意義。

易經中與數碼直接相關的系統，最早則出現在河圖的結構中，所謂「一六共水宗、二七同道火、三八為朋木、四九為友金」[6]。因此如果從河圖的數碼結構來看，錢氏的這部小說之所以不斷的重複出現「二」的結構，顯然與「二七同道火」的密碼息息相關。而「二七同道火」的數碼在易經的演算中，又可通向「離火卦」以及「一四共宗」的結構，其理由是「二加七等於九」，乃是後天八卦「離火」的位置。而「二乘以七等於一十四」，也就是符合易經風水紫白訣「一四共宗，必顯文昌」[7]的玄奇意義。

誠如前言中筆者所言，筆記小說在術數的預言上，擁有驚悚的正確性，這正是為什麼法國當代思想家德希達曾說：華人漢字乃是建立在對宇宙掌握的真理上[8]。德氏果然慧眼獨具，因為華人的思想可說全建立在天人合一的觀念上，天理與人道及萬物其實完全建構在四平八穩的易經的大系統結構內。是以，中國文學中，任何作品均可透過易經的大系統思維解析出其神奇的術數架構，只不過，筆記小說的創作，為了達到驚悚與玄奇，往往會無意識地在許多地方加入玄妙的術數理論罷了。

談到玄奇的術數架構，在這篇作品中可說處處可見。首先，八月十五便是一個重要的數碼，這個數碼隱約地點出了全篇的主題，因為，從數碼學的理論來看「八加十五等於二十三」；而「二」的先天八卦便是「兌」卦，至於「三」的先天八卦則是

6　請參閱：張善文、黃壽棋，《周易譯註》，台北：頂淵，2000，頁 50-53。

7　請參閱：徐芹庭，《風水詳談（上／下）》，台北：聖環，1998，頁 1。

8　請參閱：陳揚，《德里達　解構之維》，武昌：華中師範大學，1996，頁31-38。

「離」卦;換言之,全篇小說從易經數碼學的角度來看,若不是演繹「澤火革」卦,便是演繹「火澤睽」卦[9]。但就主題學的角度來看,全篇小說顯然與革命的主題無關,而與「白日見鬼」有密切的關係;那便是為什麼在小說中,火災發生前會刻意安排鬼裡鬼氣的紅衣孩童口中齊唱著災禍的寓言。也就是說,總結來看,錢泳的〈八月十五晡〉就易經六十四卦的系統而言,便是戲劇化的展現了「火澤睽」卦的內涵。

再者,這篇故事更連結了河圖理論中「二七同道火」的數碼學,與易經學理中的「二五之神」的理論。其實,原來在易經的基本學理中,之所以強調二五之神,乃因為從易經六爻的架構觀來看,初爻與最上位的六爻本質上均屬過與不及,所以往往在用事時,被略而不用。至於二爻到五爻,則正是卦爻及用事的主體。若此,吾人若將這個主體數加起來,則變成「二加三加四加五等於一十四」,而「一十四」則可在除法上得到「二、七」的公因數碼;因為二乘以七便可得到十四[10]。這便是易經通變哲學最玄妙之處,透過這樣的通變智慧,易經因此得以穿透宇宙間一切的學問,而毫無障礙。從究竟的意義而言,在易經大系統的思維體系下「一切宇宙萬法不外乎是數碼上的

9　其實整個中國文化的精神,可說完全建立在極其宏觀的易經中所說的旁通的概念上,所以任何文學作品都可以透過易經的解構符號學加以穿透與詮釋,雖然從表面上看來,易卦的抽爻換象,也就是概念的轉換上似乎有點混亂,然而從本質上而言,大易哲學的概念轉換,其實有其內在性的高度之嚴謹結構。

10　此處,易經中「二五之神」與「二七同道火」之會通,不但揭開了傳統易學上「二五之神」的秘密,也演繹了易經通變之道的概念邏輯,而這也更是筆者在易學上所開拓的創見。

加、減、乘、除罷了。」[11]

錢泳成功地運用了連續兩次的〈八月十五晡〉的數碼來傳達小說中的火災原型。由於「八加一十五等於二十三」，而「二加三又等於五」，因此兩次的〈八月十五晡〉在數碼的演算上，顯然是在潛意識上演化「二五之神」的數碼理論。正如前述，「二五之神」乃指涉先天河圖數中的「二七同道火」，也正是後天八卦中「離火卦」的位置。因此，作者在創作這篇小說的時候，其主題意識環繞在二五之數，無形中運用了中華文化中火災的原型結構，來描繪這段玄奇地發生在嘉慶年間福建南門外的火燒事件。

（三）從易經「理」的角度分析

首先，就季節的角度而言，這篇故事為何會發生在農曆八月，也正是一年當中月亮最圓的時候呢？這個道理必須從易經十二辟卦的理論來理解[12]，農曆八月屬於十二辟卦中的「風地觀」卦，也是後天八卦的「兌卦」的位置，而兌卦的後天卦數正是「七」。換言之，正如「二七同道火」之火災原型數碼，或者是紫白飛星口訣所謂「九七穿途，必遭回祿之災」[13]，這兩組「二七」、「九七」均具涵「七」的數碼，都同樣指涉火災的意涵。故在此作者將故事安排在農曆八月，顯然有其文化結構上的深層意義。

---

11 世人皆知數學上加減乘除的重要性，但卻不知道加減乘除的觀念不僅是一種演算方法，也是哲學上、宇宙論、形上學上的重要概念。這便是證明了筆者所提出的「現象即實像」的原理。
12 請參閱：張善文、黃壽棋，《周易譯註》，台北：頂淵，2000，頁 56-57。
13 請參閱：徐芹庭，《風水詳談（上／下）》，台北：聖環，1998，頁 1。

　　從發生的地點與地名而言，全篇小說仍扣緊整部作品所要呈現的火災原型主題。錢泳選擇將故事的背景安排在福建省城之南門外，這裡南門而非北門或東、西門的選擇，並非只是偶發或突如其來的書寫。因為從河洛理數的理論角度而言，南方正屬於離火，這樣的方位選擇，恰恰符合全篇作品所欲呈現的中國火災原型之主題。再者，錢泳更選擇讓故事發生在地名叫「南台」之處，這裡之「南台」地名，亦恰恰符合作者藉著這篇神奇故事所彰顯出來的火災原型主題。

　　從人物的選擇亦可看出作者在營造火災原型主題上的藝術統一性。正如作者透過身著紅衣之童子手牽手所唱出的歌詞：「八月十五晡，八月十五晡，洲邊火燒宅，珠娘啼一路」所言，小說中所指涉被火燒的對象正巧就叫「珠娘」；從大易哲學同音輸入法的道理而言：「珠」者，「朱」也。換言之，從作者在此處小說人物的選擇上，更可再再地看出在潛意識底下，他所要營造的正是文化深層結構下的火災原型的主題。

　　從作者在故事中所使用的歌詞內容，吾人若從英文中所謂的明眼讀者（implied reader）的角度來看[14]，亦可隱約看出作者縈繞在火災主題上的趨向；因為，質言之，孩童所重複歌唱出的歌詞〈八月十五晡〉中，若從文字學的易經詮釋上便可解出所謂「日」便是「離火」，而「甫」則正是「兌金」的卦象，統合而言，作者正是利用文字學上的「晡」字，來營造他全篇小說所欲傳達的「火澤睽」卦，也就是「白日見鬼」的主題。更明確的說，此處作者錢泳，正是使用「晡」字戲劇化地來點染

14　請參閱：Raman Selden, "Practising Theory and Reading Literature", New York：Simon & Schuster, 1989, pp.101-132.

與火災原型主題相關的恐怖題材。

　　從故事中火燒屋宇所延續的時間來看，作者亦扣緊了火災原型的主題，而達到藝術創作的統一性。作者透過孩童的歌唱，連續唱了三天，以及後來火災果真連續延燒三天，這樣的恐怖之前後呼應的神怪小說所經常展現的數術上的奇特相應結構，其真正的目的，其實並非僅為了達到帶給讀者驚悚的效果，而是為了傳達作者心理真正所要表達的主題意識。換言之，也就是透過與「二」這個數字相關的小說敘述模式，試圖傳達如前所述「二七同道火」此貫穿全篇的火災原型主題。

　　最後，從作者所使用的特殊之雙重敘述者來營造全篇小說的角度來看，亦可掌握作者意圖表達小說中火災原型的傾向。從敘述的結構與技巧而言，錢泳之所以巧妙的運用自己筆記小說紀錄〈八月十五晡〉的火災故事之外，又在故事的結尾刻意地加上他的好友王子若親眼目睹這件火災悲劇的發生，為之背書，從敘述效果而言，自然是意圖增加全篇故事的可信度；但吾人若仔細分析這兩位敘述者碰巧在易經的類型分析上，又有其特殊巧合之處，也暗合全篇小說的主題意識，因為從易經姓名學的角度，分析作者錢泳的名字，正可看出他的全名筆劃剛巧是二十五劃，符合前述易經類型學下「二五之神」轉化「二七同道火」，演繹火災原型的氣數。至於另一位敘述者王子若，若從易經姓名學的角度分析，「子」屬「坎」卦，其數為「一」；「若」屬「巽」卦，其數為「四」，合而言之，「一四」之數則可視為「二七同道火」的轉化象徵數碼。是以，如此的姓名使用，也正暗合整部小說所欲傳達的火災原型的主題了[15]。

---

15 此處，筆者甚至運用易經姓名學做為文本詮釋的基礎，這一則表示筆者再創造及運用易經詮釋方法論上，所經常必須面對的難題，那便是：大易哲學的「體」大抵有其固定可把握的通論，但在其「用」上，卻往往

三、結　論

　　本文透過易經符號詮釋學，經由大易哲學中象、數、理三種面向的觀照，全面從五行、數碼、時間、空間、人物、歌詞及敘述者等諸多面向，證實錢泳在文學創作藝術上所達到的無與倫比之統一性高度。此外，從一切五行、數碼、時間、空間、人物、歌詞及敘述者所指涉的「二五之神」及「二七同道火」的重複交疊現象，導引出作者錢泳透過本篇小說所欲呈現的主題正是隱藏在人類深層意識底下，錯綜複雜，雖美麗玄奇卻又恐怖無常的，縈繞在人們腦中的火災原型。

　　綜觀本文的撰述，似乎有許多突兀、牽強，甚至小題大作的傾向。況且，文中所使用的角度，似乎又千奇百怪，時而陰陽五行、數碼研究、時空分析、人物考究，再者，歌詞探索、火燒事件、敘述者的變異探究。此中，二五之神又可通二七同道火；一四共宗又穿透了火災原型的二七之火；甚至，八月十五又可轉化為二三數之火澤睽卦，並通向紫白飛星訣之「九七穿途，必遭回祿之災」。如此之數碼演算乍看之下，不得不令人頭昏眼花、疑惑頻生，心中不禁產生懷疑，如此簡單的筆記小說，果真具涵如此深刻豐富之文學深層結構意涵嗎？或者，不過是筆者吊書袋子或賣弄玄機罷了？再者，就算本文挖掘出全

權宜而多變。是以，筆者認為若想建立一套全新的易經文學詮釋學，那麼易經的運用學，也就是所謂山、醫、命、相、卜等學問均不可偏廢，這樣方可在方法論上無所匱缺。

篇小說的火災原型，那在文學研究中又具有什麼樣的重要性？
而它與其他同樣隱含火災原型的小說作品間，又能有什麼樣的
差別？

　　欲回答這個問題，便必須回到榮格神話類型學的創作觀，
才可得到滿意的解答。依據榮格的看法：一部偉大的文學藝術
作品，必然具涵了亙古以來，感動讀者心弦的美學結構與意涵。
而這些原型的意象與觀念一代一代的為天才的文學家與藝術家
所捕捉與把握，透過他們的生花妙筆，點燃了人類生命永恆的
靈象，實現了人類內在的夢想慾望，更超越時空地，從現在到
永恆，整合了人類全體的情感與希望，完整地再現了個體生命
奔向自我實現的途徑，體現了集體潛意識在驅動人類命運時所
展現的生命原欲的運動軌跡。榮格這樣的神話類型理論，擴充
了佛洛依德精神分析所提出的潛意識領域，但更重要的是，他
打開了心理學或人類心靈通向集體潛意識的管道，如此充滿創
意的迎向會通人類學、民族學、超心理學、宗教學以及文化學
的全面性開展，是以，榮格在神話類型上的研究對於人類文明
的貢獻，可說是前所未有。

　　然而，榮格多元概念宏觀、博采的思維體系，雖然為整個
人類文明帶來了前所未有的啟發與震撼，但由於他在學問形鑄
的底層有太多的源流，以至於他所建構的神話詮釋體系，往往
讓人覺得廣大浩瀚、無垠無涯，卻因此令人難以全然把握，甚
至經常墜入無法克服的迷宮中。究其原因，乃在於榮格詮釋學
就其本體論而言，可謂浩瀚偉大、完美無缺；但若就其方法論
而言，則礙於其思路之龐雜，欠缺明顯的規則性，故學者難以
全然的把握與應用，這可說是榮格的思維方法論所難以擺脫的

先天缺憾。

　　如上所述，本論文撰述之特點乍看之下似乎犯了榮格在詮釋學上過於空疏或浩瀚的缺失。然而，就大易哲學的本質而言，所謂易經哲學的真正精神，便是建立在學術的「旁通」這個概念上，而易經詮釋學最大的優點便是可透過易經思維的大體系下一切的象、數、理、氣、陰陽五行及錯綜複雜等不同的概念，彼此之間相互穿透旁通。況且，大易哲學另一個特點就是它的本體論也正是它的方法論，大易思維系統下所涵蓋的卦與卦之間、爻與爻之間，卦序也好，易經方圓圖也好，甚至於一切的相術、紫微、八字、奇門、卜卦、風水等易經應用學術上之五術系統，均在在地建立在一套又一套的、如電腦程式般的數理演算的方法論上。因此，正可印證並彌補榮格神話學在詮釋作家創作時其集體潛意識的運動軌跡，並捕捉其軌跡模式，在人類深層結構意義上的隱藏內涵。

　　更進一步的說，如前所述，過去的章回小說在書寫火災時，均將它視為客體來描述，而本篇小說卻兀然地突顯了火災這個主題，並將它以主體存在的方式，戲劇化的再現在讀者眼前，這當然也正是本篇小說的特殊旨趣所在，然而，為何小說家在本篇小說中將火災變成主體來描繪？還有，火災作為主體與客體，在小說敘述美學上，於技巧的舖陳與應用上又會有何等的不同？甚至於這篇與火災原型為主題的小說，其藝術的個別性價值在何處？這些均是本文所未能觸及的要點。或許，這些未能深及論述的小說問題，均有待將來透過易經類型詮釋美學加以延伸討論，以便完成其比較與研究

拾、解讀鄭清文小說《三腳馬》

一、前　言

　　鄭清文的小說無論就主題、人物刻化、場景的掌握、氣氛的釀造、觀點應用、或意象的統一性而言，都可謂達到藝術上登峰造極的成就。他的作品就其內容而言，不但具有充分的本土性，卻又堂堂登上世界文學的殿堂，十足具現了從本土化到全球化的藝術潛質。從結構上而言，他綿密的敘述結構手法、靈活運用時空的轉換模式，更蘊含結構範疇上所謂共時性〈synchronicity〉與歷時性〈diachronic〉的雙重重要性[1]。他的作品在精神及技巧上，不但承繼了世界文學的傳承，更代表了他所存在之時代的心聲。本文擬從易經神話及結構主義的觀點，探索鄭清文的小說《三腳馬》的美學藝術。透過原初創意美學的探索，追尋鄭清文創造本篇小說的想像運作次第。更透過結構主義的基本概念，分析鄭氏《三腳馬》[2]中二元對立世界於敘述學上的存在必要性。

1　請參閱朱立元，《當代西方文藝理論》，上海：華東師範大學，1997，頁229。
2　請參閱鄭清文，《鄭清文短篇小說選》，台北：麥田，1999。本文一切引用資料均沿用此書。

　　本文期能透過易經三才的土地神話觀點，會通拉岡（Lacan）[3]的語言心理三層級世界結構觀，詮釋主人翁阿祥在神話變形結構中的終究意涵，更期以榮格〈Carl G.Jung〉心理學之女性四大原型（anima）[4]——原始夏娃型、浪漫海倫型、犧牲奉獻瑪麗亞型、及圓融成熟蒙娜麗莎型系統，探析鄭氏《三腳馬》小說中的女性人物刻化；更透過坎伯（Joseph Campbell）[5]的英雄原型理論（hero archetype），探討男主角白鼻狸阿祥如何經由雙重的啟蒙、遠離、及回歸結構，完成他個人的個體化過程（individuation）。最後，本文更擬透過易經「量化集體潛意識」（quantitative collective unconsciousness）理論[6]，為榮格及坎伯找到他們神話理論背後的科學論證。

二、本　文

（一）易經太極原初創意觀

　　從易經符號詮釋的角度而言，作家的創作動機勢必來自於渾然龐雜、渾沌虛渺、漫無頭緒、有無交雜的原初創意能量，這種創意能量原先存在作家腦海中，經由無數撞擊後，方始漸

---

3 請參閱張首映，《西方二十世紀文論史》，北京：北京大學，2001，頁119-120。

4 請參閱榮格，《人及其象徵》；龔卓軍譯，台北：立緒，1999，頁220。

5 請參閱 Joseph Campbell，《千面英雄》，朱侃如譯，台北：立緒，1997。

6 量化集體潛意識乃是本人在本論文中所獨創的學說，詳細內容請參閱下文。此學說一可視為榮格神話類型學的衍申，更可補足榮格理論在符號論述上證據的欠缺。

漸回歸一個整合的概念，這便是從意識學的觀點詮釋會通易經無極生太極之作家的原初創意美學形成的過程。這正如十九世紀浪漫詩人柯立奇（Coleridge）在他的文學理論中所提出的幻想（fancy）與原初想像（primary imagination）[7]不同之創作進程的差別。譬如當他試著創作他的代表詩作《忽必烈汗》（Kubra Khan）[8]時，想當然爾，創意靈感意圖以生動的意象及結構，捕抓詩人對藝術的執著與讚嘆。而他的另一部代表詩作《古水手之歌》（The Rime of the Ancient Mariner）[9]，其靈感想必源自於他對生命的詠嘆與珍惜。是以，原初創意可謂一切作家創作時，啟動創意要義的鑰匙及原始心象的展現。

　　從鄭清文刻意塑造一位原先經歷過孩提同伴，授課的日本老師、無理的賭徒等眾人的凌辱欺侮，轉而為線民、保警、甚而成為日本皇民下的走狗，倒回來頤指氣使、狐假虎威，甚而可能僅為了滿足自己的虛榮，掩飾不堪的自卑感，以殖民者的方式強娶了氣質高尚、地位較他尊貴的女子吳玉蘭。及至天下大變，日本投降後，眾村民們群憤而起，意圖找他尋仇、報復時，他卻逃之夭夭，躲到遠方的小村落藏匿起來，任由自己的妻子被送往慈佑宮廟堂邊，任人唾棄、侮辱替他頂罪，直至其妻憂憤而死，他卻然悔不當初，與世隔絕、成日埋首屋宇角落，著手雕刻，投射出他內心無盡悔恨的藝術作品——三腳馬。從小說情節的整體營造而言，鄭清文一反傳統小說正典對於英雄

---

7 請參閱 M. H. Abrams, "The Norton Anthology of English Literature", New York: Norton& Company, 1999, PP395-8.

8 同上，頁 353

9 同上，頁 335

角色的塑造典範條件，試圖透過本篇作品描摹刻化一位充滿傳奇與神秘性的「惡人聖徒」[10]。從意識學的解讀角度而言，這應是他創作本篇的原始創意動力。

（二）易經陰陽兩儀的二元對立結構

從易經的美學觀而言，作家在獲取原初創意的概念後，在文氣的激盪、脈絡的牽引下，便能逐步掌握他創意世界的全貌，這便如柯立奇在他的想像理論中所談到的，承繼原初想像的便是二度想像（secondary imagination）[11]。如以他自己的作品為例，《忽必烈汗》詩中便充滿了山水、明暗、大小、虛實、光影的對比，甚至更擴而廣之成為江山與詩歌，想像世界與真實世界、藝術與人生的二元對立結構。至於他的《古水手之歌》亦同樣充滿了二元對立質素：生與死、人與動物、自然與超自然、神與魔、死亡與婚禮等強烈的二元對立結構。作家透過二元對立的結構意圖彰顯其文學作品的結構張力，更透過二元對立的辯證系統，內涵性地演繹其世界觀或宇宙觀。

二元對立的結構在鄭氏的小說中可謂處處可見，今與昔、台灣與日本、統治者與被統治者、英雄與狗雄、正與邪、忠與奸，不僅形成了《三腳馬》一書強而有力的美學結構。在主人翁阿祥極具歷史性的回味與追憶下，這種二元結構的對立美學，對阿祥及小男主角，亦即本篇故事的敘述者及小說的良心人物而言，均強化了其主體對客體，及個人對社會、國家、民

---

10 一般小說中的主角往往出身高貴或心地善良，但本篇作者所擬描些的，則是另一種英雄典型，那便是透過惡人轉化成聖徒的另類表達。
11 請參照註解七。

族、及歷史認知的強度。

從主題學的觀點而言，本篇小說乃屬「啟蒙小說」〈initiation story〉[12]。所有啟蒙小說的主題均是透過主角在人間經驗的撞擊下而能進入「看山不是山、看水不是水」與原來生命境界不同之生命悟境。質言之，鄭氏此篇小說旨在透過小男主角，即小說的敘述者，其追溯阿祥撲朔迷離之感情及身世的過程，穿透二元對立的迷障，而達到個體生命對於自己的家園、自己的最愛、自己的責任之真切了悟。換言之，從某個角度而言，阿祥可說是小男主角之精神上的父親，透過這位父親自身歷劫與回歸經驗的教導，小男孩或許終能學會生命抉擇的重要性，唯有如實的面對自我生命的匱缺，方能走向快樂、剛健的人生。正如榮格在他的著作《Symbol of Transformation》[13]中所說：

"The world is empty only to him who doesn't know how to direct his libido towards things and people, and to render them alive and beautiful. What compels us to create a substitute from within ourselves is not an eternal lack, but our own inability to include anything outside ourselves in our love.（173）"

也就是說，唯有當下接納一切，正向觀照世間一切眾生，而將一切萬物導向正向能量者，方能與世間無隔、不外於世間，而時時能夠體會世間真正的美麗與和諧。

（三）易經三才的土地神話觀

---

12 所謂啟蒙小說乃是書寫主角透過生命的歷練而達到片刻頓悟的類型。西洋文學中偉大作家如海明威、喬也思及費滋傑羅，均擅長此種文類寫作。
13 請參閱 C.G.Jung,《Symbols of Transformation》, New York: 1956, P173.

　　正如西方心理學家拉岡在他的語言結構符號學所提出的理論，這個世界可分成真實界〈the real〉、意想界〈the imaginary〉、象徵界〈the symbolic〉等三種境界。這三種境界中之第一種真實界乃是最直接、也是最具有真實性、最現實、最不受自己的控制，接近佛洛伊德所說的本我；第二種意想界最具有個性，在個體的歷史基礎上形成，文化賦予其特徵，顯示出一種幻想的邏輯，出現種種變化；第三種象徵界指的是語言的序列，先於主體而存在，主體尚未出生就受到此種符號的支配，是一種前語言、一種超我的存在。[14]

　　拉岡這種理論正與易經天、地、人三才宇宙觀不謀而合。他的第一種真實界正符合易經三才中"地"的觀念；因為大地紮紮實實、最具有實踐性及不變性。至於第二種意想界則與易經三才中"人"的觀念相符；因為人活在歷史的脈絡上、活在社會的輿論中，也最具有可塑性及變化性。而第三種象徵界則與易經三才中"天"的觀念相符合；因為天代表天意、天命，先於人類的歷史或意志，超越人類的語言限制。

　　從易經象徵的角度而言，小說三腳馬透過阿祥之欠缺與大地真實結合的概念，點出其如實生命觀的匱缺，只因生命的發展不如自己的想像中好，並遭到了同儕的壓力及排擠，內心產

---

14 此處真實界（the real）、意想界（the imaginary）、象徵界（the symbolic）等三種境界與地、人、天三才的對應之提出，看來似乎有點顛倒錯亂。其實這正符合榮格在其《Symbols of Transformation》一書中所提出 libido 具有雙重的矛盾性，既帶有生又帶有死的雙重結構意涵。換言之，正如同佛教的《地藏王經》所示現，天堂其實正隱藏在地獄的深處。所以表面上而言，真實界似乎應屬於三才中的天，然而從究竟義來看卻不折不扣的正屬於地，唯有穿透生命的黑洞，人類方能找到真理之光。

生斷裂（rupture），促使他走向離經叛道、甚至背叛同胞、賣國求榮表達其向外在父權式象徵式結構挑戰。而當他的惡行即將遭到村民報復時，卻又不敢勇敢的面對，寧讓自己的愛妻為其背負不義之名。此種內心愧疚轉化為三腳馬的終生雕刻以為救贖，不外乎是藝術創作昇華個人內在情境之戲劇化表現，也是個人穿透生死的關卡，而通向生命實境的進程與努力。

　　然而，從土地神話的角度而言，阿祥的困境似乎隱喻著任何一個民族文化下個體生命，若不能真誠擁抱自己出生的土地，從土地中攝取一切成長的養分，遠離土地的滋潤、枉顧土地野性的呼喚，終將如阿祥般淹沒在時代的洪流、歷史的跫音中。而個體生命如不能真實面對自己的有限性及生命的匱缺，終究不能完成生命進化的任務，而達到完整的人格打造。

（四）易經四象觀

　　西方神話學最具權威的學者榮格所提出的學說中女性四大原型（anima）——原始夏娃型、浪漫海倫型、犧牲奉獻瑪麗亞型、及圓融成熟蒙娜麗莎型系統與易經的四象觀有異曲同工之妙，此種理論本人已於本書的〈解讀安徒生童話與迪士尼小美人魚的變形比較研究〉中詳論過，在此不再贅述。

　　在《三腳馬》這篇小說中，透過男主角阿祥於生命中不同時刻，亦即於愛情初期、熱愛期、及遙想、追憶，鄭清文似乎有意刻化女主角吳玉蘭成為阿祥生命中的女性四大原型。她具有夏娃般原始生命的女人特質，呼喚男人為她而不惜一切，小說中的阿祥為擁有她而不擇手段，總要將她娶到手——「要消滅這種距離，只有一個辦法，就是征服她」（210）。也具有海倫

般的浪漫特質與魅力──「她的球技雖然不出色，他卻喜歡她的體態……，她穿著白色的短衣、白色的短褲、白色的襪子、白色的布鞋……，微蹲著身子的體態，還有那嬌甜的聲音」（210），此段描寫充分表達了阿祥眼中年輕貌美的玉蘭，在她心目中所具有的浪漫女神特質。她更具有聖母瑪麗亞般犧牲奉獻之精神──「她以一個弱女子，為了我這個人，擔負了民族罪人的重負。民眾罵她、她向民眾求恕，但不是為了她自己。有人唾她，她也不去擦拭。我是一個男人，卻讓自己的女人出醜、受辱」（221），這段阿祥的追憶描述，清楚點出在他的心中，玉蘭絕對是一位無怨無悔、為他而不顧一切犧牲奉獻，他那萬劫不復的靈魂中唯一可救拔他、使他得到救贖機會的女人。當然，在阿祥的心目中，玉蘭更是擁有蒙娜麗莎般成熟、圓融的特質，只有完美的女神方可跟她比擬，也因此伊人在他心靈中最後的印象，已然化為一片被禁制、永遠不敢再觸及的對象。「我又怕我的不純玷污她的土地。我沒有臉再去見到她的親人。我也想把她的骨灰帶到這個地方來的，但我怕她在生的時候沒有來過，會不會太生疏」（223）。此段描述可明顯的看出，在故事終結時，玉蘭在阿祥的心目中似乎已幻化成最聖潔、最無與倫比的大地女神。原先不能勇敢面對生命而造成的生命扭曲與變形，在最具含現實性的大地女神之召喚下，阿祥終能從歷劫不赦的惡徒，轉化為時時懺悔自己生命匱缺的聖徒，每天透過三腳馬的雕塑創造──象徵原先大地土性的匱缺與彌補，逐步完成自我生命的個體化過程[15]。

---

15 請參閱，《人及其象徵》；龔卓軍譯，台北：立緒，1999，頁 185-285

（五）易經會通坎伯的英雄原型理論

依照坎伯的神話學理論而言，人間的英雄在生命的過程中勢必經歷過啟程、啟蒙、回歸的過程，所有文學作品中所演繹的英雄故事都具有這樣的敘述結構。歷代民族神話的故事，無論是耶穌基督或佛陀，其成道的過程皆具有這樣的生命軌跡，同樣地，在鄭清文的《三腳馬》中，主人翁阿祥在其從歷劫不赦的惡徒走向懺悔深思的聖徒途中，卻也然經歷了啟程、啟蒙、回歸的生命歷程。只不過，他的生命回歸與一般的英雄原型歷程稍有不同，因為他所經歷的聖化過程可說是具有雙重的啟程、啟蒙與回歸的生命進化結構。

第一段的生命進化結構，可說源於童年時的被欺侮，而逐漸轉向成為欺侮他人的人，他生命中第一個啟蒙概念源自於他對世界觀的了悟：「人分成兩種，一種是欺負人，一種是受人欺負的」（205）。由於臉上的白鼻特質，使他時時遭遇同伴的欺侮，甚至日本老師也將他拿來當出氣筒「挨打的機會比其他同學多，每一兩個禮拜，至少要挨打一次。每次被打，腦袋上都腫起來，像長著一個瘤」（201）。童年的創傷經驗扭轉了他的人格走向，使他無形中選擇一條叛逆的途徑，寧可成為線民、背離群眾，甚至成為日本警察，以便彌補他內心被侮辱後的創傷，「他要做警察，只有這樣，所有的人才會尊敬他，才會畏懼他」（207）。為了使自己能夠為社會及人群的尊敬，他甚至採取聯姻的政策，以便獲取更高的身分地位，千方百計、威勢利誘地迎娶吳玉蘭。「從教育而言，她比他高。她雖然不是有名的高女，

卻也是私立的女學校畢業的,和他只有小學畢業完全不能相比」
(210)。從某個程度而言,阿祥由一位飽受欺凌的可憐蟲,在
機緣巧合下開了竅,轉化為向利益靠攏的小人,以圖得社會地
位,這可算是第一階段阿祥的人生進化過程。

　至於第二階段的生命進化過程,則開始於日本政府的二次
大戰失敗。阿祥驀然失去一切政治屏障,倉促逃亡的生命挫敗
經驗。村民的起而報復過去的施虐者、統治者及警察,終於讓
阿祥重新認清自己在村民心目中的地位,甚至透過歷史的迴光
返照,以反批的眼光重新建立自己的自我影像。「我以這做本
錢,完成了自己,以王者的姿態君臨舊鎮。我自以為是虎、是
獅子。但骨子裡我卻是貓、是狗」(220)。「我自認為是王爺,
但舊鎮的人卻把我看做瘟神」(220)。「人在權威的絕頂,自然
會沉醉其中,而忘掉了自己」(220)。他甚至認為從玉蘭的死那
天開始,他就已經不再存在了,全世界的人都已經唾棄了他,
只是他恬不知恥地留了下來而已(220)。這樣的自我批判與省
思,正是阿祥走向真心懺悔、逐漸趨近聖境英雄的開端。緊接
著,他便開始了他無止盡地自我懺悔與藝術昇華的創作,專門
刻一些殘廢的馬,這些馬不是用來賺錢,而是用來提煉他內心
所匱缺的能量。「他喜歡刻一些殘廢的馬,我們去他家收購,
有時隻數不夠,他就把殘廢的加了進去,他說不能賣,等他多
出來,把殘廢的換回去,就像當作零錢找來找去」(190)這段
透過小主人翁的好朋友賴國霖的敘述,隱約點出阿祥遠離人
群,自我放逐,透過不斷的懺悔及藝術的昇華,而逐漸返回人
群的可能性。「有一天晚上,我夢見玉蘭回來。我已好久沒有
夢見過她了。我怕已把她忘了。我看到她,跪在我面前哭著。

我也哭了。我一直以為不再會有眼淚了。但那天晚上，我哭得連枕頭都濕了」（225）。這令人聯想到孔子的生命歷程，子曰：「久矣！吾不復夢見周公」，此地孔子對周公的遙想不僅表達了他對周公制禮作樂的景仰，更隱含孔子的一生乃是為了具現歷史的傳承，一種超越之歷史生命的回歸。唯有當阿祥為小主人翁敘述完他個人的慘痛歷史，正如信徒在神父面前做完真心的懺悔時，阿祥終於將三十三年來的罪孽放了下來，得到真正之生命歷史的回歸，返回到大地女神的懷抱，並得到救贖的機會。

（六）易經「量化集體潛意識」
（quantitative collective unconsciousness）[16]
理論——數之部

西方文評家大衛羅茲（David Lodge）在他的著作《小說語言》（The Language of Fiction）[17]中提出，特定之語言如果重複出現在作品中，則可由其文脈解讀出其在小說世界中的特定結構意涵。此種理論就廣義層次而言，自然可視為語言結構主義之一種文論。從易經的角度來看，文學家的創作純屬無意識的行為，特定的字眼為何會重複出現在文學家的作品中，實非作家意識所能掌控者。但無意識下所創造之文本，其特殊文字結構之意義，卻可透過易經的符號詮釋學，加以詮釋清楚。

---

16 從易經的角度而言，唯有透過數的量化研究才能透析宇宙間任何現象的真理，這便是為何孔子在《易經・繫辭傳》中先論道與密之後，緊接著便論數的重要性。

17 請參閱 David Lodge, "Language of Fiction", London: Rouyledge& K. Paul, 1966.

　　無獨有偶地，在鄭清文小說中全篇前後共出現了多次數碼"二"與"三"。從表面上看，這兩個特殊的數碼，透過敘述者的記述描寫自己與阿祥結緣的始末，及透過阿祥的追憶勾勒創作三腳馬動機，也透過這兩人的對話之間，零散而夾雜的出現在三腳馬故事裡。然而，仔細閱讀便可發現，其實所有有關"二"的數碼描述均出現在日本戰敗前，而所有有關"三"的數碼描述，則均出現在日本戰敗後。

　　有關二的數碼，在小說中處處可見。作者透過敘述者描述他的同學賴國霖。「他的工廠規模相當的大，佔地有兩百多坪」（189），至於描寫敘述者收集的馬則是「大大小小兩千多件」（189），而作者對阿祥和玉蘭的愛情描述則是：「石階有二十多級，每級寬二呎……長有二十多尺」（207），至於作者描寫阿祥人生的第一次蛻變發現是「人分成兩種，一種是欺負人的，一種是受人欺負的」（205）。連時間的描述也仍然逃不開這個數碼，「兩個月前，他們一起在宿舍後面的網球場打球」（209）。「到第二天，舊鎮也開始有了情況」（215）。「『當時你幾歲？』『十二歲吧。』我略為想了一下」（218）。

　　至於"三"的數碼亦不斷地出現在小說中。故事一開始敘述者便記述道：「我從台北做了三個鐘頭的車，到外莊去找工專的同學賴國霖」（189），「賴國霖用機車載我去，我們在彎彎曲區的山路上駛了有半個鐘頭」（191）。作者描述玉蘭在日本戰敗後為阿祥贖罪的情形：「大家決定要他在慈佑宮前演戲，一連三天，在這三天內，他要準備香煙，讓鎮民無限制取吸」（217）。至於作者對於舊鎮遺恨，已發生的年代也與三的數碼相關，「已三十三年了？」「嗯！三十三年了。」（218）。而阿

祥後來為了贖罪，所終日雕刻的馬，也不離三的數字。「我挑了一隻。牠三腳跪地，用一隻前腳硬撐著身體的重量。」（225）從易經河圖洛書的觀點而言，此處不斷出現的"二"與"三"數碼自然有其特殊意涵。在河圖「三八為朋木，二七同道火」[18]中，其實三八乃屬神性，由於神乃是宇宙間創造的力量，一切愛的根源，這正如五行中"木"所帶給人們的感受，不但充滿了欣欣向榮的生命創力，更如同神的愛一般充斥並鼓舞激盪著萬物。至於與神道相對立的，乃是天魔"七"[19]這個數字。從它的字型，宛若一隻匕首看來，它自然象徵傷害宇宙萬物的力量，更何況從它的卦位西方兌的特質而言，它正是充滿殺氣，帶給人們傷害力的數碼。由於二七同屬於一組，所以"二"自然成為七的雙隱雙顯下關鍵之代表密碼。

　　是以，全篇小說之所以劃分為兩大部分，從阿祥的童年，一直到他仍然執意出賣祖國人民而享盡一切威勢權利，即日本投降前，小說中所有一切的數碼幾乎都離不開"二"這個數字。而日本投降後，亦即阿祥由於失去了他的愛妻而悔恨不已，甚至透過雕刻馬匹來抒發他個人的懺悔和懷念的這段書寫，則一切的數碼幾乎都環繞在"三"這個數字上，其背後自然有絕對性的深刻意義。從易經數碼學的解讀，似乎可以看出

18　請參閱南懷瑾，《易經雜說》，台北；老古，1987，頁83。

19　依易經類型數碼學而言，西方《聖經密碼》所提出天主屬333，而天魔屬666，此顯然乃錯誤之理論。其理由是，如果這個數碼系統正確，那麼人們必會發現滿天神魔。因為從數學邏輯的角度來看，3加6等於9，既然不能歸零，必會成為看得見的事物。由於3加7才會等於零，所以顯然七才是正確的天魔數碼。

鄭清文在全篇小說中所真正想表現的，乃是一段描述從罪惡中走向懺悔與救贖的故事。亦即，刻劃一顆由魔性轉向神性的靈魂，演繹這顆靈魂如何透過如聖母瑪麗亞般光輝無比的愛心與救贖向上的力量，奮力奔向圓滿、自主的人生。

(七)易經「量化集體潛意識」（quantitative collective unconsciousness）理論──象之部

從易經的結構主義概念來看，恰好與上述全篇小說的時序結構（Time Sequence）劃分為"二"與"三"的數碼象徵轉換（Symbols of Transformation）系統相呼應。阿祥的人格轉換恰好可以透過小說中的兩種動物意象來加以捕抓。以阿祥的人生歷史來看，歷劫懺悔之前他一直被稱做白鼻狸，而後來他成日用藝術的創作來懺悔自己的罪孽，他雕刻的對象則是三腳馬。這兩種動物意象除了兼具前面論述所謂魔性與神性的象徵外，更具有其它重要的意涵。全篇小說最具創意的部分之一，在於這兩隻動物，雖然外表歧異但卻同屬於跛腳的狀態。三腳馬的跛態不言而喻，至於鄭清文對於阿祥之所以被稱為白鼻狸的典故描述則是：「牠的毛黃裡帶黑，鼻樑是一條長長的白斑，通到淺紅色圓圓的鼻間。牠的一隻腳被圈套夾斷了，走起路，一跛一跛的」（196）。從易經類型的思考上，這種文學上有關跛腳的典故，自然令人聯想到西洋文學史上最著名的公案──《伊底帕斯王》（Oedipus the King）了。

眾所皆知，希臘悲劇中的伊底帕斯王，為了對抗阿波羅的神論所預言他將弒父娶母的命運，憤然從自己的國度出走，想

不到在半路上卻無知地弒殺了自己的生父，後來更娶了皇后亦即自己的生母，而犯下了滔天的罪孽。後來，當他知曉自己便是導致國家連續天災人禍的罪魁禍首後，他毅然挖出自己的雙眼，放逐自己，以便懲罰自己來洗滌自己的罪孽。有趣的是，這樣的一位悲劇英雄，他的身份特質便在於他的名字伊底帕斯本身，便已具涵跛腳的內涵[20]。這種宇宙共通的跛腳象徵，便將伊底帕斯王這部作品與三腳馬這部小說連結在一起。

　　從易經符號詮釋學的觀點而言，文學中有關跛腳象徵的主題其實均源自於太陽神話原型。正如伊底帕斯王的悲劇究其原由，不外乎來自太陽神阿波羅的神諭使然，由易經先後天八卦的排列位置可知，太陽離卦其先天位乃後天八卦的震宮，震為木，而後天方位的離卦乃先天八卦的乾宮，故太陽神話帶來的問題則往往是金木交戰後，引發之傷腳踝的悲劇。這種穿透文化之深度結構的方法學，正是易經符號詮釋學最為獨特之處。

　　換言之，透過三腳馬，鄭清文似乎想要書寫的是一位現代的悲劇英雄。雖然三腳馬中的男主角阿祥與伊底帕斯王不同，並沒有高貴的出身、崇高的背景，但是他卻有許多特點是與伊底帕斯王一樣的。比如，和伊底帕斯王為父王所嫌棄、甚至想棄絕他一樣，在肉體上他因鼻樑上的白斑，而處處遭人詬病，甚至排斥、攻擊。再者，和伊底帕斯王一樣，他也擁有悲劇英雄的悲劇性格（Tragic Flow）。這種悲劇性格便是中西神話中一切悲劇英雄最大的特質，那便是不向命運低頭，勇於挑戰命運、對抗命運。質言之，阿祥之所以淪為充滿魔性的背叛者，寧願

---

20 從字源學的角度而言，伊底帕斯的姓名已隱含腫腳的意思。

出賣自己的同胞，當日本人的走狗，其真正的原因，可說來自長期的，甚至從幼年開始，便受到一切週遭人的不齒與凌虐。這種壓抑在潛意識的斷裂情緒，有朝一日終將浮現在現實的生活中，使他顛覆一切加諸於自身的限制，而對抗自身悲慘的命運宿命。第三點與伊底帕斯王相同的是他們倆人都具有英雄之內省（reflection）能力，當他發現自身犯下滔天大罪時也和伊底帕斯一樣確實能痛下悔悟、嚴厲的自我反思：

「我何幸得到這樣一個女人呢？我的罪孽太深，所以必須得到她而又喪失她？在所有的人，包括我的親人都厭棄我的時候，只有她一個人默默的承受著，而我還沒有機會表示感激和愧疚之情，她就默默的走了。」

「她一死，我的整個心也死了。其實，要死應該早一點死。在日本投降的時候，我就應該死。許多日本人都自殺殉國，我卻沒有這份勇氣。我卻說我不是日本人。我是一民族的罪人，我應該以死來謝罪。但我沒有，我反而逃到這深山來。你看我這個人有多可恥，我逃到這裡來，讓她替我向國民謝罪⋯⋯。」（222）

　　他甚至也和伊底帕斯一樣選擇自我放逐。在離開舊鎮遙遠的地方，懷抱著慚疚的心情，含忍著對愛妻玉蘭無限思念，一刀一刀地雕刻著那象徵他內心，那無止盡的、懺悔的、斷了腿的、「表情和姿態都充滿著痛苦和愧怍」的三腳馬。此處，鄭清文筆下的悲劇英雄，與希臘悲劇伊底帕斯王中的悲劇英雄一樣，同樣具有高度的悲劇性，也同樣具有悲劇淨化人心之效果。不同的是鄭清文的小說，若從易經共時性的角度而言，似乎多了一層後殖民的省思。鄭清文似乎透過小說中阿祥、玉蘭

與鄉民間的愛恨情仇，剪不斷理還亂地複雜而矛盾的關係，反映出台灣人民在日本帝國主義的侵犯與殖民下，無論在情感上或現實關係上，所難免產生之主體性的矛盾糾葛。[21]

三、結　論

經由明眼讀者（implied reader）深度解讀作品創作的潛意識之詮釋角度，透過易經太極原初的創意、易經陰陽兩儀的二元對立結構、易經三才的土地神話觀、易經四象觀、坎伯的英雄原型理論、易經「量化集體潛意識」理論數之部與易經「量化集體潛意識」理論象之部的探討，吾人可知鄭清文以刻劃「惡人聖徒」作為藝術創作的原始立基點，透過小說世界良知的眼睛來觀看世間二元對立的生命處境，強調個體生命真實地面對自我的有限性及生命匱缺，呼籲個體生命與大地真實結合之重要性。

透過阿祥的生命墮落及救贖，鄭清文似乎旨在強調，唯有伊人如大地女神般原始、浪漫、奉獻、圓滿的特質，方能提昇男人的生命向度，使男人真實面對自我生命人格的匱缺，而逐步完成自我生命的個體化過程。不斷地懺悔及藝術的昇華，則能提供遠離人群、自我放逐的人們逐漸返回人群的可能性，進

---

21 其實台灣文學的研究本應結合中西方各種文論，如僅侷限於後殖民論述則往往只關注到政治社會的層面，而易忽略了文本中更重要的美學結構。

而達到真正生命歷史的回歸與"二度降生"[22]。至於小說中特殊數碼"二"與"三"之重複出現，不但具有先後次第的重要性，更可看出鄭氏全篇小說的真正意圖，吾乃演繹一段二度回歸的神魔交響曲，創作一篇由魔入聖的史詩。鄭清文更透過白鼻狸——三腳馬的象徵轉換結構，戲劇化地呈現類伊底帕斯的現代悲劇英雄，並隱喻似地再現了後殖民省思下殖民與被殖民者間的矛盾糾葛與情感上的斷裂。

---

22 請參閱威廉詹・詹姆斯，《宗教經驗之種種》，台北：立緒，2001，頁 205-6。威廉氏提出「對一度降生的宗教人而言，世界向是直線構成或是單層的……快樂與宗教的平安原自生活於正向價值之中。對二度降生的宗教人而言，世界是一個有雙層意義的奧秘……自然的幸福不僅不夠、易逝，其本質還隱藏著一種虛妄。」換言之，此處所謂"二度降生"意味著歷劫回歸的英雄其在心靈世界上從墮落到救贖的歷程，必須經歷人間劫難的洗鍊方能成就其返本歸源，重獲新生的力量。此種見解亦可會通榮格"再度降臨""（Second Coming）之「死人將會活起來」的概念。

拾壹、易經乾坤兩卦的內在邏輯與創造性詮釋

一、前　言

　　乾坤兩卦是大易哲學中最重要的觀念。孔子在繫辭傳上第五章裡便說：一陰一陽之謂道。可見要瞭解宇宙間的道，便必須探討萬物根本的這個陰陽之氣，它兩者之間是如何的相互對待與轉化。更何況，整個易經六十四卦，不外乎是乾坤陰陽兩氣所變化的組合罷了。難怪瞭解乾坤兩卦，會是進入大易哲學，最重要的關鍵，這便是為什麼孔子在繫辭下傳第六章中會說：「乾坤，其易之門邪？」。

　　歷代易學家對乾坤兩卦的易學內涵這個問題，向來有諸多的詮釋與不同的看法，本論文撰寫的目的，旨在爬梳，歷代易學家們的想法，看他們如何透過卦氣與卦象的理論，探索乾坤之陰陽兩氣之道的梗概，藉此臻定其意義和內涵。更進一步的，本論文，擬透過此爬梳出的理論，藉由它所提供的易經的象與氣的角度，重新詮釋大易哲學中乾坤兩卦，以便探索其內在可能含的真正意涵。

　　此外，易經的思維方法乃是大易哲學提供吾人最重要的貢獻。正是這種特殊的思維方法，造就了中華民族幾千年偉大的華夏文明。當然太極、兩儀、三才、四象、五行、六爻、七政、八卦、九宮、十干等，各自有其獨特的思維方法的獨特處，如能善加利用便可達到以簡馭繁的效用。本論文擬就此乾坤兩卦的探索中，歸納其所共同擁有的思考邏輯模式，看這些邏輯模式如何在大易哲學的基本原型——乾坤兩卦之中扮演其重要的角色。

　　再者，語言表達也是大易哲學的一大特色與貢獻。後世的文學家們，在從事寫作或學問論事時，無不從易經的文本中得到無止境的啟發與靈感。本論文擬從大易作者在乾坤兩卦的卦爻辭的書寫方法裏，歸納出其個別所擁有的不同的語言表達模式，並解析其在大易哲學乾坤兩卦中所扮演的不可或缺的必要性。

二、本　文

（一）以卦氣說解乾坤兩卦的傳統爬梳

　　自古以來，易經的內涵意，被認為是探討陰陽之道的理論。而乾坤兩卦所蘊含的陰陽理論，被認為是瞭解易經這本天書，最重要的關鍵所在。個人沿循卦氣理論的角度出發，一路追蹤其思想發展與演變的軌跡而得知，早在西漢時代便有孟熹的十二辟卦說，為易經中陰陽的學說提出雛形模式。到了北宋

時代的張載，他也提出了「陰陽兼體說」，為陰陽的道體做了更
進一步的闡釋。緊接著，朱熹對這個問題，更進一步的提出乾
坤兩卦在陰陽流變的過程中，乾坤陰陽互藏其根的事實。至於
到了清代的惠棟在他的《易漢學》中，卻提到東晉的干寶(令升)
早在其註解西漢孟熹的卦氣說時，便直接提出以十二辟卦來註
解乾坤兩卦之十二個爻義的思想。換言之，干寶其實在東晉時
代便早已肯定地提出孟熹的十二辟卦正是易經乾坤兩卦十二爻
的內涵。只是這樣的說法，到了唐代的孔穎達，他雖有認同的
傾向，但卻並不表示全盤的接受。一直要到北宋時代的胡瑗，
他才全面地直接表示，十二辟卦的卦氣說，正可詮釋乾坤兩卦
中十二爻的內涵。這點，他完全肯定並加以強調。

（二）西漢孟熹的十二辟卦說

　　首先，在這個問題上，從卦氣的角度來探索陰陽的，最早
期便有孟熹的十二辟卦，或十二消息卦說。[1]十二消息卦指的是
一年十二個月，消息變化的過程。孟熹的十二月卦說，便是用
十二辟卦代表一年十二個月。

　　有關十二辟卦的順序，它們分別是：復卦，配十一月(子月)；
臨卦，配十二月(丑月)；泰卦，配正月(寅月)；大壯卦，配二月
(卯月)；夬卦，配三月(辰月)；乾卦，配四月(巳月)；姤卦，配
五月(午月)；遯卦，配六月(未月)；否卦，配七月(申月)；觀卦，
配八月(酉月)；剝卦，配九月(戌月)；坤卦，配十月(亥月)。

---

1 參見史善剛《河洛文化與中國易學》，頁155。

如此前六卦，即復卦到乾，表示陽爻從下往上逐漸增長，乃至陽氣達到極盛。此既為陽息，又為陰消的過程。到了後六卦，即從姤卦到坤卦，表示陰爻從下往上逐漸增長，至陰氣達到極盛。此乃既為陰息又為陽消的過程。[2]

直言之，孟喜的理論可是重大的發明。從客觀的角度來看，孟喜的十二辟卦說，以十二個卦來代表一年十二個月，其間陰陽氣的消長的變化過程，他著墨的重點顯然在於一年十二月，它的卦氣學說的建立與探討。他的說法雖然沒有直接連結其與乾坤兩卦中六爻爻意的詮釋，但他這種前所未有的卦氣理論，實在太具有原創性思考和啟發性。這種傑出的陰陽卦氣理論的詮釋原型，遂使得後世的詮釋者，不得不前仆後繼地追循與承繼。

（三）張載的陰陽兼體而相互推移說

張載的陰陽卦氣理論主要環繞在兩大重點；一個是陰陽相互推移說，另一個則是陰陽兼體說。

按張載看來，乾卦屬純陽，坤卦屬純陰，此兩卦中的陰陽爻位互易，即相互推移，則有六十四卦的變易。換言之，天地便是以陰陽二氣為其實體，以乾坤為其功用。因此，可以說《周易》講的變易，也即天地陰陽造化萬物的過程。此過程有其規律性，即陰陽二氣的對立及其相互推移，是一切事物變易的根源。這就是他所說的「萬物雖多，其實一物；無無陰陽者，以

---

2 同上。

是知天地變化，二端而已」（《正蒙・太和》）。二端即指陰陽二氣相互推移。[3]

此外，他又有陰陽兼體的說法。他認為在自然現象生成變化的基本法則中，陰陽二氣處於永恆的變化過程中，其變化或消長更替，或聚散相推，有陰而無陽，或有陽而無陰，是不可能的。這就是所謂陰陽「相兼相制，欲一之而不能」、《正蒙・參兩》。此種觀點，他又稱之為「兼體」，即兼有陰陽對立的雙方。他認為，個體事物是有偏滯的，如同白晝不能兼有黑夜，可是「道」作為生化萬物的過程，則兼有陰陽對立的雙方，如天道兼有晝夜、寒暑，而不被一方所牽累，此即「兼體而無累」。[4]

張載的陰陽兼體與相互推移的理論似乎點出了吾人在思考大易哲學中乾卦與坤卦的存在狀態的盲點，吾人容易犯了以純陽氣之單一的角度去思考乾卦的存在。同樣的，也很容易犯了以純陰氣的角度，去思考坤卦的存在。而張氏的理論，一方面可幫助我們免於掉入純陰與純陽的思考誤區。另一方面，則更讓我們貼近易經乾坤兩卦，正視它們兩者所存在之相互依存的真正關係。

（四）南宋朱熹的陰陽互藏其根的學說

除了張載之外，到了南宋，另一位思想家朱熹，在這個議題上也有它特殊獨特，而更進一步的見地。

依史料記載，朱熹的學生徐元震，曾針對這個問題，用實

---

3 參見張金泉《張載文選》頁 13。

4 參見李洪成《張載的陰陽兼體說》。

例提問說：「自十一月至正月，方三陽，是陽氣自地上而升
否？」以「十二消息卦」論，十一月為〈復卦〉，是地雷〈復
卦〉，初九為陽爻，正是一陽生；十二月為地澤〈臨卦〉，正是
二陽生；元月為地天〈泰卦〉，正是三陽生。所以說「陽氣自地
上而升」。朱熹回答說：「然。只是陽氣既升之後，看看欲絕，
便有陰生；陰氣將盡，便有陽生，其已升之氣便散矣。所謂消
息之理，其來無窮。」所謂「只是陽氣既升之後，看看欲絕，
便有陰生」，是指「十二消息卦」中之〈乾卦〉，六爻皆為陽爻
之後，陽氣即將欲絕，接著是天風〈姤卦〉，正是一陰生。而
「陰氣將盡，便有陽生」，即是在「十二消息卦」中之〈坤卦〉，
六爻皆為陰爻之後，陰氣即將欲絕，接著是地雷〈復卦〉，正是
一陽生。從此分析而言，此充分說明瞭陰陽流行，就是一氣之
化。

　　再深論之，所謂一氣之化，並不是將「陰陽」不同屬性的
界限泯滅，而是陰中有陽，陽中有陰，將一氣藏在另一氣之中，
僅顯現一氣，而另一氣不顯。朱子清晰的說：「陽中之陰，陰中
之陽，互藏其根之意。」也由於這樣，「陰生陽，陽生陰，其變
無窮」。陰陽轉變，只是一氣的變化，是以只有陽生陰，或陰生
陽；另一不顯之氣，只好藏了起來，「互藏其根」了。[5]

　　從朱熹的立論可知，朱熹似乎更進一度的將陰陽卦氣的理
論往前更推了一步，他認為陰陽二氣「互藏其根」，陰陽互變，
其間只是顯（presence）與隱（absence）的關係。陽顯的時候，
陰便藏；陰顯的時候，陽便藏，。總之，此兩者其實永遠同時

5　參見趙中偉先生《易只是一陰一陽——朱熹易學「陰陽」觀之創造詮釋研
　　究》；中引南宋黎靖德編〈朱子語類〉卷66、67。

存在於一氣之化中。

（五）東晉干寶(令升)的十二辟卦即乾坤十二卦說

質言之，早在東晉時代，干寶便已經在乾坤兩卦與十二辟的關係上，做了很深入的探討。

干氏注乾六爻：「陽在初九，十一月之時，自復來也。陽在九二，十二月之時，自臨來也。陽在九三，正月之時，自泰來也。陽氣在四，二月之時，自大壯來也。陽在九五，三月之時，自夬來也。陽在上九，四月之時，自乾來也。」干氏注坤六爻：「陰氣在初，五月之時，自姤來也。陰氣在二，六月之時，自遯來也。陰氣在三，七月之時，自否來也。陰氣在四，八月之時，自觀來也。陰氣在五，九月之時，自剝來也。陰氣在上六，十月之時，自坤來也。」

十二消息卦，就是一年十二月陰陽之氣消長的現象。以陰消陽稱為消，陽氣生長稱為息。十月是純坤之卦，陰氣滿天。到了十一月，一陽始生，坤的內卦變為震，此即地雷復（䷗）。陽氣續息至九二，是為十二月臨，九三為正月泰，九四為二月大壯，九五為三月夬，上九為四月純乾。到了五月，一陰始生，坤的陰氣開始消陽，陰氣在初，乾的內卦變為巽，是為天風姤（䷫）。陰氣續消至二，為六月遯，至三為七月否，至四為八月觀，至五為九月剝，至上六為十月純坤。然後又是十一月復，陰陽消息，循環無窮。如此乾坤十二支配屬十二月陰陽消息。

干氏之注，可一目了然。[6]

　　仔細看來，東晉干寶(令升)所闡述的理論，可能是最早以十二辟卦的卦氣理論，直接對應乾坤兩卦的十二爻的內涵。干寶在繼承孟氏卦氣說的基礎上，創造性地以復、臨、泰、大壯、夬、乾、姤、遯、否、觀、剝、坤這十二消息卦來表徵乾坤十二爻的內涵。[7]

（六）北宋胡瑗對孟熹卦氣說的深化：乾坤十二爻配十二月卦的定位

　　不像唐代的孔穎達，雖有認同干寶的傾向，卻又對他的卦氣說抱持質疑的態度。[8]

　　胡瑗在詮釋乾坤兩卦的開始就開宗明義的地指出：「凡乾坤之十二爻，配之十二月。」可見，在他的思想體系中，十二消息卦所符示的陰陽二氣的消長變化的情態，就是宇宙運動變化的常態，而此常態在乾坤兩卦十二爻中符示得更加明顯。這就將孟熹的卦氣說做了進一步的深化。[9]最重要的是，他顯然篤

6　參考惠棟《易漢學卷一孟長卿易上》干寶注乾六爻曰：「陽在初九，十一月之時，自復來也。初九甲子，乾納甲，天正之位，而乾元所始也。陽在九二，十二月之時，自臨來也。陽在九三，正月之時，自泰來也。陽氣在四，二月之時，自大壯來也。陽在九五，三月之時，自夬來也。陽在上九，四月之時也。」（四月於消息為乾。）又注坤六爻曰：「陰氣在初，五月之時，自姤來也。陰氣在二，六月之時，自遯來也。陰氣在三，七月之時，自否來也。陰氣在四，八月之時，自觀來也。陰氣在五，九月之時，自剝來也。陰在上六，十月之時也。」（十月於消息為坤）。

7　參考王洪霞《經學大語境下的胡瑗》，頁 113。

8　同上

9　參考王洪霞《經學大語境下的胡瑗》，頁 114。

定地將十二消息卦與乾坤十二爻，直接而清楚地畫上了等號。

（七）乾坤兩卦之內在邏輯

從以上孟熹的十二辟卦說、張載「兼體」之易學卦理及朱熹「乾坤互藏其根」之乾坤說的詮釋之流變，以及干寶和胡瑗的乾坤十二爻配十二月的說法，吾人可以得知，如果以上這一路的推論無誤，那麼，質言之，所謂乾坤兩卦亦可視為陰陽的通稱。再者，所謂之「陽中之陰，陰中之陽，互藏其根之意」蘊含的意義便是：從卦象而言，乾坤兩卦之內在邏輯，就應是乾卦以坤卦為其體，實際上乃是由乾卦之根(陰中之白點)，而逐漸發展成乾卦之體。坤卦則以乾卦為其體，實際上乃是由坤卦之根(陽中之黑點)，逐漸發展成坤卦才對。

換言之，按此卦理和卦象的推論，傳統易經學者慣於用乾卦的六爻變卦：姤、同人、履、小蓄、大有、夬等卦象，和坤卦的六爻變卦復、師、謙、豫、比、剝等卦象來詮釋乾坤兩卦的方法，難道有可能是沿襲已久的謬誤，或是別解嗎？

緣此，為了檢驗此種說法的精確性。底下本文便以全新的卦象詮釋觀點，也就是透過復、臨、泰、大壯、夬、乾、姤、遯、否、觀、剝、坤等十二卦的觀點，來重新探討乾坤兩卦的內容，以便檢驗，在這種觀點下，其卦爻辭的內容和卦象是否能夠相互符合。藉此證明這樣的理論，其內在邏輯的精確性。

（八）以復、臨、泰、大壯、夬、乾等卦象解乾卦六爻的內涵意，會通傳統的詮釋法

乾卦初爻的卦爻辭是：「潛龍勿用」。龍德的精神，在他面

臨自己還是一陽，而面對五陰，意即自己雖然有實力，但機會還沒來，時機還沒現前，貴人還沒出現的時候，為了將來的發展，不宜操之過急；必需採取低調，低姿態的方式，潛藏自己，努力深造，耕耘不懈，俟命待時，直到有一天轉機之任事點一到，便可以一展長才。但在那之前，永遠要保持，求之不得，反求諸己的精神，反復其道；永遠反身而誠，努力不懈。因為，畢竟，龍德之復其道的精神（復），正是宇宙生生不息力量的根本！如此守道的精神與努力，自然可以通向任事而為（姤）的時機了。

　　乾卦第二爻的爻辭是：「見龍在田，利見大人」。龍德的精神到達二陽對四陰的局面，在陰陽消長的局面理，前景無限美好。已然到了機緣成熟，他的能力自然慢慢為人所發現。如此他便容易得到貴人之助力，而謀得官位，到達可以開始管理眾人的事務的時候。也就是一旦有了天爵，自然會有人爵。一個人積功累德到了一定的程度，上天對他的功德滿意了，便會自然降下福祿給他；也就是老天爺便會降下甘霖（臨）以獎賞他。使他遇到志同道合的大人（同人）。

　　乾卦第三爻的爻辭是：「君子終日乾乾」，夕惕若厲，無咎。龍德的精神，三陽對三陰的局面。如在諸侯的位階般，稱霸一方，必須善用國家的資源，妥善管理財政，培植優秀的人才，並做好一切有利民生的建設。如此夙夜匪懈，居安思危，才能達到上下通泰的境界（泰）。至於，若果到達發展的臨界點，就要早晚守住自己的價值觀，不因環境的變化，便跟著動搖。永遠保持愛國愛百姓，順天修命的正念思想，這樣才可以永保沒有災咎。進而達到履險如夷（履）的境界。

　　乾卦第四爻的爻辭是：「或躍在淵」。龍德的精神，四陽對二陰的局面。如權臣般，到達上要面對如虎的君王，下要應付百姓的需求，中要應付諸侯和大夫的期待的多重壓力的境遇，不但要軟硬適度，還要進退、應對得宜，言詞還得妥當。必須一切盡量做到正大光明（大壯），而沒有私心。這樣才能真正建立起一切全面的的互信機制（小蓄）。

　　乾卦第五爻的爻辭是：「飛龍在天，利見大人」。龍德的精神，五陽對一陰的局面。如帝王般，攀爬到了生命的最高峰，成為了一個至高點上的的決斷者。這時正是完全可以伸展一切的抱負，為百姓人民謀福利，施祿於天下的時候。但剛決柔並非易事，在此情況下，這位最高的決策者，必須果決果斷，意志堅決，才能擺脫一切的葛藤障礙。甚至從策畫到執行，都必須去強力去實踐執行，貫徹實施（夬），這樣才能達到所謂理想而富有（大有）的境界。

　　乾卦第六爻的爻辭是：「亢龍有悔」。龍德的精神，六陽而無一陰的局面。攀登生命最高峰，頓然失去生命的目標，猶如處君位的帝王，居安而不思危，思成而不慮始。進而不止，求而不已，超過了自身的德能所及，也超出了客觀條件的許可，故終難免除最終的失敗命運。故盈滿如亢龍（乾），便不能長久，而有悔（夬）。

（九）以姤、遯、否、觀、剝、坤等卦象，解坤卦六爻的意涵，會通傳統的詮釋法

　　坤卦初爻的爻辭是：「履霜，堅冰至」。坤元與乾元不同，偏重的並非開創的主題，而是守成的主題。在守成的前提下，

它最重要的根本精神，不外乎防範於未然。人類未能滿足的欲望，將形成一種錯誤的飢渴，使人漫無止境的去追求；就宛如霜會將植物的水分吸出，而讓他乾憋而死一樣。所以，有了防範於未然（姤）的睿智，知道停頓在最高的極限點上，不再作貪婪的冒進，避免無止境的欲望追逐，這樣才能隨時回復或保持生機蓬勃（復）的境地。

坤卦第二爻的卦辭是：「直方大，不習無不利」。坤元強調的乃是承襲守成，所以並不需加入自我的增加與造設，一切只要遵循乾德而行。如為人臣者能做到正直、端方豁達，那麼這就擁有了一個成功者的基本素質，具備了發揮輔佐之職，當好臣子，副手。懂得當捨則捨，當退則退，進退自如，自發而無染（遯）。弔詭的是，想達到這種素質，卻正是需通過學習，而不斷提高修養（師）。

坤卦第三爻的卦辭是：「含章可貞，或從王事，無成有終」。如居諸侯之位，在守成的前提下，把一切事情做好，但卻不去居功，量入為出，收斂奢侈的行為，以儉德避難，不可榮與祿的精神。換言之，必須抱持包容羞辱的態度（否），來應付外在的世界，這樣才可以達到功高而不居功的勞謙君子的境界（謙）。

坤卦第四爻的爻辭是：「括囊，無咎無譽」。如居權臣之位，含晦緘默，善不為，惡亦不為，以便無咎亦無譽。以天的神道，理解天的不言不語，而四時運行，萬物生長，而無有差忒的奧妙，乃施行自己的德教，自己的觀之道。如神道設教般，行不言之教（觀），來達到人民百姓的豫樂（豫）。

坤卦第五爻的爻辭是：「黃裳，元吉」。如帝王般，不炫耀

自己的典章文德，保持柔順的態度，謙恭的精神來對待臣民。重視剝卦的教訓（剝），了解崩垮的險難，往往瞬間來臨，故需鞏固填實基層的建設，加強基層的福利，厚德而載物。貫通而整合一切的力量。如此才能真正達到使天下人樂於比附於你（比）的境界。

坤卦上爻的爻辭是：「龍戰于野，其血玄黃」。天地混雜，乾坤莫辨。宇宙萬物，窮則思變，否則必導致山窮水盡的苦境。陰極則要遭疑，此乃必然的現象。矛盾的雙方，不僅有相互統一的一面，也有對立鬥爭的一面。當矛盾的雙方不再順從主要的一方，並且要取而代之，這時矛盾的性質就會發生變化。這便是由量變到質變的過程（坤）。由乾轉為坤，這乃是剝卦所強調「君子尚消息盈虛，天行也」，也就是君子當體會陰陽消長（剝）的道理，才能做到時行則行，時止則止的境界。

（十）乾坤兩卦共通具備的特質：兼具數學邏輯與思維邏輯的意涵

從以上所述之推論，意即乾坤兩卦的內在邏輯的探討可知，從卦氣的角度而言，乾坤兩卦內在的爻變，從復、臨、泰、大壯、夬到乾卦，從姤、遯、否、觀、剝、到坤卦完全符合數學邏輯的遞變性與精確性。但同時，從單一爻變的角度而言，乾卦與坤卦，六爻的遞變，從姤、同人、履、小蓄、大有、到夬卦，從復、師、謙、豫、比、到剝卦，則又兼具思維邏輯，也就是不依數學邏輯的次序，而是依照跳躍的思維邏輯的方式進行。換言之，數學邏輯與思維邏輯正是大易哲學中乾坤兩卦所共有的內含精神了。

（十一）乾坤兩卦的差異：結構與解構

此外，乾坤兩卦各具有其獨特性。乾卦六爻的內涵，具有結構主義的組織內涵。初爻潛龍、二爻見龍、三爻終日乾乾、四爻或躍在淵、五爻飛龍、六爻亢龍，終究直接、間接建構在龍之動物的統一的意象上。並且連龍的位置的高低，也完全建構在循序而不紊，由低而高的次第上，完全具備結構上的一致性。

反之，坤卦的六爻，則完全沒有結合在統一結構的意象上，而是結合在解構的意象上。初爻：「履霜，堅冰至」。二爻：「直方大，不習無不利」。三爻：「含章可貞，或從王事，無成有終」。四爻：「括囊，無咎無譽」。五爻：「黃裳，元吉」。六爻：「龍戰于野，其血玄黃」。其六爻之間並沒有任何統一的意象可尋。大易哲學中，乾元偏向結構的理性傾向。坤元則偏向非理性的解構傾向。這可說是一組在形式與內容上，達到完美之參差對照的組合了。

三、結　論

本文透過歷代易學家所提出的卦氣理論，經過觀察與省思其思想與方法的流變後，重新爬梳乾坤兩卦在大易哲學中，它們彼此間所存在的內在邏輯與關係後，發現原來乾卦以坤卦為其卦體的根源；坤卦以乾卦為其卦體根源，這種彼此互為陰陽轉化與消長的互動關係。繼而得出乾坤兩卦，其六爻裡每一卦

爻中本來該有的卦象形式，並非僅如傳統的解易者般，在變爻時只採取單一爻之爻變的方式；也就是採取第一爻變、第二爻變、第三爻變、第四爻變、第五爻變、第六爻變的方式，而另有累進遞變的方式進行。也就是還可以採取初爻變、初／二爻變、初／二／三爻變、初／二／三／四爻變、初／二／三／四／五爻變、初／二／三／四／五／六爻變的變爻方式，來作為其討論全卦意義時的卦象的依據。

　　本文更透過重新整合，新舊模式的乾坤兩卦的卦爻象之探討過程，從事全新的乾坤兩卦之意義的創造性詮釋。 更從中得出大易哲學中乾坤兩卦所共同擁有的思考模式：數學邏輯思考模式（累進的爻變思維）與思維邏輯思考模式（單一爻變的思維）。換言之，乾坤兩卦中六爻爻辭的書寫，乃是透過數學邏輯思考模式與思維邏輯思考模式。此兩種思維模式貫穿整部易經全書，宛如經緯線般交織起整個易經的世界。。

　　至於乾坤兩卦，兩者之間在言語表達上的差異則是：大易的作者在寫作乾卦時所使用的乃是結構性的意象；整個乾卦之六爻爻辭的書寫，完全統一在龍的意象中，來書寫陽性的特質。反之，大易的作者在寫作坤卦時，則採取離散的策略，也就是以解構性的意象；冰霜、直方大、含章、括囊、黃裳、龍戰等來書寫坤卦的陰性特質。如此，結構的寫作模式，與解構的寫作模式，便宛如不同的樂器般，在大易這部天書的世界中，奏出了一部又一部的，動人心旋的美麗樂章！

總　結　「易經符號詮釋學」的七大突破與創建

一、華人的格物法

　　本書的華人格物法，並非一般書齋中的想像，而乃個人歷經二、三十年的格物經驗，所證成的方法。華人從伏羲「仰觀天地，俯察萬物」到宋儒程頤講：「今日格一物，明日又格一件。積習既多，然後脫然有貫通處。」朱熹講「所謂致知在格物者，言欲致吾之知，在即物而窮其理也。」然而，自古以來，我們都無法找到任何真確的格物的方法。本書藉由西方現象學的進路，嫁接胡塞爾的「格物」步驟，成功地研發出一套獨特的華人格物方法，那便是「寂然不動，感而遂通，類萬物情，通神明德！」具體的開顯了華人的格物的步驟與方法。

二、破解胡塞爾難題

　　所謂胡塞爾難題，簡言之，便是西方現象學無法解決胡塞

爾自己所提的本質直觀與超驗直觀的問題，本書提出「攝象入卦」理論，以便解決胡塞爾難題的困境，也就是經由「以用顯體」的方式，反面突顯華人文化，其體系性詮釋學的優越性。

三、以物觀物的方法

本書提出「觀」也就是「以物觀物」的華人文化特殊現象，反襯西方文化以人為中心的思想的侷限性，無法逃脫主觀的認識論，更提出「易之四觀」作為華人認識論的獨特方法。

四、易經類化學

易經是一部宇宙大電腦的整體系統，其中的六十四卦，便可視為六十四種理論原型，且可用來詮釋世間一切的現象、文本與理論。緣此，透過易經類化學，掌握萬物的原型以及「類聚通神」的原理，華人文化詮釋學甚而可以藉由個案的詮釋，進而達到創發理論的成果，實現華人文化最高的「生生之謂易」的精神。

五、易經智測學

易經本質上是一種計算機的模式，這一點在易學的象數易中，可謂得到最多的開展。只可惜幾千年來的易學傳承太重視

義理易而忽視了象數易,使得大易哲學,其真正的大用,無法全面的展開。本書透過易經符號學的格物模式,利用易學的象數方法,檢驗西方文論的謬誤所在,更透過易經符號學與榮格神話預測學的視域融合,提出未來文化變遷的趨勢,完成全新的神話預測學理論,為神話研究領域開出新的方向。

六、易經思辯學

本書提出易經的錯、綜、互、雜的思辯模式,可解決西方的正、反、合辯證思維侷限性的問題,更可用來探討宇宙間一切的現象、文本、或理論,以便達到全新的華人文化詮釋學的論述境界。

七、有效詮釋學

本書所提出的易經符號詮釋學和華人的格物方法,可用來有效地詮釋一切的現象、文本、或理論,甚而彰顯萬事萬物的自明性,進而更能啟發創作思維的可能。

張易生格物實踐的歷程

附錄一

《易眼觀天下》Podcast 節目單集題目列表

手機收聽方式：可於 Apple Podcast, Spotify, Google Podcast, SoundOn, KKBox 搜尋《易眼觀天下》節目

電腦收聽方式：可輸入網址 https://sndn.link/易眼觀天下，進行收聽

Introduction：跨界～換個視角看天下，讓你邁向不同的人生！

EP1.神話劇如何可能看出未來世界趨勢！

EP2.空間裡擺放一個水晶真的能有效果？連台大校長李嗣涔也來讚聲！

EP3.文學與哲學在古代合一，為何到後來會分家？哲學與文學又有何關聯？

EP4.🏹 愛神的箭 vs 月下老人的紅繩

EP5.「三八四九」，「不三不四」，數字有好有壞？秘密何在？

EP6.文學作品與哲學的關係：有深度的作家，其作品一定有深

刻的生命體驗與人生哲學的呈顯。

EP7.神話就在你的生活中？！流行文化「捧角」，真的可以算是神話嗎？！

EP8.📢 封神榜裡的「喚名墜馬術」，是何原理？如何不被困住？

EP9.文學作品多半是虛構的，所談的或隱喻的哲理真能令人信服嗎？文學與哲學何者更具說服力？

EP10.追求另一半 vs. 追求一個獨立完整的自我

EP11.開國皇帝真能金口成真？對比電影〈美麗佳人奧蘭多〉的神奇故事

EP12.哲學講究的是理性的嚴謹，文學追求的是感性的抒發，到底什麼最能塑造一個作家的獨特性？換言之,如何才能成為一個偉大的作家？

EP13.遇見女神，東西大不同？！

EP14.🏆胡賽爾最後走向超越性，追隨者卻跑光光；但佛法很玄虛，卻是追隨者眾？

EP15.南宋朱熹的理學詩〈觀書有感〉中的「為有源頭活水來」，蘊含什麼啟示及哲理？與易經有關聯嗎？

Ep16.道德經與易經的關係？！

Ep17.宗教對人類的意義及影響？

Ep18.宗教經典(如佛經、聖經、可蘭經等)可以算是文學作品嗎？經典在宗教五大要素中有何重要性？

Ep19.佈施-第一波羅蜜？忍辱-成就波羅蜜？

Ep20.☼ 點石成金術或精神煉金術？

Ep21.為何宗教文學作品都有「磨難」、「罪」與「救贖」、「犧牲的死亡」等共通主題？

Ep22.守戒的神奇作用？！「戒律」在宗教中所扮演的角色？

Ep23.宗教裡的神蹟是真實存在？或是一種比喻？

EP24.美滿婚姻的靈丹，金剛經？文學文本與宗教文本有何差

別？

Ep25.宗教中的苦修所彰顯的意義是什麼？從西方隱修士的苦修 vs 佛教的頭陀行談起

Ep26.從保生大帝及呂洞賓談道教裡的修行重點是什麼？

EP27.〈西遊記〉有何宗教象徵及隱喻？佛教如何影響中國文學？

EP28.什麼是末法時期？現在是末法時期？

Ep29.健全心態與病態靈魂的人，適合信仰的宗教各是什麼？（以托爾斯泰的書信為例）

EP30.為何人會感到痛苦？由 T.S.艾略特的〈荒原〉談人心沉淪與宗教救贖之可能

EP31.魔法師的愛情原型？！

Ep32.兩個孤兒原型的一個心理個案(從電影〈心靈捕手〉談起)

Ep33.什麼是內在永遠解不開的謎？你永遠想不到的就是潛意識？

EP34.當婚姻守護女神遇到魔法師？！

Ep35.夢與心理學：從動漫〈鬼滅之刃〉談起

EP36.禁忌與愛情心理學

EP37.失敗術為何比成功術重要？

Ep38.每個人都不能錯過的，「潛能開發」的電影！

EP39.四大名媛中，誰才是大才子徐志摩的智慧女神？

EP40.女人如何成為女神？！

Ep41.天才心理學，從電影〈美麗境界〉談起

Ep42.超越虛實、出乎三界、至愛人間才是至情真愛？ 談〈牡丹亭〉青春夢裡不可思議的至情

EP43.另類自性完成的神話——如何分判女神與神女！

Ep44.掩藏的星光：獨角獸的教育精神

EP45.時空蒙太奇：意識流小說在台灣文學中的風華

EP46.格物學之昆蟲篇：蜜蜂

Ep47.ᘒ 拙火/生肖蛇：隱藏的秘密

EP48.人類學家弗雷澤《金枝》的弒王理論

EP49.東西神木大不同：與神對話的秘密

Ep50.格物學之動物篇：狗狗

EP51.夢幻騎士的瘋癲主體：反諷的視域融合

EP52.龍吟虎嘯迎虎年　生氣勃發賀新春

EP53.金烏玉兔放神光　道氣藹然現吉祥

EP54.百年芒荐倏忽過　文化成開元亨

EP55.超驗 vs.經驗：東西方的龍大不同

Ep56.🐢天文視域下的四神獸

EP57.道眼 VS 人眼：文化衝突時代下的反思

EP58.有為禪 vs.無為禪:菊花與劍

Ep59.👀從文化人類學，看神話中眼睛進化的歷程

EP60.文化人類學的現象學轉向：李維史陀的結構主義

EP61.👄從康德的無上道德律令到儒家的天命論

EP62.從邊沁的效益理論到易經的智測學

EP63.波愛修斯《哲學的慰藉》與哲學諮商學：另一種安身立命
之道

EP64.孔子與巫史的傳統：天命觀與仁的本意

EP65.曾子的孝道與考試的秘法

EP66.子思《中庸》不尋常的道脈傳承：聖賢教育的啟示

EP67.△佛洛伊德潛意識的發現如何改變了世界

EP68.從華人心理學反思榮格八大人格類型的思想

EP69.華人心理學為何比邁爾斯的思想更「社會心理學」

EP70.@魯迅如何聖化〈阿Q正傳〉中的阿Q精神？

EP71.《邊城》：另一種西南文學的典範！

EP72.神解魯迅、沈從文及老舍的〈駱駝祥子〉

附錄二
歷年講座題目列表

2022 年，持續進行中……，歡迎讀者報名後續講座
「雷風之恆」網址：https://register8619.pixnet.net/blog
　　中西：尼采與老子哲學的跨文化對談
　　大師：從酷兒文學的角度看電影〈墨利斯的情人〉
　　中西：從精神分析的角度解讀金庸的〈射鵰英雄傳〉
　　中西：法國漢學家談中國兵法：朱利安的異想世界
　　大師：榮格陰影進化論：將內心黑暗面轉化為生命力的步驟

2021 年，共 14 場講座
　　大成：華人文化的科學性：數與象
　　大師：存有的光環：存在現象學家馬賽爾的希望哲學
　　大師：科學、哲學與人生：方東美先生的治學方法
　　大師：個體生命的創造性療癒：完形治療之父波爾斯
　　中西：遇見男神：從榮格心理學看楊惠姍的藝術與愛情
　　大師：神奇的能量法則：坎伯的閱讀神話與生命實現
　　中西：神話英雄的精神煉金術：從榮格心理學看金庸的〈倚
　　　　　天屠龍記〉
　　大師：自卑感、社會意識與創造性自我：人本主義視域下的
　　　　　阿德勒心理學
　　大成：歸藏易：華人另一種創造性的思維
　　中西：道統與哲學的轉向：從詮釋學的視域看朱熹在哲學方

　　　　法論上的貢獻

大師：本體、功夫、境界：從戲劇〈蝴蝶夢〉看莊子愛的藝
　　　術

大師：〈天龍八部〉教會我的人生：愛情的七種面向

中西：從現象學視域解讀王國維「觀」的理路：以〈浣溪紗〉
　　　詞為例

大師：讀小說可學到的 13 種東西:以 James Joyce 的小說為
　　　例

2020 年，共 4 場講座

大成：失序、無礙、救贖：從易學看艾略特〈荒原〉詩歌中
　　　的美學密碼

大師：愛、孤獨與責任：從存在神學的角度看電影〈愛情列
　　　車長〉的美感結構

大師：意象流動、象徵行動、詩學正義：楊牧詩歌中的美感
　　　意識

中西：東學西漸與新冠狀病毒：從新神話學觀點解讀戲劇〈三
　　　生三世枕上書〉

2019 年，共 31 場講座

大師：榮格的信仰之精神性進路:從紀錄片〈看不見的台灣〉
　　　談起

中西：道家與猶太哲學：人與自然關係的東西方和解

大成：從易學解碼紅樓夢藝術創作中的醫病治療

大師：法國人如何發明愛情：電影〈危險關係〉中的三種女
　　　人類型

大成：亂世忠臣與情義悖論：從易學解碼〈水滸傳〉中的英
　　　雄輓歌

中西：虛/實文化他者的辯證：莒哈絲電影〈情人〉與戲劇〈最
　　　佳利益〉中的主題思想

果行：靈物、靈術、儀式：從〈封神演義〉中的姜子牙人物

造型看巫術信仰與古代小說敘事

中西：法界、靈覺、大悲心：日本禪學大師鈴木大拙的華嚴
　　　學

大成：神話邱比特與賽姬：從易學解碼當代詮釋學大師呂格
　　　爾對意義的探究

大師：愛、戰爭、與救贖：從文本間性角度解讀電影〈神力
　　　女超人〉

中西：跨界於人性與神性之間：從電影〈變人〉到電影〈AI
　　　終結戰〉

大成：中西兩方自我關切的藝術：從易學的視野比較朱熹與
　　　傅柯的功夫修養論

大師：意義探求、愛、救贖：從法蘭克的意義治療理論看電
　　　影〈牛津解密〉

中西：愛欲、情義與自我完成：從文本間性解讀〈金瓶梅〉
　　　與〈紅樓夢〉

大成：敘述、結構與象徵：從易學解構〈西遊記〉中第 27
　　　回的白骨精原型

人文：理性 VS 愛情：白蛇傳與阿波羅愛情神話故事中的原
　　　型研究

大師：21 世紀神話進化論：解碼戲劇〈三生三世十里桃花〉
　　　的美學結構

中西：五四文學新論：從跨文化角度解讀徐志摩與郁達夫

大成：五四的儒學開新：以易學解讀錢穆展望中國新文化走
　　　向

大師：中國啟蒙運動第一人梁啟超：百年五四的反思

中西：對比、他者、融通：從跨文化視域看沈清松教授的外
　　　推理論

大成：遭遇、變形、轉化：從易學解碼京劇〈十八羅漢圖〉
　　　中的美學意識

大師：大母神、互文、英雄歷程：從榮格神話原型角度解碼
　　　電影〈水行俠〉

中西：日本文化中的罪與惡：從電影〈寒單〉談起

大成：天地相遇品物咸章：從易學解碼曾仕強教授「中國式管理學」裡的智慧

大師：愛、焦灼、神話：存在主義心理學家羅洛梅的〈創造的勇氣〉

大成：天地人鬼神：從易學角度解碼許倬雲的〈中國人的精神生活〉

大師：直覺、感情、活生命：D.H.勞倫斯對歐美小說的靈視

中西：從羅卡的葉瑪到白先勇的玉卿嫂：中西兩方的 Eros 研究

大成：動物觀或借動物求知：從易學解碼 Maggiori 的〈哲學家與動物〉

大師：愛情現象學：西蒙波娃與沙特的愛情與哲思

2018 年，共 42 場講座

中西：死亡迷宮、陰性書寫、實相救贖：從榮格心理學解讀電影〈情遇那布勒斯〉中的愛欲與文明

大成：從易學解析李通玄的儒佛會通的途徑

大師：瘦馬、神鵰、情花：從象徵的角度解讀金庸〈神鵰俠侶〉的美學意涵

中西：藝術、歡喜、生命轉化：從高達美角度解讀泰戈爾的印度詩學理論

大成：從易學解構德勒茲的〈千高原〉：由亨利米勒小說〈北迴歸線〉談起

大師：思想、判斷、行動：漢娜鄂蘭代表作〈心智生命〉中的心靈語言哲學思想

中西：輪迴、神識、罪懺：從宗教學角度解碼電影〈與神同行〉

大成：易學解碼德希達的解構思想：從川端康成的〈雪國〉談起

果行：在禪與心理分析之間：鈴木大拙與佛洛姆的心靈對話

大師：宗教、想像力、救贖：從存在心理學的角度解碼柏格曼的電影〈芬妮與亞歷山大〉

中西：慾望、主體、毀亡：從精神分析解讀三島由紀夫電影〈愛的饑渴〉

人文：血的意識、情動力、自我完成：從心理學角度解碼勞倫斯小說〈戀愛中的女人〉

大成：從易學看現代新儒家唐君毅的心靈九境

大師：審美、先驗、存有學：伽達瑪〈真理與方法〉中的哲學詮釋學

中西：皈依、感通、新生：威廉詹姆士之〈宗教經驗之種種〉探究

大成：系統、溝通理論、生活世界：從易學解構哈伯瑪斯

大師：自由、創造力、文明：美國存在心理學家羅洛梅的〈自由與命運〉探究

中西：《艾迪帕斯王》與《安蒂岡尼》：希臘悲劇對當代文化合和論的啟示

大成：精神三變之縱橫天下：從易學解構〈霹靂布袋戲〉中的英雄精神

大師：尊德行、道問學：朱熹格物致知工夫論的當代意義

中西：調和、轉化、詮釋：五四文化保守主義思潮的當代反思

大成：離散、遭遇、煥新：從易學解讀電影〈火線交錯〉中的生態文學的美學意涵

人文：變形的基督：海明威的〈老人與海〉中之存有學的省思

大師：妄想、忍辱、澄明：從事件神學解構電影〈抹大拉的馬利亞〉

中西：苦海、迷航、醒喚：電影〈西遊記女兒國〉中的救贖原型

大成：鏡、羊與止觀：從易學解析侯孝賢電影〈聶隱娘〉的敘述策略與美學意涵

人文：風起雲湧：談電影〈梵谷:星夜之謎〉中的美感意識

大師：法界、人物與場景：金庸武俠小說〈天龍八部〉裡的
美學意涵

中西：人間佛教在台灣：中西文化哲學的轉向

大成：從易學看現代新儒家馬一浮的六藝思想

大師：愛、焦慮與神經症：霍妮的社會文化精神分析學

中西：自律與他律：近世耶儒會通中理雅各的洞見與不見

大成：社會、水火、時空：從易學解碼〈台灣現代詩的現象
學批評〉

大師：辯證、烏托邦與悖論：電影〈馬克思：時代青年〉的
美感意識

人文：儒門中的莊周：哲學大師邵雍

中西：文學與佛學的對話：赫曼赫塞〈流浪者之歌〉的美學
意涵

大成：荒漠、凝視、救贖：以易學解碼蔡明亮電影中之拉岡
式的道言與象意

大師：人類最終的命運：從精神分析角度解讀童話故事與人
的後半生

中西：良知轉化、明治維新、日本精神：陽明學對日本人心
性塑造的影響

大成：從易學解構巴修拉的想像詩學：氣風意象與倫理想像
下的尼采解讀

人文：階級、傘與莊園：解碼福斯特電影〈此情可問天〉的
情感結構

大師：憂心、對抗與了悟：沙林傑小說〈麥田捕手〉中的禪
境

2017 年，共 39 場講座

中西：卡西勒符號學的詮釋優位性：劉述先的〈文化與哲學
的初探〉

大成：西方邏輯的崩潰或其他：從易學解構阿多諾的否定辯

證法

人文：藝術與人生的悖論：解構伍迪艾倫電影〈開羅紫玫瑰〉的美感意識

大師：存在、愛、與救贖：佛洛姆人學思想與文學

中西：啟蒙辯證法與虛無主義：法蘭克福學派在中國

大成：超越或神學：從易學解構漢學家白晉的易學思想

大師：真正儒家的文化精神：解構熊十力的思想內涵

中西：變異的伊底帕斯情結：三島由紀夫的小說〈午後曳航〉研究

人文：「觀天之道，執天之行」：道教與中國科技文明的省思

大成：從易學看方東美的東西比較哲學省思

大師：神話創作詩學研究：以浮士德神話的創作為例

中西：中西兩方思想中的「無」之比較：老子與海德格

人文：「全真妙理」的心法與教化：王重陽與全真七子

大成：普世、劃一、共同：從易學解構漢學家朱利安間距的跨文化對話哲學

大師：呼喚尼采式超人的出現：解構小說〈唐吉軻德〉的美學意涵

人文：「心外無事乎？」：反思王陽明之做為生活態度的格物之學

中西：儒佛衝突視域下的大觀園：解構〈紅樓夢〉的詩情美學

大成：預言人學時代的來臨：從易學解讀戲劇〈擇天記〉的象喻美學

大師：背叛或皈依的兩難：遠藤周作電影〈沉默〉中的神學辯證

中西：羊與禮之間：當代生態心理學的反思

大成：從易學解析兵家謀略的思想

大師：啟蒙、魔鬼與治療：心理學大師羅洛梅的〈哭喊神話〉

中西：中西之生與創生的比較：道家與懷海德

大成：禪與易的境界融合：從易學解構藕益大師的〈周易禪

解〉

大師：魔鏡、睡美人與皮諾丘：童話與人類性格成長的轉化

中西：當佛洛伊德遇見佛陀：精神分析和佛教對慾望的轉化

大成：太極思維與管理：從易學解讀彼得聖吉的〈第五項修
　　　練〉

大師：劇場中的時間美學：解構賴聲川戲劇〈暗戀桃花源〉
　　　的美感意識

中西：中西兩方不同的和諧詩學：孔子和柏拉圖論詩

大成：困境、創傷、與治療：從易學解構電影＜分裂＞的神
　　　學與美學意識

大師：In Between 唯美主義與寫實主義：解構陳映真的小說
　　　藝術

中西：從業障到根器的轉化：韓劇〈善良醫生〉的哲學省思

大成：從「易學」解構川端康成的美學世界：日本文學中的
　　　愛與死原型

大師：虛與實的真愛追尋：電影＜法國中尉的女人＞的美感
　　　意識

中西：愛情吸引力的最終解碼：莎翁最佳改編之伍迪艾倫＜
　　　仲夏夜性喜劇＞

大成：從「易學」解構錢穆的〈莊老通辯〉：常與無常的境界
　　　觀比較

大師：哈利波特前傳＜怪獸緣起＞：巫的知識論

大成：從「易學」解構羅蘭巴特的＜戀人絮語＞：愛情哲學
　　　vs.愛情心理學

中西：丹布朗的〈Inferno〉：台灣當代宗教的反思

2016 年，共 26 場講座

中西：如何讀為什麼讀：反思 Harold Bloom 的閱讀藝術

大成：西儒魏禮賢的「易學」思想：他山攻玉與文化統攝

大師：重探〈文學欣賞的靈魂〉:新儒學家劉述先的文學批評
　　　實踐

中西：逍遙與選擇：莊子與沙特之兩種不同的的自由追求

大成：從「易學」反思馬斯洛自我實現的藝術：創造力與自我超越

大師：自我生命的異化與完成：伍迪艾倫的電影＜漢娜姊妹＞

中西：弗雷澤的金枝與巫文化的研究：從莎士比亞的＜馬克白＞談起

大成：與神對話：再探西方心理學家榮格的玩易檔案

大師：榮格的靈知主義心理學──從昇化到自性化：從莎士比亞的＜暴風雨＞談起

中西：自我本真世界的追尋與回歸：陳凱歌電影〈無極〉的美感意識

大師：莎士比亞的文學藝術：Harold Bloom 論＜西方正典＞

中西：榮格心理學中的四種男性潛能原型：林語堂小說〈紅牡丹〉中的愛情追尋

大師：自我的異化與再造：從拉岡看楊德昌＜海灘的一天＞的電影美學

中西：翻轉英雄歷程的結構：從認知治療學的角度解構戲劇〈琅琊榜〉

大師：從解構主義的角度詮釋＜露西＞的電影美學：改變一切的可能

中西：capacity or frailty：比較西方的靈魂密碼與中國的天命觀

大師：從蜂蜜到煙灰：李維斯陀的人類學之神話進路

中西：司空圖＜二十四詩品＞的美學探索：西方解構主義的比附

大師：電影＜達文西密碼＞揭密：解構宗教學的進路

中西：〈玫瑰的名字〉：艾可的〈詮釋與過度詮釋〉及符號學

大師：電影＜畢卡索與莫迪利亞尼＞的美感意識：藝術家的良知與真愛

中西：戲劇＜花千骨＞的神學意涵：羅蘭巴特的解構方法學

大師：追求意義的意志：佛藍克爾的意義治療學

大師：偶像劇＜必娶女人＞的美學意識：榮格心理學的四大
　　　女性原型

中西：丘比特與月下老人：中西兩方的愛神比較

大師：七等生的小說藝術：關係倫理與道德的思辯

2015 年，共 25 場講座

中西：西方基督與中國禪的精神：耶佛會通的途徑

大師：電影〈布拉格的春天〉之愛情美學意識：本真自我的
　　　追尋

中西：善用黑暗的力量：榮格心理學中的陰影療法

大師：詩歌賞析的途徑與「興觀群怨」的藝術

中西：〈文心雕龍〉與亞理斯多德詩學：中西文學理論原型

大師：愛、意志、焦慮、原魔：羅洛梅存在主義心理學的創
　　　見

中西：中國禪與美國的超越主義： 禪與美國文學的跨文化
　　　省思

大師：文學賞析的藝術：福斯特的小說面面觀

中西：狂歡詩學的樂園－金庸小說〈鹿鼎記〉中的藝術美學
　　　探索

大師：華人文化的再現：高行健小說〈靈山〉中的美感意識
　　　探索

大師：世紀轉折上的系譜學：解構尼采的超人哲學

中西：中西兩方的瘋癲人物：賈寶玉與唐吉軻德

中西：達文西與孔子： 中西兩方人文主義的反思

大師：心理學大師榮格的「女性原型」：以迪士尼電影〈小美
　　　人魚〉為例

中西：天下第一皇帝康熙與他最大的利器──易經

大師：自性煉金術：電影《魔戒》中英雄的生命追逐歷程

中西：當耶穌遇到佛陀：台灣宗教教育的反思

大師：當和尚遇到鑽石：企業診斷學

中西：中西的生涯規劃觀：從中國的經學《禮記》談起

大師：焦慮的意義：羅洛梅的存在心理學
中西：當易經遇到佛法：生命中的執取與逃脫
大師：李安的電影藝術：少年PI的奇幻漂流
中西：論邪惡：伊格爾頓 VS 荀子
大師：王文興的小說藝術
中西：夢的解析：周公 PK 佛洛伊德

2014年，共8場講座

大師：鄭清文小說中的美感意識
中西：佛洛姆 VS 孔子：談情說愛
大師：從中國式觀點看莎翁的哈姆雷特悲劇
中西：文學語言 VS 科學語言：從電影「春風化雨」談起
大師：天下第一軍師諸葛孔明和他的孔明神數
中西：從九天玄女神話看疾病的療癒
中西：從六種原型看生命成長的歷程
中西：西方人眼中的呂洞賓

附錄三　張易生教授指導易經班學員格物之範例

黃千珍易經課報告

主　　題	分　類
用火山旅卦及羅傑斯理論解電影「心靈捕手」	童話&心理學
用易卦澤風大過卦的交代生卦系列解格林童話〈白蛇〉	電影&心理學
用易卦火山旅卦解「永恆少年」原型	心理學
用易卦火地晉卦解周公旦	史學
用易卦澤雷隨卦解李約瑟的〈中國古代科技〉	科技史
用易卦雷火豐卦解戲劇〈三生三世枕上書〉	戲劇
用易卦風水渙卦解電影〈三個傻瓜〉	電影
從水山蹇卦解韓劇〈善良醫生〉的自我實現過程	戲劇
用易卦咸卦與損卦解「人與機器人的感通差異」	哲思
用易卦巽為風卦解流行歌曲〈單身情歌〉歌詞	音樂
從易經損卦解戲劇〈瑯琊榜〉	戲劇
從易經大畜卦編撰「迷惘少年成功記」劇本大綱	編劇本

酆宗儀易經課報告

主　　題	分　類
從山澤損卦談自行車產業之發展	商業
從易經咸卦看當代物聯網的興起	商業
從易經晉卦看 AR 擴增實境的運用	科技
從易經益卦看事業體面臨成敗興亡的對應之道	管理
從天地否卦與澤雷隨卦解牛郎織女神話	神話
從澤山咸解碼奇幻電影魔戒三部曲	神話
從地天泰的交代生卦-山火賁卦解華格納歌劇《尼伯龍根的指環》	神話
以水澤節卦與雷澤歸妹卦解柏修斯(Perseus)與梅杜莎(Medusa)	神話
從泰卦的交代生卦來解北歐神話中的葛德與弗瑞	神話
從地澤臨卦之交代生卦談電視劇集〈無神之地不下雨〉	戲劇
從京房易乾宮八卦解日本神道教	宗教
從地澤臨卦之交代生卦解日本出雲系神話-須佐之男與大國主神	神話

黃淑英易經課報告

主　　　題	分　　類
從益卦解余秀華詩〈穿過大半個中國去睡你〉	文學
從小畜卦解喬伊斯《一位青年藝術家的畫像》	文學
從渙卦解普魯斯特《追憶似水年華》	文學
從豐卦解喬伊斯《尤利西斯》	管理
從家人卦及互文理論比較小說《歐蘭朵》與電影〈美麗佳人歐蘭朵〉	文學＆電影
從小過卦解米蘭‧昆德拉小說《生命中不能承受之輕》與電影〈布拉格的春天〉	文學＆電影
從大過卦解艾可《玫瑰的名字》	文學＆電影
從履卦及德勒茲《千高原》解電影〈情遇那不勒斯〉	哲學＆電影
從益卦解《快樂王子》	童話
從復卦解《木偶奇遇記》	童話
從姤卦解弗雷澤《金枝》	人類學
從旅卦解李維史陀《憂鬱的熱帶》	人類學

黃盈雯易經課報告

題　　　目	分　　類
從易經地水師卦解左傳『鄭伯克段於鄢』的意義	左傳
從易經地風升卦解當今「網軍」存在的現象	社會學
從易經水地比卦解電視劇〈魷魚遊戲〉	文學
從易經山雷頤卦解外來生物的移入對原始生態的影響與問題	自然科學
從易經天風姤卦之交代生卦破解 Graham Hancock 小說《上帝的指紋》	文明史
從易經火澤睽卦解『彩虹』的生成與意義	自然科學
從易經火地晉卦解科幻小說《時光機器》中未來人的演進與意義	科幻小說
從易經雷澤歸妹卦解沈括的《夢溪筆談》	科技史
從易經風火家人卦解颱風的生成與發展	自然科學
從易經地山謙卦解「傘」的意義	物
從易經雷天大壯卦解外家(拳)與內家(拳)的修練與差異	武術氣功
從易經巽為風卦解火星男孩 2020 年的核戰預言	預言學

黃麗君易經課報告

題　　　　目	分　　類
從易卦地天泰解中國筷子的意涵	物
從易卦巽宮八卦解賴聲川舞台劇《如夢之夢》	戲劇
從易卦澤水困解驚世奇案「龐氏騙局」	社會案例
從易卦山風蠱解沒有受害者的英國奇案「卡姆登奇蹟」	社會案例
從易卦風地觀解人口及住宅普查	行政管理
從易卦山風蠱解戲劇〈陳情令〉	戲劇
從易卦雷火豐解統計的卦象	統計學
從易卦火山旅解台灣民眾黨的成立對2020總統大選的影響	政治
從易卦天山遯解東方茶葉和西方咖啡的差異	物
從易卦艮為山解日本漫畫家秋乃茉莉《恐怖寵物店》	漫畫
從易卦澤天夬解《倚天屠龍記》裏的黃衫女子	武俠文學
從易卦風天小畜解日本作家田中芳樹的《銀河英雄傳說》	奇幻文學

易生易學研究中心學員
格物研習心得

學員　黃千珍

理工科系出身的我，非常強調思想要有邏輯性，應該要一步一步的推演。然而，在用易經做格物的演練報告時，會訝異地發現，都沒有辦法找到比演卦的結果更精妙、完備的看法。老師教導的易學思維方式，帶給我全然不一樣的靈感或見地！

學員　鄞宗儀

透過老師的易經格物教學，了解到華人文化絕不是腐儒、道德性的文化，而是具有科學性、創造性的文化！不僅使我的旁通、聯想、創造力增加，也使我看待世界萬事萬物的方法，有了不同的深入體會。也使得人生的路上有了更明確的志向，真的很高興可以進入到易學的洪流裡！

學員　黃淑英

老師向來強調「跨界」的重要性，常提醒我們做學問要「一門深入，他門旁通」，鼓勵學員要有跨界思維以及類化的能力，才能真正地旁通。老師不只言教，更是身體力行的典範。跟著老

師學習多年，使我突破舊有的框架和侷限，從商管的單一面向橫跨到文學、哲學、藝術、經學、心理學、宗教……等等，有了更寬廣的主題及視角。經過每天的積累，可以感覺到自我不斷更新中，同時充滿無盡開展的喜悅～

學員　黃盈雯

跟隨老師學習易經，讓我明白宇宙萬事萬相的背後，均有其運行之道，可藉由易經系統性之思路操作系統，去慢慢積累格物致知的結果。讓我開始可以用易經的眼睛，學習以更高維度重新來觀看這個世界，而對原來生活的世界，有著新的知見與新的體悟！願我們的後代子孫，能認知到我們華人文化的淵博與偉大，進而創造更加善美的未來！

學員　黃麗君

在學習易經格物的過程中，逐漸了解到原本自身的生活非常狹隘，思考範疇也非常侷限，注注欠缺宏觀的格局與眼界！但慢慢的，在遇到問題時，也學會易理中角色互換的模式！站在綜卦的符號思考模式，或是易理中提高位階的方式，去思考解決問題的方法！感謝老師的引導，跟隨老師學習易經的格物法後，使我多年停滯不前的生命，找到陽光，獲得向上的動態！

易生易學研究中心聯絡方式：
ISun8619@gmail.com

參考書目

北海老人：《理數合解淺註》，台北：著意出版社，1993。

王樹人：《回歸原創之思："象思維"視野下的中國智慧》，南京：江蘇人民出版社，2005。

王洪霞：《經學大語境下的胡瑗易學》，北京：中國社科，2013。

王銘玉：《語言符號學》，北京：北京大學出版社，2015。

史善剛：《河洛文化與中國易學》，鄭州：河南人民，2009。

石福祁：《"符號性孕義"與卡西爾的符號形式哲學》，北京：人民出版社，2016。

李幼蒸：《結構與意義（增訂版）（上、下卷）》，北京：中國人民大學出版社，2013。

李道平：《周易集解纂疏》，北京：中央編譯，2011。

杜澤遜：《文獻學概要》，北京：中華書局，2001。

汪文聖：《現象學作為——一種實踐哲學：胡塞爾‧海德格‧鄂蘭的倫理、政治與宗教哲學》，新北市：聯經出版公司，2019。

金景芳、呂紹綱：《周易全解》，臺北：韜略出版社，1996。

洪漢鼎：《重新回到現象學的原點：現象學十四講》，臺北市：世新大學，2008。

洪漢鼎：《當代哲學詮釋學導論》，臺北：五南出版公司，2008。

洪漢鼎：《詮釋學——它的歷史和當代發展（修訂版）》，北京：

中國人民大學出版社，2018。

洪漢鼎：《實踐哲學　修辭學　想象力：當代哲學詮釋學研究》，北京：中國人民大學出版社，2013。

胡塞爾（Edmund Husserl）著、倪梁康譯：《邏輯研究（第一卷）：純粹邏輯學導引》，胡塞爾文集，倪梁康主編，北京：商務印書館，2017。

范胡澤（Kevin J.Vanhoozer）著、楊慧譯：《保羅‧利科哲學中的聖經敘事：詮釋學與神學研究》，北京：中國人民大學出版社，2011。

倪梁康：《現象學的始基：對胡塞爾《邏輯研究》的理解與思考》，廣州：廣東人民出版社，2004。

高宣揚：《結構主義》，臺北市：遠流出版公司，1990。

張金泉：《張載文選》，臺北：三民書局，2011。

張祥龍：《海德格爾思想與中國天道：終極視域的開啟與交融》，北京：生活‧讀書‧新知　三聯書店，1996。

張樹旗、張樹欽：《議論天下》，北京：經濟管理，2011。

張麗珠：《清代學術思想史》上、下冊，臺北市：五南圖書出版公司，2021。

莫蘭（Dermot Moran）著、李幼蒸譯：《現象學：一部歷史的和批評的導論》，北京：中國人民大學出版社，2017。

陳政彥：《臺灣現代詩的現象學批評：理論與實踐》，臺北市：萬卷樓圖書公司，2011。

黃光國：《社會科學的理路》，臺北市：心理出版社，2013。

黃振華撰：《易經哲學講義》，臺北市：時英出版社，2015。

黃冠閔：《在想像的界域上：巴修拉詩學曼衍》，臺北市：國立

臺灣大學出版中心，2015。

葉維廉：《中國詩學》，安徽：黃山書社，2016。

景鴻鑫：《西方哲學批判》，台北：科學月刊社，2013。

榮格（C.G.Jung）著、孫明麗、石小竹譯：《轉化的象徵──精神分裂症的前兆分析》，北京：國際文化出版公司，2011。

閻建蜀：《陰陽的思考與運用》，香港：香港中文大學，2011。

齊濟：《周易正解》，北京：新華書局，2014。

劉君祖：《完全破解易經密碼》，北京：九洲出版社，2012。

潘德榮：《西方詮釋學史》，臺北市：五南出版公司，2015。

韓易：《讀＜易＞見天心：大易智慧學》，北京：吉版，2010。

道恩・威爾頓（Donn Welton）著、靳希平譯：《另類胡塞爾：先驗現象學的視野》，上海：復旦大學出版社，2012。

趙毅衡：《哲學符號學：意義世界的形成》，成都：四川大學出版社，2017。

歐陽維誠：《思維模式視野下的易學》，廣州：華南理工大學出版社，2017。

楊乃喬總主編、姜哲、郭西安主編：《比較經學：中國經學詮釋傳統與西方詮釋學傳統的對話》，上海：上海人民出版社，2018。

鄭毓瑜：《引譬連類：文學研究的關鍵詞》，臺北市：聯經出版公司，2012。

賴世烱、陳威瑨、林保全：《從〈易經〉談人類發展學》，台北：文史哲出版社，2013。

彩　蛋

　　為了回饋親愛讀者，提昇華人文化發展之動態，可攜帶本書前來參加「易生易學研究中心」或「貞明讀書會」所舉辦之付費活動，可抵免活動費用 NT$300 元整（每人僅限用一次）。

　　機會難得，切莫錯過！

活動名稱：

使　用　者：

抵用日期：